三明学院学术著作出版基金资助出版
上海财经大学优秀博士学位论文
福建省社会科学基金项目："金融化资本的生成逻辑"，项目编号：FJ2024B190
三明学院引进高层次人才科研启动经费支持项目："金融化的文化哲学研究"，项目编号：25YG07S

破解金融化资本拜物教：金融化时代拜物教新形式批判

崔占民 著

POJIE JINRONGHUA ZIBEN BAIWUJIAO
JINRONGHUA SHIDAI BAIWUJIAO
XINXINGSHI PIPAN

知识产权出版社
全国百佳图书出版单位
—北京—

图书在版编目（CIP）数据

破解金融化资本拜物教：金融化时代拜物教新形式批判/崔占民著. —北京：知识产权出版社，2025.4. —ISBN 978-7-5130-9747-5

Ⅰ.F038.1

中国国家版本馆 CIP 数据核字第 2025QQ1419 号

责任编辑：罗　慧　　　　　　　责任校对：王　岩
封面设计：乾达文化　　　　　　责任印制：刘译文

破解金融化资本拜物教：金融化时代拜物教新形式批判
崔占民　著

出版发行：知识产权出版社有限责任公司	网　址：http://www.ipph.cn
社　址：北京市海淀区气象路50号院	邮　编：100081
责编电话：010-82000860 转 8343	责编邮箱：lhy734@126.com
发行电话：010-82000860 转 8101/8102	发行传真：010-82000893/82005070/82000270
印　刷：三河市国英印务有限公司	经　销：新华书店、各大网上书店及相关专业书店
开　本：720mm×1000mm　1/16	印　张：15.25
版　次：2025年4月第1版	印　次：2025年4月第1次印刷
字　数：226千字	定　价：88.00元
ISBN 978-7-5130-9747-5	

出版权专有　侵权必究
如有印装质量问题，本社负责调换。

前　言

20世纪70年代以来，随着当代资本主义经济金融化趋势不断增强，国际金融垄断资本主义逐步占据统治地位，实现了资本样态、人类生存世界与人的内在主体性的金融化转型。在自身演进的历史发展过程中，金融化资本在不断变革剩余价值生产和新的生产关系的同时，也催生了遮蔽性更强的金融化资本拜物教。在此背景下，重新审视资本主义金融化的生产方式和生产过程，以及由此产生的拜物教新形式——金融化资本拜物教，是当代马克思主义不可回避的理论与现实问题。本书以金融化资本拜物教为核心论题，旨在对金融化资本拜物教的深层内涵、现象表现及后果进行批判性考察；揭示金融化资本拜物教统治的秘密，从而推动金融化时代拜物教新形式批判的拓展研究；重点阐释金融化资本拜物教的形成机制，在批判的基础上提出破解金融化资本拜物教的方法论，从而较为全面地揭露了金融化资本统治下人的存在状态。

本书除导论外，主要可分为三个部分：第一部分主要解决"金融化资本"和"金融化资本拜物教"两个核心概念的内涵、外延、特点和来源问题。笔者首先对金融化资本概念的内涵进行了梳理和考察；其次对金融化资本的特点进行了哲学概括；最后对金融化资本拜物教的本质内涵从价值形态转换角度进行分析与思考，并得出结论。具体来看：第一，本书对金融化资本的内涵考察，着重分析了如何从历史演变中理解金融化资本、在金融化资本与金融资本的区别中理解金融化资本、在金融化时空语境中理解金融化资本。经过梳理与分析发现，当代广义的金融资本自马克思以来大致可划分为三个向度，即马克思提出的生息资本、希法亭和列宁系统化了的金融资本、当代金融化时代的金融化资本。本书将生息资本的去中介、独特的运动方式、放贷及金融资本的垄断、寄生和腐朽五个主要特征与金融化资本进行对比分析，推导出金融化资本的内涵和界限，提出金融化资本概念的一个难点是其与金融资本的区别，只有对二者进行严格区别，概念的提出才具合法性。本书从五个维度区分了二者，即时间维度、精神特征、形成原因、控制方式、资本和实体关系。金融化资本是在金融化时空中形成的资本形式，对金融化资本内涵的阐释必须立足于金融化概念。随着金融化的深化，金融化资本的产生越来越依赖非物质生产，其收益更多依赖收益索取权的占有，其扩张更多地依赖债务进行，其表现形式以金融衍生品为主要代表。第二，本书从时间、空间和结构角度对金融化资本的特点进行了总结。在时间上，它表征为金融化资本的未来性。金融化资本最大的特点是由以往依据现价、历史性、经验性的资产估值方式转为带有强烈未来预期的金融化资产估值方式。人们对预测、风险规避、情绪偏好、超前消费的需要，以及金融化产品自身的预期属性，强化了金融化资本的未来属性。在空间上，它表征为日常生活的金融化。金融化是一种深刻的空间现象，金融化资本作为这种现象的实体，已经从经济社会领域延伸到人们的日常生活中，主要表现为个体和家庭、剥削层级、个体的金融内化和人的思维方式的金融化。在结构上，它表征为金融化资本的总体性。金融化资本具有总体性的结构特征，金融化是资本有机体发展的一个环节，它导致金融化资本"帝国"的形成。金融化资本通过总体化的方式渗透社会的方方面面。通过金融产品创新和金融体系建设，金融化资本生长出了新的金融"器官"。第三，本书提出，对于金融化资本拜物教本质内涵的理解，一方面要立足于马克思将拜物教本质定位于"颠倒"关系之中，另一方面要抓住马克思价值形式的分析方法。基于以上两方面，通过对商品拜物教、货币拜物教和资本拜物教的考察，本书提出，这三类拜物教形式属于同一种价值表现形态，也就是人们将物交换过程中的交换价值属性"颠倒"为物的使用价值属性，从而将人与人的关系反映为物与物的关系。与以上拜物教形式不同，生息资本拜物教中人们对价值形态的追求发生了变化，由追求价值生产转变为追求价值分配。生产是分配的基础，这一转变，是资本发展方向的重要转向和"颠倒"。在金融化资本拜物教统治的过程中，由于金融化资本自身具有基于未来资产价值预期属性的特质，导致人们基于对未来判断来判定当下金融化资产的价格。这是一种"颠倒"，因为在本质上，这个所谓资产的未来价格只是人们对于资产未来价格判定的博弈，而并非资产在未来的真正的价格，也就是当下的资产出现了金融化。

第二部分所述内容是本书的重点、难点和创新点。本部分主要探讨了金融化资本拜物教的形成机制，其总体逻辑理路为：叙事机制、文化机制、技术机制→（金融、文化、技术）共同叙事→叙事价值→金融化资本拜物教，主要探讨了金融化资本拜物教形成的三方面机制问题，分别是叙事机制、文化机制和技术机制。本部分在机制探讨中始终贯穿了价值形式变化问题，并在本部分最后一节拓展了叙事的维度，从关于金融的叙事、关于文化的叙事和关于技术的叙事角度论证了叙事价值作为价值新形态的问题。叙事价值的总结和提出是金融化资本拜物教成立的最有力论证，因此是一个重点问题，同时也是本书的创新点。第一，叙事机制是金融化资本拜物教形成的最为重要的机制，叙事改变了价值生成方式，使叙事本身具备价值创造能力。本书所讲的叙事借鉴了希勒的"叙事"概念，在《叙事经济学》中，叙事被表述为具有强烈的故事性，对经济发展发挥巨大影响效力。这一部分探讨了叙事在金融领域越来越重要的地位和作用，它通过编造"财富故事"，发挥"价值评估"和"金融炼金术"作用进行价值赋能；通过寻找金融叙事素材，构建故事主题、结构来实现叙事价值的生产；通过日常生活中的"口耳相传"、机构的"评级修辞"、媒介传播方式的变革来加快金融叙事的传播；通过以叙事对象的意愿为依据，反向建构传播的内容，抓取情感共鸣这个关键来实现叙事的接受。第二，文化机制是金融化资本统治转向拜物教统治不可缺少的中间环节。首先，金融化是金融化资本的运动和外在表现形式，文化渗透金融化的逻辑发展之中。文化对金融体系、金融行为、金融场所和金融动机都有较大影响，因此形成具有强烈文化要素的金融文化。其次，估值文化对金融主体进行形塑。金融是由无数不同的评估文化和制度规范组成的，这基于风险评估对金融主体的设定、排斥和吸纳。在估值文化的影响下，人被分类、评估和安置，成为金融化资本运行体系下的物。最后，消费文化将对价值结构进行消解。这里主要参照了鲍德里亚的《消费社会》中的价值结构消解分析，鲍德里亚认为，消费社会中，价值的两个层面发生了断裂，价值结构中的参照物消失，传统的使用价值与交换价值相对照和相关联的价值结构被破坏了。他进一步认为，消费社会的交换不是价值实体之间的交换，而是具有更多的自由自主和随意性的符号的交易游戏，这种文化对价值的改变，最终导致了一种物神化现象的出现。第三，对金融化资本拜物教形成的技术机制的讨论，技术机制在当代主要表现为以数字技术为核心的信息技术的影响。数据是数字生产活动中的实体性要素，是价值生成的重要前提条件，是被提取和利用的数字经济的新型"原材料"。其中，被金融化资本操控的数字平台成为价值剥削过程的中介，并且成为人与交易商品的中介。数字平台对价值的剥削具有极强的遮蔽性，从普通劳动者到发展中国家都可成为数字平台剥削的对象。数字货币作为价值符号化新的物神形态，其本身并没有价值，它的高度不确定性使其所代表的"价值"必然在符号化过程中成为假象和错觉。以"比特币"为代表的数字货币承载了超物质范畴的意义，因而具有了物神性质，崇拜现象伴随数字货币出现，价值与价格严重背离的颠倒性体现明显。第四，根据马克思关于拜物教批判理论的论证，借鉴鲍德里亚关于符号拜物教的分析，可以得出拜物教新形式的成立必须有其对应的价值形态。在叙事机制、文化机制和技术机制的共同作用下，叙事价值成为金融化时代的价值新形态。金融化时代价值的生成离不开叙事，叙事作为价值实现的基础和前提条件成为一种新的价值形态。需要说明的是，虽然此处的叙事机制主要指金融叙事，但文化机制和技术机制本身也包含了叙事。叙事价值的生成不仅依赖于金融叙事，同样依赖于文化叙事与技术叙事。关于文化叙事，金融化文化理论的主要代表兰迪·马丁认为金融不仅是一种经济形式,更是文化实践与关于如何度过日常生活的剧本。文化叙事表现为符号文化、话语、广告等文化活动本身具有故事般的情节和结构,最终使叙事受众提升了对商品价值的认可度。技术叙事表现为叙事与互联网技术、金融技术叠加,正如威廉·戈兹曼指出:"金融的故事其实就是一部技术的故事。"[1] 技术叙事也表明了技术的价值属性,技术只有为主体服务并符合主体的需求,才会产生价值。

第三部分主要解决金融化资本拜物教统治下人的存在状态问题,以及如何应对这些问题。金融化资本拜物教会带来哪些后果?这些后果怎样以拜物教的形式表现?应对这些问题的理论依据、主体力量和中国方案是什么?金融化资本拜物教的后果可分为两方面,即强化了金融化资本拜物教对人的统治与促进了人们对金融化资本崇拜意识的形成。第一,金融化资本拜物教对人的统治的强化。首先,它表现为两极收入不平等的加剧。金融化资本通过掌控价值生成的决定权,推进增值逻辑优先于效用逻辑、推动劳动收入占比的下降、推动风险和通胀的应对,导致财富两极分化的必然。其次,它表现为价值分配体系的颠倒性。金融化资本拜物教的统治导致了价值体系加速形成两种价值决定论的幻象,即以劳动为基础分配的价值体系和以金融叙事为基础分配的价值体系。价值体系的分裂表现为分配体系的分野,表现为依靠劳动、工资收入的群体与依靠财产、金融资产投资收入的群体。最后,导致了价值分配体系的神秘化。金融化资本拜物教对剩余价值生产的遮蔽,剩余价值生产的源头难以确定,依靠于想象力和对未来的任意推测的增值游戏、信用的过度使用、劳动与休闲活动界限的模糊,这些因素导致了价值分配体系变得神秘莫测。第二,人们对金融化资本崇拜意识的形成。首先,"物"的金融化转向,也就是物转向了"未来之物"和"叙事之物"。金融化资本拜物教中的物化结构,将人与现存物的关系反映为人与未来存在物的关系。物的叙事化,也导致基于物的价

---

[1] [美]威廉·戈兹曼:《千年金融:金融如何塑造文明》,张亚光、熊金武译,北京:中信出版社,2017年,导论第X页。

值生成的故事化、叙事化。其次，对金融化的"顶礼膜拜"。表现为对空间金融化、时间资本化及金融化资本的权力的"顶礼膜拜"。最后，金融化资本崇拜对人价值观念的塑造。金融化资本拜物教的意识形态，虽然是颠倒的价值向度关系，却并非虚假和错误的，它是资本主义生产关系真实的反映。这种颠倒的关系导致人们出现焦躁、焦虑的情绪，而这种拜物教意识反过来强化了拜物教的普遍化，促进了拜物教的统治。

关于金融化资本拜物教的破解和人类解放的问题要在理论上、主体上和实践上进行应对。其具体应对可采取以下策略：第一，以马克思对资本逻辑的批判为理论基础。首先，对资本逻辑的内在矛盾进行揭示，这是消解金融化资本拜物教的前提条件。马克思揭示了"资本自动增值"的矛盾，劳动才是价值的真正来源。其次，资本的限度及其自我否定性是消除金融化资本拜物教的现实依据。在金融化时代，资本的内在矛盾非但没能被消除，反而绑架了整个社会，加速了资本主义灭亡的进程。最后，重建个人所有制，消解金融化资本拜物教的实体形态。重建个人所有制，并不是要彻底否定一切资本主义要素，而是要在其生产力发展的基础上，发展出更为高级的社会制度形式。第二，立足"现实的个人"作为消解拜物教的主体。这里的主体指革命主体，其形成需要三个条件，即由实践主体发展而来、拥有自由时间、劳动主体的科学化。债务已成为当代资本主义社会的基本属性，革命主体的实践表现为"债权阶级"与"债务阶级"的对立和斗争。自由时间为革命主体丰富的个性发展提供了空间，而丰富的个性发展也是革命主体阶级意识觉醒的重要组成部分。劳动主体的科学化成为革命主体的生成机制，劳动力占有了生产力发展的技术优势，在与资本对抗过程中获得了解放意识。第三，我国采取为资本设置"红绿灯"的方法，为消解金融化资本拜物教提供了中国方案。我国坚持党的领导和社会主义制度；将资本的历史方位定性于生产要素；规范且有序引导金融化资本的发展；深入推进普惠金融和实施金融共享；积极培育诚信文化、践行社会主义核心价值观等，确保了资本健康有序发展，防止资本过度金融化，防止资本剥削状况的发生和发展。

目　录

导　论 …………………………………………………………………… 1
　　第一节　金融化资本拜物教研究的理论基础和研究意义 ………… 3
　　第二节　国内外相关研究现状 ……………………………………… 12
　　第三节　基于价值形式的拜物教研究思路 ………………………… 32

第一章　金融化资本与拜物教新形式 ………………………………… 41
　　第一节　金融化资本的内涵 ………………………………………… 43
　　第二节　金融化资本的特点 ………………………………………… 62
　　第三节　金融化资本拜物教的本质内涵 …………………………… 73

第二章　金融化资本拜物教的形成机制 ……………………………… 89
　　第一节　金融化资本拜物教形成的叙事机制 ……………………… 92
　　第二节　金融化资本拜物教形成的文化机制 ……………………… 107
　　第三节　金融化资本拜物教形成的技术机制 ……………………… 120
　　第四节　叙事价值生成与拜物教新形式确立 ……………………… 136

第三章　金融化资本拜物教的后果 …………………………………… 143
　　第一节　拜物教新形式统治的再强化 ……………………………… 145
　　第二节　金融化资本拜物教的确立 ………………………………… 157

第四章　金融化资本拜物教的消解与人类解放 ……………………… 171
　　第一节　马克思对资本逻辑的批判：消解金融化资本拜物教的
　　　　　　理论基础 …………………………………………………… 173

第二节 立足"现实的个人":消解金融化资本拜物教的

主体力量 …………………………………………… 185

第三节 规范和引导资本的当代发展:消解金融化资本拜物教的

中国方略 …………………………………………… 198

结　语　金融化资本拜物教批判是马克思拜物教批判理论的

当代激活 ………………………………………………… 213

参考文献 ……………………………………………………………… 219

导 论

本书中的批判是指马克思政治经济学批判意义上的揭示揭露的方法，而非日常生活中的批评。马克思指出："批判已经不再是目的本身，而只是一种手段。它的主要情感是愤怒，它的主要工作是揭露。"❶ 金融化资本拜物教批判研究旨在对金融化时代金融化资本崇拜的形成机制与后果进行揭示与揭露，以解蔽人受金融化资本拜物教奴役的存在状态，激活马克思拜物教批判理论的当代意义。金融化资本拜物教不仅绑架了整个人类社会的价值体系，而且影响了资本主义社会结构的底层逻辑，更深入影响人们的日常生活和人类思维。从借贷生产到借贷消费，再到当下休闲娱乐中赚钱的噱头，用跑步赚钱、充电赚钱等抓取人们眼球的流量背后是流量创造价值的欲望驱动力。金融化资本拜物教以一种更加抽象、更加颠倒、更加彻底、更加无形的方式越来越成为资本主义社会的主导方式。就像瓦尔特·本雅明所指出的，资本主义是一种极端崇拜"物"的宗教，这种宗教没有任何教义，却实现了彻底的统治。❷ 金融化资本拜物教是资本主义社会世俗化和价值化了的宗教，是当代资本主义社会的真正信仰。

第一节　金融化资本拜物教研究的理论基础和研究意义

自20世纪70年代以来，主要资本主义国家经济金融化趋势日益明显，金融化与新自由主义、全球化逐渐并列，成为当代资本主义三大特征之一，并且这一趋势的影响后来居上。金融化趋势是资本在当代发展的最主要表现，其影响扩张到政治、文化、社会生活等领域，对人的存在产生了根本性影响，这种根本性影响的集中表现就是资本拜物教新形式——金融化资本拜物教问题的出现。它具体表现为金融化资本的异化存在、对金融化资本的崇拜意识、金融化过程中价值走向神秘的叙事形式及生命内在意

---

❶ 《马克思恩格斯文集》第1卷，北京：人民出版社，2009年，第6页。
❷ Walter Benjamin, *Selected Writings · Volume1 · 1913—1926*, Edited by Marcus Bullock, Michael W Jennings, London: The Belknap Press of Harvard University Press, 2002, pp. 288–289.

识和结构的金融化。金融化资本拜物教研究是以马克思拜物教批判理论为依据,参照了卢卡奇的物化理论和鲍德里亚关于拜物教的相关论述,在政治经济学批判的基础上展开的相关研究。金融化资本拜物教研究对于马克思拜物教批判理论的当代激活有重大意义,可推动马克思主义理论的时代发展。关于金融化资本拜物教的理论内涵、形成机制及原因分析、哲学方法论的研究,既是时代的诉求——对当代金融化资本剥削方式深刻揭露的需求,也是理论转向现实、相互推进发展的需求。

一、理论基础

金融化资本拜物教是当代资本主义进入金融化时代形成的拜物教新形式,厘清不同时期拜物教的"思维的历史和成就",将为激活马克思拜物教批判理论和对当代金融化资本拜物教新形式进行批判提供理论依据。根据时间顺序和学科性质,可以将拜物教理论划分为人类学、宗教学、政治经济学批判、精神分析四个维度,分别侧重于神性层面分析、拜物教现象分析、马克思政治经济学批判分析及西方研究人员对马克思拜物教理论的继承、拓展和偏离,其中最后一点包含了精神分析。基于本书主题和学科角度,导论部分主要立足于哲学与政治经济学批判相关或相近的领域,侧重于对价值形式与价值形态向度的拜物教批判理论研究的源头与流向进行梳理。拜物教作为人类原始宗教信仰现象之一,并不是指某一种具体宗教。人类具有追根溯源和解释一切的形而上学本性。早期人类对超越自己认知范围的事物无法把握时,将这种异己的力量赋予某物,从而产生对视觉中的自然物和头脑中的自然神的崇拜现象。拜物教包含一种泛化了的拜物精神,赋予"物"以神灵般的幻象崇拜。从词汇学的角度对拜物教进行考察,可以得知其最早起源于葡萄牙语 feitio,其本意指"手工产品"。这个词在 15 世纪后半叶由葡萄牙人开始使用,被用来称呼非洲原始族群中出现的一种对符号和诅咒进行崇拜的现象,其实质是崇拜某种超自然力。被认为最早使用"拜物教"这个词语的是专注于历史和语言研究的法国学者德·布罗斯（Charles De Brosses），从其《论物神崇拜》可以得到验证，并被他用于宗教学之间的比较。"在15世纪到16世纪之间被详尽讨论的物恋不过就是对某种社会秩序得以运行的认知，而且，这是一种纯粹自然的、无规范的认知。"❶ 导论部分重点从价值形式神秘化角度梳理自资本主义时代以来，马克思、卢卡奇、鲍德里亚等对拜物教具有开创性和代表性的理论，并因此增加价值形式的相关理论概述。

马克思从意识形态、宗教、政治经济学多个维度对工业资本主义时期的资本主义意识形态进行审视，形成独特的拜物教批判理论。从事多年马克思拜物教批判理论研究的刘召峰在其《马克思的拜物教概念考辨》一文中认为，马克思的拜物教批判理论是总体性理论，贯穿于资本主义全过程批判。❷ 马克思的拜物教研究大致可以划分为三类，即作为观念神秘化的拜物教、作为价值形式神秘化的拜物教、作为社会关系神秘化的拜物教。马克思认为，拜物教在早期的人本主义时期主要表现为崇拜、顶礼膜拜意义上的拜物教。这一时期，马克思主要从意识形态、观念、宗教和神学意义上使用拜物教概念，认为它指对崇拜、顶礼膜拜现象在观念意义上的描述，也指一种错误的观念，一种和社会现实颠倒的思想体系。

在《资本论》中，马克思运用政治经济学批判的方法，从价值形式转换和价值形态转换的角度深化和拓展了其拜物教批判理论。这一时期马克思抓住了价值形式转换这个根本，认为商品价值形式为其神秘性的源头，他系统地运用和阐述了拜物教批判理论，解剖了资本主义社会剩余价值生产和转移的规律，提出了商品拜物教、货币拜物教、资本拜物教和生息资本拜物教批判理论体系。马克思认为如果采取使用价值而不是交换价值进行交换，那么资本主义商品交换将不存在任何神秘性质。在商品交换中，使用价值通过兑换为交换价值进行交易，导致人们错误地将物的社会属性理解为物的自然属性，出现商品形式神秘性问题。货币拜物教使商品的价

---

❶ William Pietz, Problem of fetish（Ⅰ）, RES: Anthropology and Aesthetics, 1985, Vol. 9, p. 8.
❷ 刘召峰：《马克思的拜物教概念考辨》，《南京大学学报》（哲学·人文科学·社会科学版），2012年第1期。

值凝聚于价值的符号，作为价值符号的货币，逐渐与其自身载体的价值量分离，使财富积累幻象化，货币更具魔力。货币作为社会关系的产物，作为物的一种社会属性被误解为货币作为物的自然属性。资本拜物教将资本作为"能够增值的价值"，其概念规定性立足于价值自身，并且使得价值具有能动性，拜物教价值向度的主体性得到增强。资本表现为雇佣劳动关系的产物，而资本不是作为自然生产要素的产物。生息资本被马克思称为资本观念和形态的完成，其拜物教性质在于生息资本实现了"自动增值"，这个自动的物神抽象掉一切生产的"倒霉事"，直接赤裸裸地实现了价值增值。古典的政治经济学理论没有区分价值和使用价值，错误地认为商品的价值完全是由其自身的自然物理性质决定的。马克思深刻地指出了这种混淆价值概念的问题所在，强有力地论证了商品价值来源并非商品的自然属性而是社会属性，并指出正是这种商品的抽象价值形式掩盖了人与人之间的关系。这种价值形式的神秘化现象被马克思称为拜物教。马克思在《资本论》中分析了商品拜物教，认为商品拜物教的性质在于将人与人之间的关系转换为物与物的关系。马克思用20码麻布等于1件上衣举例说明，在这个等式中人与人之间的社会关系被转换为物与物的兑换关系。商品的这种可以简单被直接观察到的自然属性，却承载了不可感知的交换价值形态，具有神秘的物神性质。人们无法理解这种物与物掩盖下的人与人的社会关系的性质，就只能到宗教世界中去寄托寻找的可能。因此，这种通过头脑的幻想产生的是宗教世界里的拜物教，通过人手劳动则生产出商品这个充满形而上的怪诞形式。因此，拜物教同商品生产是分不开的。马克思认为没有商品生产之前，没有商品交换就没有这种颠倒的关系，在共产主义社会也没有商品生产，也没有颠倒的社会关系。根据马克思的分析可以得出，资本主义社会关系由以人的依赖性为基础的状态转为以物的依赖性为基础的人的独立性状态，也就是人对人的统治转为物对人的统治，由此马克思揭示了资本对人统治的社会关系。

卢卡奇从社会关系向度对马克思拜物教批判理论进行了发展和深化，着重于对拜物教社会现实现象的"解蔽"，形成物化和社会存在意义上的拜物教批判理论。卢卡奇拜物教批判的核心在于物化,物化是指物以商品形式存在,是物的商品化,且是商品形式的普遍化。从马克思对社会关系的一般分析,进而形成物化作为一种社会意识结构,从而提升到作为一种社会存在本体论意义上的拜物教批判。物化现象深刻地反映出资本主义社会中抽象的物对人意识的侵蚀,体现了主客体复杂的建构与被建构的关系。卢卡奇认为物化意识来自资本主义采取商品生产的形式这一过程,在商品生产和商品形式的可计算性、标准化和工业大生产背景下,人变成了工具的延伸,人的意识遵从商品作为物的结构的安排。物化结构社会关系发展成为社会存在的内在结构,以"物与物的关系""物所具备的性质""自立的物象"这些物的联系、物的性质和物的形式成为社会存在的内在结构。或可归为法兰克福学派的瓦尔特·本雅明,其较为独特的直观性思维,将拜物教置于一种特殊性的直观。本雅明认为资本主义生产方式必然导致拜物教的产生,蕴含在商品中的拜物教是一种"可感又超感性"的存在物。与马克思和卢卡奇抓住资本主义生产关系和社会现实存在不同,本雅明抓住了感性作为拜物教解读的独特路径。本雅明将商品作为意象,发展出意象辩证法,推动了商品拜物教的感性分析范式的演进。[1] 意象是幻象的基础,拜物教作为一种带有神秘观念的存在与二者密切相关。本雅明还对商品交易中交换价值与拜物教的产生做了论述,提出"膜拜价值"的概念。本雅明发展了马克思对社会现实倒置观念和价值形式的拜物教路径,并推进了价值与拜物教关系的研究。

  鲍德里亚的拜物教理论经历了一个历史性过程。鲍德里亚将商品理解为物,从商品的使用价值角度进行分析,认为物在物的体系中得以确认,并从"物"的形式(符号-物)角度提出了能指拜物教和符号拜物教,符号价值作为价值的新神秘形式,他还提出了通过象征性交换消解符号拜物教的方法论。关于物的使用价值方面,鲍德里亚在使用价值上拓展了拜物

---

[1] 夏莹:《马克思拜物教理论的双重内涵及其在西方马克思主义中的演化路径》,《马克思主义与现实》,2014年第2期。

教理论。使用价值作为商品的功能性承载，商品变成了物的堆积。商品的使用价值操控人的欲望，引领人的消费。消费社会现实中所形成的对人的新的操控形式，这就是使用价值拜物教。物的使用价值不再与物相对的人相关，而与物的体系相关，物在整个物的体系中得到确证、衡量和发现。物的具体使用价值被抽象掉，物的概念如现代家庭，操控着物的体系化。关于物的价值形式问题，鲍德里亚试图用具有差异性的符号价值补充马克思同一性的交换价值，认为马克思的交换价值是价值的"内容"部分，而缺少价值的"形式"分析。符号拜物教批判是价值形式拜物教路径的进一步拓展，"符号价值"超越使用价值，赋予交换物以地位、身份、成功作为象征的"符号"意义。关于符号拜物教和能指拜物教方面，鲍德里亚借鉴索绪尔的语言学理论，将使用价值称为所指，认为交换价值被能指（符号）操控，将符号拜物教称为能指拜物教。他认为拜物教不是对物与价值的神秘化，而是对操控物的体系的神秘化，也就是对物之间联系形成的符号体系的神秘化。物从商品中超脱出来，成为一种符号－物，符号－物操控了人们的消费生活，使得人成为符号－物的对象，人的存在通过符号－物的操控程度得以标记、测度和生成。鲍德里亚进一步探讨了"消费社会中不同物品体系的符号结构及其话语逻辑"。[1] 消费品中的功能性、非功能性，以及技术化与意识形态化的不同层次，构成一个文化体系，对这个体系的结构与话语逻辑的揭示，是鲍德里亚的重要理论旨趣。鲍德里亚拓展了马克思拜物教批判中价值形式分析的文化承载，使地位、特权、身份这些文化要素的差异被赋予了交换价值，拜物教从而转向了符号价值意义的结构和逻辑系统当中。关于象征性交换的破解方法，鲍德里亚提出了象征性交换颠覆交换价值，将象征性交换看作一个封闭的体系，以交换本身为目的而不是以价值为目的。通过消耗、感性交往等非等价原则消解符号价值，并颠覆以劳动为基础的剩余价值体系。他将指涉物价值进行了理论上的消解，认为"指涉物价值为了惟一的价值结构游戏的利益而被摧毁了。

---

[1] 欧阳谦：《消费社会与符号拜物教》，《中国人民大学学报》，2015年第6期。

结构维度自主化,指涉物维度被排除,前者建立在后者的死亡之上。"❶ 各种指涉物的属性如生产、意指、情感、历史等各种参照不再发挥作用,一切真实的内容都被形式体系裹挟。形式体系的相关要素如整体相关性、普遍替换、组合以及拟真(simulation)占据了价值生成优势。符号政治经济学所包含的价值乃是结构性的价值,而非传统政治经济学中的指涉性价值。

二、研究意义

金融化资本拜物教研究是对马克思拜物教批判理论的当代继承、拓展和激活。对金融化资本拜物教批判的研究,有助于揭示和揭露当代资本主义社会本质特征和人的存在状态;有助于整合多学科发展,从总体上提供一个分析金融化时代资本主义的框架;有助于对当下复杂社会金融化资本驱动下的社会重大问题进行理论回应;有助于澄清拜物教批判理论的本质内涵和现象表象相互混淆的状况。具体来说,对金融化资本拜物教进行研究的意义有以下几个方面。

一是唤醒对马克思生息资本拜物教理论的重视,释放马克思拜物教批判理论在当代的巨大解释力。目前,国内几乎看不到关于生息资本拜物教的专门理论研究,而在马克思文本中,马克思将拜物教批判理论的形态与观念的完成定位于生息资本的分析之中,在马克思拜物教批判理论中无论是逻辑层次还是内容定位,马克思都将生息资本拜物教作为核心来研究。加上当今资本主义社会资本的主要形态是金融化资本,金融化资本是生息资本在金融资本基础上的当代发展,因此,在当代回到马克思的拜物教批判理论就是回到马克思的生息资本拜物教批判这个根本与核心。而当代拜物教理论研究的主要方向应该定位于破解金融化资本拜物教,对金融化时代拜物教新形式进行批判。

二是证明马克思拜物教批判理论的时代意义,激活马克思拜物教批判

---

❶ [法]鲍德里亚:《象征交换与死亡》,车槿山译,南京:译林出版社,2006年,第4页。

理论的当代发展。马克思拜物教批判理论内容十分丰富，完整地揭示了工业资本主义时期拜物教发展的基本逻辑、表现和后果。当今时代与马克思的时代相比，金融化时代资本与劳动的关系没有改变，资本主义的剥削本质没有改变，抽象对人的统治也没有改变，然而金融资本新形式表现出诸多新样态。因此，运用马克思拜物教批判理论对金融化资本新形式进行揭露批判，具有十分重要的意义。金融化与数字化的结合，迫使数字资本按照金融化资本逻辑发展。金融化资本拜物教统治下人与物的关系、意识与存在的关系发生颠倒，人对金融化资本盲目崇拜，金融化资本操控人类价值认知。通过分析金融化资本发展过程的几个基本维度，探索金融化资本的符号性生产、同一性交换、总体性支配及虚假性消费所造成的抽象统治的秘密，发现这种统治过程中剥削的主体似乎消失了，劳动者作为被剥削对象却丧失其对象性存在。这些新的事实都表明金融化资本越发显现出神灵化，拜物教形式更加明显。金融化资本还通过控制信息传播方式，控制评价体系；通过与新自由主义意识形态相结合的方式，实现其拜物教统治；通过将现实世界金融化，实现对现实世界的形而上学统治；通过对现实世界中的人类人格的金融化，使人的主体性丧失，金融化资本成为人类社会运行主体；通过将人类欲望形而上学化、虚无化、债务化，实现人类生存状态的历史性改变。当前激活马克思拜物教批判理论具有十分重要的社会价值。

三是有助于我们理解当代国际金融垄断资本主义下的生产方式和生产关系的时代特征，为破解金融化资本拜物教提供方法论。对意识形态、拜物教问题的研究要回归到"现实的人"这个主体，回归到现实生产力发展状况、现实的生产关系过程中去。本书着重分析马克思时代的无产阶级在金融资本逐步演变过程中的历史状况，尤其是金融化时代的来临，在金融化资本的控制下，资本与劳动的关系绝不是简单对立，而是具有复杂的相互转换的关系。这样一种金融化资本控制下的新型财产关系，使资产的价值与人的意识联系如此紧密，与财产的使用价值如此脱域，必然将人类社会拉入高度风险之中。马克思的政治经济学批判中，基于资本发展的自我否定性，"现实的个人"从实践主体成为革命主体，中国的关于资本规制的方略和实践是破解金融化时代金融化资本拜物教统治的方法论原则：通过批判消解形而上学对人的统治，分析论证消解"神圣形象"中人的自我异化，对上帝崇拜进行消解批判；通过分析论证"非神圣形象"的资本取代上帝后对人的统治过程，对资本统治进行消解；通过分析论证"非神圣形象"自我异化的再异化——金融化资本新形式的拜物教强化统治的表现，从而进行消解批判，达到消解反对形而上学的目的。

四是拜物教批判理论研究有助于整合多学科融合发展。拜物教批判理论涉及哲学、政治经济学、心理学、宗教学、人类学，在当代又拓展到叙事经济学、行为金融学、传播政治经济学和修辞学，对金融化资本拜物教的研究能够更好把握当代资本主义金融化的时代特征，展示其背后的社会关系的本质特征。通过对经济现象、金融化特征的深入探讨，了解金融化时代价值生成的规律、本质和动力因素，有助于从哲学层面对金融化时代资本主义生产关系和价值生成方式展开批判与反思，从而揭示金融化时代资本主义的内在矛盾与危机本质。金融化时代资本主义的许多重大问题，已经远远超出单一学科的领域，这就要沿着马克思开创的对资本主义开展多学科的批判路径，吸纳多学科视角，展开存在论批判。

五是开展金融化资本拜物教研究是对时代重大问题的有效回应。在政治方面，"在金融危机和占领华尔街等抗议运动之后，时代精神似乎发生了改变，主要表现为：资本主义批判主题的回归；阶级斗争语言再次回到思想的中心；'另一个世界'的可能性受到严肃的对待"[1]。在许多重大问题上，我们似乎都能看到金融化资本操控的影子。近年来的全球生态问题，从根本上是金融化资本为了自身增值的本质需求不顾生态保护的结果。金融化资本的逻辑采取了更加隐晦的方式，掩盖了资本与人的对立关系和人与自然的二元分立，将剩余价值据为己有，将生态污染的问题转嫁

---

[1] 汪行福：《当代资本主义批判——国外马克思主义的新思考》，《国外理论动态》，2014年第1期。

给全世界的劳动人民。资本逻辑的强势必然导致诸多问题从根本上偏离了人这个目的,而将人变成金融化资本的工具,但现实中人不应该为金融化资本的增值逻辑服务,金融化资本应该为人服务,即人是目的而不是手段。对于人们生活需要的直接满足是用于消费的货币,而不是永远自行增值的资本自身。使发展成果由人民共享,实现共同富裕道路的落脚点应是人民生活水平的真正提升。

六是区分金融化资本拜物教现象的批判与金融化资本拜物教的哲学批判有利于在理论上澄清拜物教的内涵。金融化资本拜物教现象的批判侧重于将拜物教理论应用于对金融化的现象进行解释、对特定的问题进行剖析。其基本方法就是原理加现象,即对现象的形成原因、运动规律、发展方向和结果进行理论上的说明。其方法的优点在于可以更加深刻地理解现象本身,并对现象背后的原理加以说明;缺点是容易使理论陷入形而上学僵硬的阐释框架中,将理论概念固化,不能发展理论本身。金融化资本拜物教的哲学批判,是对金融化资本拜物教本身的存在前提进行反思,分析和研究金融化资本拜物教产生的背景和历史条件;界定金融化资本拜物教的本质内涵,分析其现象背后的本质关系,指出金融化资本拜物教的形成机制、造成的后果,可以为破解金融化资本拜物教提供有益的启示。

第二节 国内外相关研究现状

金融化资本拜物教是金融化时代的拜物教的新形式,研究金融化资本拜物教不得不对国内外相关拜物教理论、现象和金融化时代特征进行批判性考察。从国外来看,虽然以金融化资本拜物教为主题的研究已经开始,但相关研究成果还不够丰富,总体上来看,国外关于金融化资本拜物教的研究主要集中于对金融化的多学科审视、金融相关要素的哲学研究、用拜物教理论分析金融化现象三个领域。在这些领域中相关研究虽然还有很多争议，但都取得了较为丰富的成果，为开展金融化资本拜物教研究提供了有关历史背景、现实状况、演化脉络、后果等素材。国内的研究比国外开展得晚，但也取得了一定的积极成果。国内的研究主要集中在两方面：一是基于马克思政治经济学批判审视金融化及其资本样态发展过程中的新特点、新趋势和可能引发的相关社会问题；二是更加关注金融化资本统治下人的生存状态问题，新的抽象统治表现出来的异化、物化和其颠倒的意识形态现象背后的本质问题。国内外的相关研究，为本书开展金融化资本拜物教批判性研究奠定了坚实的基础，提供了较为丰富的材料。

一、国外研究现状

从发展史上看，对西方拜物教的研究，可以分为早期的人类学和文史哲不分家状态下的文学、史学、哲学研究，中期的马克思拜物教批判理论，后期的西方马克思主义和后现代哲学等主要阶段。其研究路径从范围领域可以分为金融化现象的政治经济学分析路径、空间与结构的研究路径、文化审视研究路径、哲学与宗教的批判路径和将拜物教理论应用于解释金融化现象路径。其中，由马克思总结和开创的政治经济学分析路径对拜物教的分析最为深刻、彻底，具有最强的解释力。

（一）金融化现象的政治经济学分析路径

国外现当代对金融化的分析与传统的研究路径有所区别，这一时期将非正统的经济学方法引入金融化研究中，并与马克思主义和后凯恩斯主义的方法并列。现当代学者主张对金融化研究采取更为历史性的总体方法，与传统上（甚至非主流）经济学家所突出的部分分析形成鲜明对比。对金融化现象进行分析的有相关的经济金融史学家，也有非正统经济学的理论家，他们提出了金融化的定义和时间跨度问题，并对金融化的内涵做了广泛的研究和探讨。这些研究与金融化资本拜物教相关性较大，有的研究探讨了金融化资本拜物教的形态问题，有的研究探讨了金融拜物教的精神与意识向度。

经济和资本领域作为金融化率先出现的领域,金融化的内涵和成因成为这一领域重要的阐释内容,然而,对金融化的定义没有达成一致,其概念过于宽泛和模糊,这也是金融化需要进一步研究的问题。最流行的金融化的定义是杰拉德·爱泼斯坦(Gerald Epstein)提出的开创性和宽泛的概念,即"金融化意味着金融动机、金融市场、金融行为者和金融机构在国内和国际经济运作中的作用越来越大"❶。同样经常被引用的金融化的定义还有格丽塔·克瑞普纳(Greta Krippner)提出的"利润大部分通过金融渠道而不是通过贸易和商品生产渠道来实现"❷。马克思主义对金融化的理解是本·费恩(Ben Fine)提出的"将计息资本日益纳入资本循环"❸。随着金融化趋势的增强,相应的资本形态——金融化资本出现了。金融化资本逐步成为资本的当代形式,成为影响甚至控制人们日常生活的重要力量。另一些学者从马克思主义传统分析框架中对金融化资本产生的原因进行了研究,从而给出了新的理解。巴兰和斯威齐认为金融化的产生有其坚实的社会物质生产发展的基础,金融化时代产生了大量的经济剩余,这种剩余无法被消除,进而导致经济停滞,而金融化的发展恰恰满足金融资本无限扩张的需求,因此金融化是经济停滞后资本发展的必然方向。❹从资本的主体性角度来看,杜梅尼尔和莱维从阶级的角度对金融化进行了分析,他们认为金融领域的阶层不断加强自身的统治,尤其是20世纪70年代以来他们的权力得到了回归和提升,这是金融阶层有意识地维护自身统治地位和支持金融化发展的重要原因。❺从马克思利润率下降理论

---

❶ Epstein G, Introduction: Financialization and the World Economy, In idem, ed., *Financialization and the World Economy*, Cheltenham: Edward Elgar, 2005, p. 3.

❷ Krippner G, The Financialization of the American Economy, *Socio - Economic Review*, 2005, Vol. 3, No. 2, p. 174.

❸ Fine B, Financialization from a Marxist Perspective, *International Journal of Political Economy*, 2013, Vol. 42, No. 4, p. 64.

❹ [美]保罗·巴兰、保罗·斯威齐:《垄断资本——论美国的经济和社会秩序》,南开大学政治经济学系译,北京:商务印书馆,1977年,第73—82页。

❺ Gérard Duménil, Dominique Lévy, *The Crisis of Neoliberalism*, Cambridge: Harvard University Press, 2011, pp. 7 - 10.

看，虽然布伦纳和哈曼都从利润率下降角度进行了分析，但他们的侧重点不同，布伦纳认为"利润率下降源于全球主要制造中心的过度竞争与生产过剩"❶，哈曼则将利润率下降归因于"资本有机构成的提高，这是由于战后的国家干预使资本主义无法利用危机清除过剩资本"❷。这些基于资本构成、资本主体性、利润率下降等马克思主义经典理论分析框架对金融化现象的研究，证实了当代资本的新形态——金融化资本在经济发展中的地位越来越重要，控制价值分配的能力越来越强，而金融化资本作为一种新的抽象，其统治人和控制人的能力也越来越强，人在金融体系中逐渐丧失其主体性，日趋物化和金融内化。

延伸到公司治理的政治伦理领域，一些理论家探讨了金融化造成的不平等问题。《21世纪资本论》的作者皮凯蒂认为，资本的收益率高于经济增长率（$r>g$），是当代资本主义分配的主要特征，并且长期存在难以改变。这种趋势将造成资本的高度集中，两极分化愈演愈烈。❸ 皮凯蒂所说的资本收益主要指债券、股票的收益及金融化了的高等级资产。皮凯蒂认为资本收益率大于经济增长率是一切不平等的根源。皮凯蒂的分析为理解金融化资本作为一种拜物教形式造成两极分化的后果提供了启示。从公司治理角度来看，拉佐尼克和奥沙利文认为股东利益至上理念正在增强，金融化成为公司经营的重要方式和方法。公司转向重视金融市场，并且通过股份回购等方式，优先保障股东的权益最大化。❹ 著名金融史专家威廉·戈兹曼指出，股权在定义上有对资本主义公司的所有权，因此有人提出股权可能是实现共产主义的一种有效途径，逐步通过全民股权对企业的占有，实现经济治理、政治表达和社会建设。这种思想很快被广泛接受，21世纪，对股权的崇拜已经从美国传导至全世界，股权方式的投资模式得到

---

❶ ［美］布伦纳：《全球动荡的经济学》，郑吉伟译，北京：中国人民大学出版社，2012年，第6页。
❷ ［英］哈曼：《次贷危机与世界资本主义危机》，嵇飞译，《国外理论动态》，2008年第7期。
❸ ［法］皮凯蒂：《21世纪资本论》，巴曙松等译，北京：中信出版社，2014年，第84页。
❹ William Lazonick, Mary O'Sullivan, Maximizing Shareholder Value: A New Ideology for Corporate Governance, *Economy and Society*, 2000, Vol. 29, No. 1.

国家战略层面的支持，而不仅仅是个人资产配置的问题。❶

总体来说，学者们对金融化现象进行政治经济学角度的研究，相对于文化视角和哲学路径缺乏深刻反思。学界对金融化现象的定义、阐释和原因分析较多，金融化作为金融化资本逻辑的外在表象的重要性不容忽视。这些研究为探讨金融化资本拜物教形成的具体历史条件及其形成的机制路径提供了重要线索。

（二）金融化现象的空间与结构的研究路径

关于空间的金融化和相关空间结构的金融化问题大概可以归纳为宏观层面的国家和民族的金融化状况、中观层面的公司和企业的金融化发展及微观层面的以家庭为主导的金融化对个体的影响三个方面。从研究现状看，相关文献主要探讨了金融化对空间的结构性的影响和改变。金融化对空间的改变是深刻的，是全球的经济和政治力量博弈的结果，是对空间的重新塑造。金融化对社会空间的结构塑造也逐步显现出其力量和逻辑结构。"金融逻辑"或"股东价值"越来越明显地占主导地位，全球经济空间组织的变化、社会和阶级体系的重新配置都展现了金融化的社会空间的新建构。这一路径从机构、个人和社会的角度，展现了空间和区域高度金融化的状况。此研究路径的主要代表人物有大卫·哈维、恩格尔伯特·斯托克哈默（Engelbert Stockhammer）、卡斯特·科勒（Karsten Kohler）、埃娃·卡诺斯基（Ewa Karwowski）、布鲁诺·波尼茨（Bruno Bonizzi）。

大卫·哈维讨论了空间金融化的相关问题，提出了绝对价值、相对价值、关联价值等概念，并认为金融化是一种深刻的空间现象。伦敦大学国王学院教授恩格尔伯特·斯托克哈默及卡斯特·科勒长期致力于金融化研究，前者的《金融化和积累放缓》利用宏观经济需求制度的概念来研究不同经济体是如何被不平衡的金融化过程塑造的，书中区分了发达资本主义

---

❶ ［美］威廉·戈兹曼：《千年金融史：金融如何塑造文明》，张亚光、熊金武译，北京：中信出版社，2017年，第399页。

国家中出现的出口驱动和债务驱动的需求制度。[1] 埃娃·卡诺斯基与恩格尔伯特·斯托克哈默研究了新兴经济体金融化的多样化特征,分析了国际资本流动、金融中心布局等多维度的金融活动,批判性地审视了"以金融深化促进经济发展"的政策路径。[2] 同样地,布鲁诺·波尼茨强调了新兴资本主义国家融入世界经济的"从属"模式,其认为全球货币和生产关系的等级性质造就了一种特定形式的金融化,不同于发达资本主义经济体中观察到的动态,这些发现本身就提出了关于国家在塑造金融化进程中的作用和不同的国家能力的问题。[3]

曼努埃尔·阿尔伯斯（Manuel Aalbers）揭示了住宅和商业地产在金融化不同阶段的关键重要性和债务驱动积累制度的城市基础。[4] 莎拉·布莱克（Sarah Bracking）反思了金融在改变自然与社会关系中所扮演的角色,顺便考察了从碳政策到天气管理的一系列问题,提供了区分金融化和商品化概念的方法。[5] 罗德里戈·费尔南德斯（Rodrigo Fernandez）和安吉拉·维格（Angela Wigger）研究了离岸金融路线,在那里,世界上占主导地位的资本存量和流动被习惯性地安排和储存,这展示了领土和国家主权与金融权力的复杂交织。[6] 在这些日常生活领域的金融化过程中,一个核心节点是"家庭",正如约翰娜·蒙哥马利（Johnna Montgomerie）对家庭债务的研究所表明的那样：在抵押贷款市场上负债累累的房东,与等级森严的金融

---

[1] Stockhammer E, Financialisation and the Slowdown of Accumulation, *Cambridge Journal of Economics*, 2004, Vol. 28, No. 5, pp. 719–741.

[2] Karwowski E, Stockhammer E, Financialisation in Emerging Economies: A Systematic Overview and Comparison with Anglo–Saxon Economies, *Economic and Political Studies*, 2017, Vol. 5, No. 1, pp. 60–86.

[3] Bonizzi B, Financialization in Developing and Emerging Countries: A Survey, *International Journal of Political Economy*, 2013, Vol. 42, No. 4, pp. 83–107.

[4] Aalbers M, The Financialization of Home and Mortgage Markets, *Competition and Change*, 2008, Vol. 12, No. 2, pp. 148–166.

[5] Sarah Bracking, Financialization and the Environmental Frontier, Edited by Philip Mader, Daniel Mertens and Natascha van der Zwan, *The Routledge International Handbook of Financialization*, Oxon: Routledge, 2020, pp. 213–221.

[6] Fernandez R, Wigger A, Lehman Brothers in the Dutch Offshore Financial Centre: The Role of Shadow Banking in Increasing Leverage and Facilitating Debt, *Economy and Society*, 2017, Vol. 45, No. 3, pp. 407–430.

体系中的中产阶级房主或次贷借款人所承担的责任是不相同的，不同的家庭需要在金融体系中工作和管理各自的职位。❶ 珍妮·拉撒路（Jeanne Lazarus）认为，金融素养教育作为对金融化最常见的政策之一，也通过将金融问题个体化并寻求将家庭和个人重新塑造为能够充分表现的金融主体来服务金融化。❷

（三）金融化现象的文化审视研究路径

文化与金融化是两个相互渗透的概念，两者都在不断随着时代的发展而发生变化。关于金融化的文化审视主要是通过文化经济学的方法来进行的。这个领域涉及金融化与文化的关系问题，金融活动的场所、机构的文化现象和其所呈现出的视觉文化审美，金融的风险和估值文化等。虽然金融是人类社会对世界的创造性认知，但人类也要反对现代主流经济学中的盲目乐观观点，即金融市场毫无保留地提供了社会监管的最佳模式。从文化视角来审视金融化现象的学者们在金融实践基础上认识金融化的含义、技术及在金融化演化过程中涉及的想象力。此研究路径中比较知名的学者有马克斯·海文（Max Haiven）、兰迪·马丁（Randy Martin），他们是金融化与文化研究的主要代表人物。其他金融化与文化相关研究的学者有内森·库姆斯（Nathan Coombs）、阿尔扬·范德海德（Arjen van der Heide）、罗布·艾特肯（Rob Aitken）、劳拉·德瑞特（Laura Deruytter）、塞巴斯蒂安·默勒（Sebastian Möller）。

马克斯·海文出版了《金融化文化：大众文化与日常生活中的虚拟资本》《艺术之后的货币，货币之后的艺术：对抗金融化的创造性策略》，书中概述了金融化与文化的关系，从金融文化、金融化的文化、文化生产的金融化、文化生产在金融化中的困境四个维度来看，从金融部门的工作场

---

❶ Montgomerie J, The Pursuit of (Past) Happiness? Middle–class Indebtedness and American Financialisation, *New Political Economy*, 2009, Vol. 14, No. 1, pp. 1–24.

❷ Lazarus J, Gouverner les conduites par l'éducation financière: l'ascension de la financial literacy. In Dubuisson–Quellier, S. (ed.), *Gouverner les conduites*. Paris: Presses de Sciences Po, 2016, pp. 93–125.

所文化到当代视觉艺术的生产。金融化资本作为一种强大力量的广泛延伸，已导致文化被算法的"逻辑与实践"深度渗透，并支配了社会生活。马克斯·海文提出的"金融化想象"概念，即"金融的隐喻、实践、叙事、理想、度量标准、意识形态和身份认同以根茎式弥散形态贯穿于社会肌理之中"。❶

兰迪·马丁出版了《日常生活的金融化》《冷漠帝国：美国战争与风险管理的金融逻辑》《知识公司：迈向衍生品的社会逻辑》。在兰迪·马丁看来，金融化不仅是一种经济形式，还是一种文化实践，又是一部关于我们应该如何度过日常生活的剧本。兰迪·马丁认为金融化与商品化、货币化的区别在于，金融化需要将想象力转变为对未来潜力的映射，风险管理的计算活动及对冲、杠杆化和证券化的概念运用。❷ 金融化在这里表现为一种想象的习惯，它将个人、机构和整个社会重新定位于对未来本身可以形成作用的关键。每个行动者都在竞争如何更好地预测，以便从当今活动的潜在趋势中获利。

内森·库姆斯和阿尔扬·范德海德专注于估值文化。估值文化源于量化风险管理技术的发展，它对风险的估值，最终导致宏观审慎监管成为核心社会问题。在《作为数学化的金融化：风险管理的估值和监管的后果》中，他们通过论述估值行为对促进金融化的作用，回顾风险管理的历史，研究了风险管理的证券化。他们认为，即使是2008年金融危机也没能改变资产证券化与监管对于表外资产风险的放任。❸

罗布·艾特肯提出了金融主体性问题，即在文化的金融化下如何定义自我和公民意识的问题。他认为，金融主体性不是统一的，而是从根本上具有异质性和不确定性的。他从配置逻辑和选择逻辑两个方面对金融主体

---

❶ Max Haiven, Culture and Financialization：Four Approaches, Edited by Philip Mader, Daniel Mertens, Natascha van der Zwan, *The Routledge Interational Handbook of Financialization*, Oxon：Routledge, 2020, p. 347.

❷ Martin R, *Financialization of Daily Life*, Philadelphia, PA：Temple University Press, 2002.

❸ Nathan Coombs, Arjen van der Heide, Financialization as Mathematization：The Calculative and Regulatory Consequences of Risk Managemen, Edited by Philip Mader, Daniel Mertens, Natascha van der Zwan, *The Routledge International Handbook of Financialization*, Oxon：Routledge, 2020, pp. 358 – 366.

性进行分析，一方面阐述了个体如何被金融化资本体系定位成为储蓄者、投资者或债务人，另一方面阐述了个体选择如何参与金融化资本体系或者因没有选择的权利而被安置。❶ 政策制定者也不得不调整他们的行为以适应金融化的现实，就像劳拉·德瑞特和塞巴斯蒂安·默勒在《债务管理文化进入政府》中所表明的那样，在制定公共政策时，地方当局的做法越来越金融化，因为他们在根据越来越复杂的金融规范和工具的规则管理市政债务。❷

（四）哲学与宗教的批判路径

哲学与宗教的批判路径主要有西美尔社会哲学和部分左翼资本主义社会的批判理论家对金融化相关现象和问题的研究。主要代表者有西美尔、居伊·德波、瓦尔特·本雅明、哈特、奈格里、鲍德里亚等，此外，日本学者柄谷行人也作了相关研究。

西美尔从文化和哲学角度分析了货币对个人生活"碎片化"、异化的影响及货币神灵化。西美尔"从生命的一般条件来考察货币的本质"，并作了拜物教意识形态的考察。例如，由于社会分工，当代个体的生活和生命出现碎片化，西美尔将其认定为因主客体两种文化的巨大差异性和异化而导致的人类文化的总体性困境。在这种困境中，对金钱的渴望成了生命中的持续状态，"金钱是我们时代的上帝"，货币超越了所有事物，实现了生活中的矛盾的统一、差异的和谐。货币作为一种社会关系中的存在物，其目的属性与工具属性发生了颠倒，货币本是作为实现个人目的的一种工具性的手段，但人们在追求手段的过程中忘却了目的本身。❸ 西美尔对货

---

❶ Aitken R, *Performing Capital: Toward a Cultural Economy of Popular and Global Finance*. New York: Palgrave, 2007.

❷ Laura Deruytter, Sebastian Möller, Cultures of Debt Management Enter City Hall, Edited by Philip Mader, Daniel Mertens, Natascha van der Zwan, *The Routledge International Handbook of Financialization*, Oxon: Routledge, 2020, pp. 400–409.

❸ ［德］西美尔：《货币哲学》，陈戎女、耿开君、文聘元译，北京：华夏出版社，2018年，中文版前言第14页。

币的研究与思考并不是从资本增值角度进行的,而是关注了货币对于普通人在日常生活中的用途,并没有将货币作为价值增值的资本维度来解析。

居伊·德波从消费中的媒介与景观的构造出发,媒介与景观的构造运用了叙事方法。通过这种叙事,消费观念得以转换,产生了虚假的消费意识,这便是金融化资本逻辑操控下的消费领域的拜物教。20 世纪中期以后,出现了商品产能过剩的状况,同时先进的传媒技术对人们的日常生活产生了深远影响,西方世界进入一个新传媒技术修饰过了的景观社会。❶原本被商品物化的社会关系再一次被颠倒化为以视觉影像为中介的社会,大多数人进入一种"虚构""颠倒""幻觉"所营造的世界,这是虚假的意识形态造就的异化景观,个体沉迷其中无法自拔。一般认为,马克思理论中商品拜物教的本质是将人与人的关系颠倒为物与物的关系,德波提出的景观拜物教则是在物的存在方式上进行分析,物被消散、瓦解和幻化,所以,景观社会中人的主体性需要和欲望都被消解了,人们被由景观构建的光鲜世界和虚假的需求所迷惑,这种状况下,人的生活状态已经失去了其本真的状态,成为一种伪制品。

瓦尔特·本雅明从资本主义与宗教具有类似的结构特征出发,提出了资本主义与拜物教相关的四个特点,即资本主义的纯粹崇拜性、崇拜的永恒化、狂热的崇拜导致犯罪普遍化、隐身性。他认为,宗教神的形象通过纸币来传达其宗教神的精神实质。❷ 本雅明将资本主义看作一种拜物教,提出幻象拜物教,其对货币与宗教神的精神分析是金融化拜物教的重要拓展。本雅明研究了在商品内容上进行意识形态编码、在商品形式上进行价值奇观化再造的现象。本雅明认为,商品的幻化不仅在"内容"方面对主体的需要或欲望实施商业逻辑的意识形态编码,还在"形式"方面使商品的符号奇观化。本雅明通过"奇观化"概念的阐释,揭示了资本主义的原

---

❶ 转引自吴茜:《西方拜物教批判理论的源流、谱系与潜能》,《国外社会科学前沿》,2019年第3期。
❷ Walter Benjamin, *Selected Writings · Volume1 · 1913—1926*, Edited by Marcus Bullock, Michael W Jennings, London: The Belknap Press of Harvard University Press, 2002, pp. 288 - 289.

因、途径和神秘之处。本雅明还提出了物的新理解,他认为物不是真实存在的在场之物,而是承载了诸多意义之后形成的一种观念之中的幻影。这个幻影总是被形而上学和宗教赋予特定的价值和意义,从而制造出新的都市精神样态,人的存在只是奇观化体系中被欲望牵动的纯粹的物质载体。本雅明通过列举巴黎街道上的一些特殊景观,证明这些景观都是故意设置的,为引导人们进入奇观化体系,通过特殊景观打造一种特定场景和视觉关系,对人们进行操控和诱导。通过对这些奇观化与被奇观化操控的人的分析,本雅明揭露了"一种开始与拱廊街市和奢侈商品以及昂贵的小商品的窗口陈列相关的景观消费主体性的建构。换句话说,它暗示了一种观看'美丽而昂贵的东西'的鲜明的新方式"❶。这种拜物教理论否定了马克思的商品拜物教理论将人与人之间的关系看作"物与物的关系",更倾向于将商品拜物教的"物"本身看作人与人关系的直接呈现。

　　哈特和奈格里拓展了资本的总体性的逻辑向度、主体性向度、形而上学向度及破解的方法论问题。金融化资本拜物教表现为全球范围内人们对金融资本增值动力的信仰,它比帝国主义具有更强的控制能力,从而实现对全球的控制。这个庞大的组织比真实存在的国家都要大,如历史上的大英帝国,金融化资本拜物教的"帝国"要比"帝国主义"还要庞大。❷ 其"帝国"是一个遍及全球的网络,将全世界的公民在经济、文化、心理上紧密相连。它有效地控制着全球交流,财产共和国的出现,标志着资本取得了帝国主义国家最高的政治权力。在财产共和国中,资本的权力不断向政治体系蔓延,拥有了支配国家的权力,这种权力已经深入财产共和国的各个领域,成为其共同认可的秩序规定。在金融化资本拜物教的破解上,哈特和奈格里进行了较大的开创,他们对劳动进行了区分,以非物质劳动区别于工业生产的物质劳动。他们主要是通过劳动产品的性质对非物质劳

---

❶ [德] 瓦尔特·本雅明:《巴黎,19 世纪的首都》,刘北成译,上海:上海人民出版社,2006 年,第 26 页。
❷ [美] 麦克尔·哈特、[意] 安东尼奥·奈格里:《帝国——全球化的政治秩序》,杨建国、范一亭译,南京:江苏人民出版社,2008 年,译者的话第 2 页。

动进行定义，非物质劳动的产品为服务性质的、文化创意、知识或者交流等非实体性的商品形式。❶ 他们认为，非物质劳动是金融化资本剥削的新途径，通过这种非物质劳动实现了金融化资本的增值，这种增值逻辑表现出的虚拟性、叙事性、意识形态性，是金融化资本拜物教观念向度的新存在样式。哈特和奈格里还分析了金融资本在欧美的不同，这种不同反映了金融资本的两种不同形态，即以银行贷方为主导的货币金融形态和以投资银行为主导的资本金融形态。在哈特和奈格里的分析中，金融化资本拜物教发展的一般历程得以呈现，金融资本先与生产过程中的物质关系脱钩，再对法律、政治等意识形态产生重要影响。在欧洲国家中，金融资本经历了一个循序渐进的发展阶段，它是以土地的地租为基础，在贵族制度之中慢慢发展而来的；在美国，金融资本的产生则是一件十分突然的事情。然而，金融资本所拥有的巨大影响力，甚至威胁到了宪法网络的权威性，因为金融资本可以形成一种垄断权力，这种垄断权力具备摧毁网络的能力。❷金融资本对宪法的挑战就是对上层建筑及其意识形态的挑战，是金融化资本拜物教向全球延伸的明证。

鲍德里亚认为要从生产角度转向消费角度对拜物教进行分析，因此他的分析暗示了金融化资本控制下的拜物教的叙事实现路径。在形式上，鲍德里亚从"符号"出发，指出符码在本质上是社会关系的符号表达。"物的符号价值的编码功能不只是对物的意义的编码，也是对社会总体性的编码，是对人与物的关系、人与生产的关系、人与消费的关系以及人与人的关系的编码。"❸鲍德里亚通过分析消费社会的特点，认为物在新传播方式的编码下成为一种符号性存在，因此，人们由对商品的崇拜走向对符号的崇拜，这种符号崇拜在身体的符号表达中达到了极致。所以，他认为，要

---

❶ [美]麦克尔·哈特、[意]安东尼奥·奈格里:《帝国——全球化的政治秩序》，杨建国、范一亭译，南京：江苏人民出版社，2008年，第284页。
❷ [美]麦克尔·哈特、[意]安东尼奥·奈格里:《帝国——全球化的政治秩序》，杨建国、范一亭译，南京：江苏人民出版社，2008年，第171页。
❸ [法]让·鲍德里亚:《符号政治经济学批判》，夏莹译，南京：南京大学出版社，2009年，第67页。

23

打破符号拜物教的统治，就必须对符号逻辑进行批判，而不仅仅是对传统的生产逻辑进行批判。鲍德里亚在《符号政治经济学批判》中认为，随着消费社会的来临，符号拜物教的内在机理是具有差异性、等级和区别意义的符号价值取代了物的功能意义上的使用价值。要对拜物教进行批判，必须先对符号进行批判，对形成符号价值的意识形态编码过程进行揭示和揭露。鲍德里亚对马克思的拜物教理论在形式上实现了拓展，却在内容实质上出现了颠倒与偏差。鲍德里亚给拜物教理论加上了消费时代金融资本控制下的新形式分析。此外，鲍德里亚对拜物教进行了思想史的分析，这一以西方马克思主义为主的路径对金融资本的批判本质上是意识形态批判而脱离了政治经济学批判。总体来看，西方马克思主义的拜物教批判理论更关注人自身的存在状态问题，涉及人自身的身心关系问题、人的生活范围越来越趋向单向度等问题。当前西方马克思主义、左翼和后现代的研究脱离了马克思政治经济学的批判视域，在研究对象及形态中，以景观、奇观、消费等领域为主，脱离了金融化资本这个根本性的对象。

（五）将拜物教理论应用于解释金融化现象的路径

与直接对拜物教开展理论研究不同，戴维斯（Davis A. E.）解释了金融化及其对应资本形态产生的原因。他从拜物教的视角，在货币的使用过程中发现了拜物教现象的存在，进而将金融化的产生与拜物教结合起来思考。戴维斯认为，货币是资本主义社会最重要的标志，具有一种特殊的符号意义，并由此成为一种可以要求回报的权力。货币作为资本主义财富和权力的一般符号，为金融部门提供了一种持久而不断集中的权力，这也是资本主义金融化的理论根源。❶ 普拉纳·坎迪·巴苏分析了商品拜物教在金融化与金融危机中的应用："我们的目的是重新评价马克思对商品拜物教（commodity fetishism）的批判，并解读这种批判在金融化时代的突

---

❶ Davis A E., Fetishism and Financialization, *Review of Radical Political Economics*, 2017, Vol. 49, No. 4, Dec. pp. 551–558.

变，探讨它在分析金融化现象和金融危机过程中所提供的启示。"❶

齐泽克研究了物对人的特殊呈现方式及其与拜物教的形成关系，并通过物在金融化资本操控下的呈现方式对拜物教加以说明。齐泽克认为资本在发展过程中存在内在的矛盾性，他研究了商品的形式问题，然而这些围绕商品拜物教的批判性研究在本质上是服务于当代资本主义意识形态的形而上学理论的。对于齐泽克来说，讨论所有关于物恋性质的问题，其关键在于追问被迷恋之物为何采取了这样一种表现方式来呈现自身。其隐蔽的意旨在于，被迷恋之物如果采取了其他的呈现方式，或许就不具有某种魔力，所以物的魅力特性只能在其呈现方式中来寻找。齐泽克从精神分析的向度考察了人在虚拟资本和国际金融垄断资本主义下的存在状态，他根据拉康的精神幻想方式对当代的信用和赌博制度作出了精神分析。❷

国外学者对当前拜物教理论的研究存在两方面的不足。一是对拜物教的研究多从精神维度展开，缺乏历史唯物主义的向度。从精神维度分析拜物教，这种研究方式容易把拜物教引向纯粹科学的问题，或者陷入哲学宗教学之中成为形而上学问题，最终导致对拜物教本质认识的失败。拜物教绝不仅仅是科学的、宗教的、纯粹技术上可以解决的问题，拜物教具有社会历史性，这是马克思主义对拜物教理解的关键。二是拜物教的拓展研究缺少对资本当代形态方面的研究，从而缺乏对资本主义社会真正深刻的认识和本质把握。马克思从政治经济学批判角度，用资本的范畴把握工业资本主义时代的本质并揭示了人的存在问题。马克思认为最终在"生息资本"出现后，拜物教的"观念"和"形态"才得以完成。当代资本主义最大的特征是金融化，金融化时代拜物教的根本向度要在金融化资本的维度上进行把握。因此，回到马克思经典的生息资本拜物教理论分析路径，是金融化时代拜物教新形式研究和把握资本主义社会总体特征最为重要的维度。

---

❶ 普拉纳·坎迪·巴苏：《金融化与金融危机：商品拜物教的视角》，王珍译，《国外理论动态》，2019年第12期。

❷ 齐泽克：《意识形态的崇高客体》（第二版），季广茂译，中央编译出版社，2017年。

二、国内研究现状

国内学者虽然少有以金融化资本拜物教命名的直接研究，但关于生息资本、金融资本、金融化资本及金融化现象的批判已经形成一定的研究规模。金融化资本拜物教研究是当代社会中一个关涉如何摆脱异化与物化，进而实现人的自由全面发展的重要理论问题。现有研究具体可以从三方面进行分类：一是金融化资本拜物教相关要素的研究；二是在金融化现象等重大现实问题解释中拜物教批判理论的应用；三是金融化资本拜物教实现方式研究。

（一）金融化资本拜物教相关要素的研究

国内学者从政治经济学批判维度出发，展开了对金融化资本的概念、发展和特征等的批判性研究，其中包含了对金融化资本拜物教相关要素的分析。学者基于当代金融化资本新统治形态，具体分析了金融化资本的内涵和逻辑理路及其控制能力的提升。如李连波、陈享光在《从金融资本到金融化资本——日常生活金融化的政治经济学分析》中将金融化研究区分为政治经济学和哲学两个向度，前者关注宏观层面资本积累的金融化问题，后者关注金融化对日常生活的侵蚀问题。❶ 刘召峰在《拜物教批判理论与整体马克思》中认为拜物教批判理论在马克思经济理论中占有重要地位，属于核心逻辑。❷ 因此，金融化时代的资本样态——金融化资本拜物教批判性研究必然成为把握当代资本主义的核心逻辑之一。

一些学者主张对当代资本范式的研究进行转换，以当代金融资本形态——金融化资本审视当代问题。如李连波、陈享光认为当代资本形态向金融化转向，金融资本的概念越来越不能概括当代资本的形态特征，因此

---

❶ 李连波、陈享光：《从金融资本到金融化资本——日常生活金融化的政治经济学分析》，《马克思主义与现实》，2020 年第 6 期。

❷ 刘召峰：《拜物教批判理论与整体马克思》，杭州：浙江大学出版社，2013 年，第 196 页。

他们区分了金融资本与金融化资本的概念,将金融化资本看成资本占有方式和收入榨取方式的统一。金融化意味着资本日渐摆脱实际价值的创造,以货币或货币资本和虚拟资本的形式进行资本和收入的占有与积累,同时不断向物质和非物质生产领域扩张,开辟新的获利渠道。[1] 金融资本的内涵及其演化和特点中体现出拜物教逻辑。相比其他资本形态,金融资本具有更强的控制力,表现出资本的总形态和总体性控制。主张对资本哲学进行理论范式转换的还有刘志洪,他在《从资本一般到金融资本——资本哲学的范式转换》中提出资本哲学的范式研究要从工业资本向金融资本转换,其主张的20世纪70年代以来的金融资本已成为帝国主义国家的最高统治形式,这正是本书的金融化资本概念的特征。[2] 蔡万焕在《金融资本与当前资本主义发展阶段》中对马克思主义金融资本理论及其发展进行了较为系统的阐述,对金融资本的发展史和概念进行了论证,其中对现代"金融资本"概念的辨析加入了"金融化"的特征和时间维度,这有助于我们对金融化资本概念的理解。[3]

关于金融资本的形态特征,国内学者展开了较为丰富的研究。宋朝龙在《列宁金融资本批判理论的科学逻辑及其当代价值》中认为金融资本是一种总的资本形态,它从产业资本、商业资本、银行资本的垄断融合中产生,这种资本形态具有寄生性和垄断性。[4] 此外,孙承叔在《财富、资本与金融危机——马克思危机理论的哲学思考》中认为虚拟性和投机是金融资本的两个主要特征。[5] 王庆丰在《金融资本批判——马克思资本理论的

---

[1] 李连波、陈享光:《从金融资本到金融化资本——日常生活金融化的政治经济学分析》,《马克思主义与现实》,2020年第6期。

[2] 刘志洪:《从资本一般到金融资本——资本哲学的范式转换》,《马克思主义与现实》,2018年第6期。

[3] 蔡万焕:《金融资本与当前资本主义发展阶段》,北京:经济科学出版社,2017年,第2—4页。

[4] 宋朝龙:《列宁金融资本批判理论的科学逻辑及其当代价值》,《马克思主义研究》,2020年第11期。

[5] 孙承叔:《财富、资本与金融危机——马克思危机理论的哲学思考》,《上海财经大学学报》,2010年第5期。

当代效应及其逻辑理路》中论述了金融资本就是货币或资本逐步抽象化和符号化的过程,认为金融资本是当代资本主义社会最本质的特征,金融资本挟持政府,甚至整个经济,迫使一切"货币化""商品化""独立化"和"抽象化"。❶ 在这些对金融资本概念、发展和特征的研究中,暗含着金融化资本拜物教性质的因素,预示着金融化资本必然以拜物教这种意识形态发展出来。

另外,国内学者从金融化资本的精神向度出发,对金融化资本的新特征与拜物教进行关联。鲁品越在《走向深层的思想:从生成论哲学到资本逻辑与精神现象》《虚拟经济的诞生与当代精神现象》等文中将虚拟经济与当代精神现象关联,认为虚拟经济与实体经济的矛盾中产生了一种新的拜物教精神现象,他将这种拜物教称为"金融符号拜物教"。他认为:"资本主义内在矛盾由此表现为精神现象上的矛盾:消费主义、福利主义和'唯生产主义'的对立与依存;'符号消费现象'与'山寨现象'的相互映照;'符号炒作'与劳动创造财富的对立和冲突。"❷ 人们从而对隐藏在金融符号背后神秘的社会关系力量产生崇拜,提出了金融符号拜物教的概念。

(二) 在金融化现象等重大现实问题解释中拜物教批判理论的应用

有学者从资本角度来考察现代性问题,现代性中包含了拜物教问题。俞吾金在《资本诠释学——马克思考察、批判现代社会的独特路径》中总体上说明要从资本范畴来把握现代性问题。❸ 张雄通过对国内经济哲学研究的历史进行总结,认为经济哲学较为关注重大现实问题。❹ 其中有学者涉及金融化及资本拜物教理论问题的研究,如夏莹、宋朝龙等,他们主要

---

❶ 王庆丰:《金融资本批判——马克思资本理论的当代效应及其逻辑理路》,《吉林大学社会科学学报》,2013 年第 5 期。

❷ 鲁品越:《虚拟经济的诞生与当代精神现象》,《哲学动态》,2015 年第 8 期。

❸ 俞吾金:《资本诠释学——马克思考察、批判现代社会的独特路径》,《哲学研究》,2007 年第 1 期。

❹ 张雄:《西方近、现代经济哲学发展的历史与现状》,《哲学动态》,2003 年第 2 期。

关注了当下最为热点和重大的现实问题，如金融危机、收入不平等、内卷等问题，还涉及金融化资本与债务化、数字化、市场化和商品化的融合发展问题。

夏莹在《主体性过剩：当代新资本形态的结构性特征》《当代新资本形态的逻辑运演及其哲学反思》《数字资本时代货币的幽灵化与资本逻辑颠覆的可能性方式》中关注到了资本发展形态的金融化转变及其发展过程中对人生存状态的影响，集中对劳动者的内卷、数字时代金融体系信用、金融化导致的结构转变促进了拜物教新形式的生成等问题进行了研究，主张将拜物教式的表象还原为人与人之间变动着和斗争着的关系。❶

李瑞德在《资本拜物教与资本主义经济金融化》中提出马克思的拜物教理论是解读经济金融化的重要视角，金融资本的拜物教性质导致了金融资本的投机化、膨胀化、泡沫化和全球化，并最终导致了金融危机。❷ 徐春华、胡钧运用马克思的拜物教批判理论解释了金融危机发生的根本原因和传导机制，指出了资本家贪婪的本性，从而否定了西方经济学具有"动物精神"的理性"经济人"。❸ 此外，曾友中、钟利琼在《论马克思的货币拜物教理论——以"华尔街的贪婪"为例》中运用马克思的货币拜物教理论解释批判了华尔街资本家的贪婪本质。❹ 袁恩桢运用马克思商品拜物教思想，分析了市场经济中的问题，认为即使在社会主义市场经济中也有出现商品拜物教的可能，主张运用马克思的拜物教批判理论解释"反腐永远在路上"的理由。❺ 李建平在《新自由主义市场拜物教批判——马克思〈资本论〉的当代启示》中认为新自由主义意识形态导致了国际金融危

---

❶ 夏莹、牛子牛：《当代新资本形态的逻辑运演及其哲学反思》，《中国社会科学评价》，2020年第1期。

❷ 李瑞德：《资本拜物教与资本主义经济金融化》，《当代经济研究》，2015年第7期。

❸ 徐春华、胡钧：《"动物精神"还是拜物教？——论资本主义经济危机中人的因素》，《政治经济学评论》，2016年第2期。

❹ 曾友中、钟利琼：《论马克思的货币拜物教理论——以"华尔街的贪婪"为例》，《湘潭大学学报（哲学社会科学版）》，2012年第1期。

❺ 袁恩桢：《从异化到商品拜物教——重读马克思的商品拜物教理论》，《毛泽东邓小平理论研究》，2007年第6期。

机的发生，新自由主义给予市场过高的地位，导致人们对市场的盲目崇拜，是一种"市场拜物教"。❶

宋朝龙认为金融资本是主体，其他资本形态都是其属性或侧面，他在《马克思主义的金融资本理论：分析世界百年未有之大变局的理论工具》中主张将马克思的金融理论作为工具去解读当代资本主义社会和当代世界变局。❷ 熊小果、李建强在《"返回政治经济学批判"的意识形态魅影》中认为金融资本一方面具有双重性质，通过开展金融创新延续生命，另一方面其内在本质又充满了对抗性。债务作为金融资本实现其抽象统治的一种表现方式，在金融化时代这种趋势进一步增强，成为金融化时代剥削的主要方式。❸ 汪行福认为债务深入介入人们的生活，带来了严重问题，成为对资本主义进行批判的新对象。❹ 马慎萧在《资本主义"金融化转型"是如何发生的？——解释金融化转型机制的四种研究视角》中认为，经济金融化现象的本质是金融资本在时间和空间上对剩余价值的生产实现全面的控制，其核心在于资本积累体制的转型，即资本主义积累结构发生系统性的金融化转型。❺ 姜春磊研究了互联网金融相关问题，认为互联网金融是资本逻辑的外在表现，反映的是人与人之间的关系，他依照马克思关于资本的分析，提出了互联网金融的趋利性、垄断性、虚拟性和异化的本质。❻

（三）金融化资本拜物教实现方式研究

金融化资本拜物教是当代金融化资本统治下的人与物关系中呈现的颠

---

❶ 李建平：《新自由主义市场拜物教批判——马克思〈资本论〉的当代启示》，《当代经济研究》，2012年第9期。

❷ 宋朝龙：《马克思主义的金融资本理论：分析世界百年未有之大变局的理论工具》，《世界社会主义研究》，2019年第11期。

❸ 熊小果、李建强：《"返回政治经济学批判"的意识形态魅影》，《天府新论》，2016年第4期。

❹ 汪行福：《当代资本主义批判——国外马克思主义的新思考》，《国外理论动态》，2014年第1期。

❺ 马慎萧：《资本主义"金融化转型"是如何发生的？——解释金融化转型机制的四种研究视角》，《教学与研究》，2016年第3期。

❻ 姜春磊：《互联网金融的表象与本质——基于马克思资本理论的视角》，《技术经济与管理研究》，2016年第9期。

倒、崇拜、异化现象，这些现象与工业资本主义时期的生息资本有内在顺承的逻辑关系，并在此基础上进行了强化。

1. 颠倒关系的批判

张雄在《金融化世界与精神世界的二律背反》中深刻地阐述了逐利的金融意志主义蔓延，直接导致个体生命的"金融内化"和人类整体主义精神的日趋衰减。随着全球资本金融体系的强力发展，资本变得更加抽象、更加具有脱域性，资本的主体定位异质多元，运作方式虚拟迷幻，人类精神本质与人的对象化世界相异化，世界发展离不开金融体系的创新，但现实的金融体系已偏离了本质。❶鲁品越的《走向深层的思想：从生成论哲学到资本逻辑与精神现象》从国家的角度阐述了发达国家的消费意识与发展中国家的生产意识的严重分歧。❷仰海峰认为马克思通过对商品拜物教、货币拜物教与资本拜物教的分析，指出在资本主义社会中，物化统治与物化意识已经成为自然性的存在，无产阶级的解放就需要从意识上打破拜物教思维。❸汪行福认为马克思的意图在于，通过揭示资本主义社会发展过程中产生的拜物教，表明并不是商品、货币自身具有统摄一切的功能，而是资本主义社会关系使一切都处于它们的奴役之下，而且这种奴役得到了多数人的认同。❹

2. 崇拜观念的批判

张雄认为，21世纪的资本在现代金融的框架内，已经把主体自由界定为某种无穷无尽的财富创造和想象力。资本是一个作为主体的自我表象的客体，意识越被虚无化，资本就越被虚拟空间化。❺张宇、蔡万焕认为金融资本的这种统治表明，资本主义已经发展成一种金融扼杀的世界体系，

---

❶ 张雄：《金融化世界与精神世界的二律背反》，《中国社会科学》，2016年第1期。
❷ 鲁品越：《走向深层的思想：从生成论哲学到资本逻辑与精神现象》，北京：人民出版社，2014年。
❸ 仰海峰：《拜物教批判：马克思与鲍德里亚》，《学术研究》，2003年第5期。
❹ 汪行福：《从商品拜物教到犬儒主义——齐泽克意识形态论研究》，《马克思主义与现实》，2007年第3期。
❺ 张雄：《21世纪金融化世界的哲学反思》，《中国战略报告》，2018年第1期。

在当代，金融资本迅猛发展，金融资本的统治进一步加强，以至于不少学者将当代资本主义称作国际金融垄断资本主义。❶

3. 异化现象的批判

夏莹、牛子牛认为，全球经济危机的发生具有神秘的色彩，一种阶段的意识形态也就是金融化资本拜物教的意识形态起到了推波助澜的作用。当代的金融危机也将马克思阐明的价值及其表现形式——货币的不一致性的神秘现象推向极致。❷ 唐正东指出如果仅从客体的角度对本质进行遮蔽而没有从主体角度得到观念的认同，那么这种现象只能被称为物化，而不能称为异化和拜物教。❸ 陈享光在《金融化与现代金融资本的积累》中指出，高度的金融化一定会造成金融资本的过度集聚，给经济社会发展带来隐患。❹ 李连波、陈享光在《从金融资本到金融化资本——日常生活金融化的政治经济学分析》中指出，金融化显示出资本逐步摆脱了实际价值的创造，将家庭和个体作为榨取利润的对象。❺

第三节　基于价值形式的拜物教研究思路

一、研究路径

本书遵照马克思关于拜物教批判理论的分析方法，从价值形式角度对

---

❶ 张宇、蔡万焕：《金融垄断资本及其在新阶段的特点》，《中国人民大学学报》，2009 年第 4 期。
❷ 夏莹、牛子牛：《当代新资本形态的逻辑运演及其哲学反思》，《中国社会科学评价》，2020 年第 1 期。
❸ 唐正东：《马克思拜物教批判理论的辩证特征及其当代启示》，《哲学研究》，2010 年第 7 期。
❹ 陈享光：《金融化与现代金融资本的积累》，《当代经济研究》，2016 年第 1 期。
❺ 李连波、陈享光：《从金融资本到金融化资本——日常生活金融化的政治经济学分析》，《马克思主义与现实》，2020 年第 6 期。

拜物教展开研究和批判。本部分通过对马克思的拜物教价值形式的分析路径进行阐释，指出价值形式分析作为拜物教分析路径的缘由，并以此为依据，提出金融化资本拜物教的价值形式分析的总体思路和具体路径。

（一）价值形式作为拜物教分析路径的缘由

对马克思的拜物教批判理论，尤其是其《资本论》中关于拜物教的论述的解读，可分为以卢卡奇为代表的物化方式和以苏联马克思主义专家鲁宾为代表的价值形式两种路径。前者长期以来得到广泛关注，而后者被忽视，但随着文本文献学的发展，越来越多的学者通过对《资本论》一版和二版的比较分析，认为马克思的价值形式路径对拜物教的解读更为根本。价值形式分析被马克思运用于拜物教批判理论之后，逐渐成为拜物教研究的根本性方法。基于不同的政治经济学批判基础，虽然同样是价值形式分析的方法，不同理论家得出的结论却各有不同。但这并不影响价值形式分析成为最为重要的拜物教理论的研究方法之一。鲁宾的《马克思价值理论研究》阐释了马克思拜物教价值形式分析的解读传统。虽然他将拜物教理论作为经济和价值理论的基础，颠倒了唯物史观，但其价值形式分析的方法得到了传播和认可。以巴克豪斯为代表，德国"新马克思阅读"继承了价值形式解读拜物教的路径，并恢复了唯物史观的解读，也就是认为价值形式决定了拜物教。❶ 国内学者吴猛、夏莹、徐艳茹等也都从价值形式和经济角度对马克思的拜物教批判理论进行了解读。吴猛认为商品拜物教批判并非关于某类"事实"的批判，而属于价值形式研究的阶段性成果。价值形式是拜物教分析的基础，而不是相反。❷ 夏莹认为拜物教理论与政治经济学批判是相对应的，不同的政治经济学批判对应了不同的拜物教理论。❸ 徐艳茹认为，关于拜物教中的崇拜，人们也不是崇拜单纯的"物"

---

❶ 转引自王校楠：《〈资本论〉价值形式理论语境中的拜物教与物化》，《马克思主义理论学科研究》，2022 年第 2 期。

❷ 吴猛：《价值形式：马克思商品拜物教批判的理论定位》，《中国社会科学》，2020 年第 4 期。

❸ 夏莹：《拜物教的幽灵：当代西方马克思主义社会批判的隐性逻辑》，南京：江苏人民出版社，2013 年，第 158 页。

本身，而是"物"背后的经济价值。❶ 在资本主义商品市场经济体系下，价值形式从根本上决定了拜物教形式。面对当代资本范畴的新变化和金融垄断资本主义的兴起，各种拜物教形式不断出现，如数字拜物教、景观拜物教、技术拜物教、逆商品拜物教、智能拜物教、流量拜物教等，使拜物教形式与样态种类繁多。这一方面说明人们对拜物教把握的多重理论向度及拜物教现象的广泛性，另一方面说明对拜物教的本质把握得不够。因此，正如马克思从不同的价值表达形式如商品、货币、资本和生息资本拜物教对工业资本主义社会进行批判和把握，对当代资本主义社会的批判，必须诉诸价值的新表达形式。这个新价值表达形式，就是金融化资本拜物教。对当代资本主义展开批判，必须遵循马克思已经开辟的拜物教批判理论，在此基础上，发掘新的价值形态。开展金融化资本拜物教批判是拜物教新形式批判的核心内容，也是各种拜物教形式中最为根本的形式。

（二）金融化资本拜物教的价值形式分析路径

将价值形式作为前提和基础是揭露揭示金融化资本拜物教统治秘密的关键。马克思高度重视对拜物教的价值形式向度分析，这一点可以从其对《资本论》不同版本中关于价值形式分类调整及拜物教、价值形式、交换价值的编辑上看出。一方面，关于"价值形式"的分类，《资本论》自第二版以后的论述与第一版不同。《资本论》第一版关于价值形式的论述分为四部分，一是简单的相对价值形式，二是扩大的相对价值形式，三是相反的或倒转过来的第二种相对价值形式，四是第四种形式。而其附录中将价值形式分为：一是简单的价值形式，二是总和的或扩大的价值形式，三是一般价值形式，四是货币形式。后续的版本则是以第一版附录为基础取代了第一版正文中的价值形式分类，这个价值分类最主要的区别是以"货币形式"取代了"第四种形式"，这里的第四种形式原主要是指在一般价值形式的普遍化基础上形成的价值形式。另一方面，在《资本论》第一版

---

❶ 徐艳如：《数字拜物教的秘密及其背后的权力机制》，《马克思主义研究》，2022 年第 6 期。

中"商品的拜物教性质及其秘密"是作为第一节的一部分放在最后，而《资本论》第二版以后将这一部分作为单独的一节，排在"价值形式或交换价值"一节之后。以上述两个方面的版本对比，无论是价值形式分类，还是"商品的拜物教性质及其秘密"由"包含"关系变成"并列"关系，都体现了马克思对关系价值形式与拜物教关系思考的内在逻辑的变化。全面考察这个变化可以得出以下结论：一是马克思高度重视价值形式与拜物教的密切关联；二是货币形式作为价值形式的最后形态，具有超越其他价值形式中的等价物的"实体"属性。货币作为价值符号而具有的兑换一切的抽象性，使货币获得了幽灵般的拜物教性质。

将价值形式作为分析金融化资本拜物教的总体维度。价值形式不是价值实体的外在表现形式，而是价值能够实现的前提和条件。商品的价值之所以能够实现，是因为人们采取高阶的价值形式，价值形式使商品与一切其他商品可以进行普遍的交换，因而具有现实性。马克思所讲的价值形式的内涵，就是使一件商品能够实际地与其他一切商品进行交换的形式前提或充分条件。价值形式分析为解读拜物教批判提供了新的视角：将批判对象确定为生产方式基础上的社会形式；从意识形态批判转向后意识形态批判；将逻辑的起点从生产转向流通与交换；关注的重点从内容转向了形式。那么，将这个价值形式作为价值生成的前提条件，就是一种总体性的分析向度。

结合金融化资本的特征和性质，价值形式作为一个总体，可分为价值向度、价值形态、价值体系三个层面。价值向度是指人们对价值形态追求的方向上的转变。例如，在商品、货币和资本拜物教形式中，价值向度从追求使用价值转向追求交换价值；在生息资本拜物教形式中，由追求价值生产转向价值分配；在金融化资本拜物教形式中，人们追求的是金融资产的预期价值，对应的也就从原来追求资产历史的、当下的价值，转向追求资产预期的、未来的价值。价值形态可从两个方面来理解，一是价值表现形态，二是价值生成的原因。例如，商品、符号和叙事，对应了交换价值、符号价值和叙事价值，价值体系在这里主要指价值分配体系，是社会总体价值分配的依据。金融化时代，以劳动为主的分配人群和以金融化资本为主的分配人群收入二元对立的倾向越来越明显，其中一方凌驾于另一方之上，一方实施操控，另一方则是被操控。这种价值分配体系以一种最为自由的方式，拥有着最为强大的操控价值分配的能力。这种能力具体表现在价值向度的转换可以定义金融化资本拜物教的本质内涵；新的价值形态的生成可以确定金融化资本拜物教的正式确立；价值体系的二元分裂可以导致金融化资本拜物教统治的强化及人被抽象统治的后果。当价值向度由历史向度转向未来向度，当价值形态转为一种以叙事为根本动力的形式，当价值分配体系中的劳动与金融化资本对立时，价值形式便会出现神秘化的性质。金融化时代价值的真正来源和分配都将成为时代之谜，金融化资本的神秘化表现出最显眼的形式。根据马克思关于"价值概念泄露了资本的秘密"的判定，只有从价值形式神秘化角度，人们才能从本质上解读资本剥削和揭露拜物教统治之谜。

二、创新维度

本书的主要创新维度有三方面。在概念创新方面，本书以叙事为切入点，结合罗伯特·希勒的叙事经济学和相关文献，总结推导出了叙事价值这个概念。在理论创新方面，本书以金融化资本拜物教批判为题，旨在激活马克思的拜物教批判理论，提出了金融化时代拜物教新形式。在观点创新方面，本书高度重视马克思的生息资本拜物教概念，阐明拜物教研究要以资本形态演变为主，认为当代资本主义社会在本质上陷入了一种极端的意识形态。

（一）概念创新：总结推导出叙事价值

本书所讲的"叙事"，受到诺贝尔经济学奖得主希勒关于经济叙事的启发，在其著作《叙事经济学》的基础上，通过对金融化时代价值生成的叙事机制、文化机制和技术机制的总结和分析，总结提炼出"叙事价值"概念，并对叙事价值的机制和内涵作出相应说明。以金融化时代为背景的叙事价值作为一种价值新形态，改变了价值的生成方式。这种价值的生成方式以叙事为主要方式，对价值进行"再造"，而实质是价值的转移。这种价值表现形态极具遮蔽性，最终导致价值形式的神秘化。金融化时代的价值形式神秘化导致了新的拜物教形式的产生，叙事价值作为价值新形态及其神秘化推导出了金融化资本拜物教的存在，本书由此展开对金融化时代资本主义社会人的存在状态的批判。

（二）理论创新：提出了金融化时代拜物教新形式

金融化资本拜物教批判不是用拜物教理论对金融化资本进行批判，也不是原理加实例性质的研究，而是侧重对拜物教新形式的理论探讨。金融化资本拜物教批判是指以金融化为时空坐标，对当代资本主义社会生产关系和生产方式下拜物教的新形式的批判和研究。关于拜物教的研究，是马克思理论研究中重要的组成部分，国内外对马克思的拜物教批判理论研究进行了极大丰富和拓展，同时也对诸多领域产生的拜物教现象进行了总结归纳。对拜物教理论自身的研究，有从"物"的理解角度进行；有从"崇拜"的意义上去理解；有从"物化""异化"中去阐释；有从主客体对象化的关系中去理解；有从精神分析向度去理解拜物教生产的心理，在精神原理中寻找"物"的原型；也有从文化人类学中追溯拜物教的历史起源；还有按照马克思政治经济学批判的路径来研究拜物教与资本形态的关系。本书认为拜物教只有回到马克思《资本论》中关于生息资本拜物教的论证的路径，才能统一拜物教研究的理论和对象，在当代的金融化时空语境中的拜物教新形式研究，就是关于金融化资本拜物教批判的研究。

（三）观点创新：阐释了相关学术观点

一是重新研究被忽视的马克思生息资本拜物教，认为金融化资本拜物教与生息资本拜物教密切相关。在关于马克思的拜物教研究体系中，关于商品拜物教、货币拜物教、资本拜物教的研究较多，生息资本拜物教研究则被忽视，原因是生息资本作为资本的一种形式，容易让人误解生息资本拜物教是资本拜物教的组成部分，从而遮蔽了生息资本拜物教的研究。然而，生息资本拜物教是马克思在晚期成熟著作《资本论》生息资本章节中的重要内容。马克思的时代金融服务体系已经成型，相关机构已经建立，金融资本的运行逻辑和框架基本完成，并且马克思在晚年曾经试图对金融资本进行更为深入的研究，以便能更好地把握当时的时代，虽然这一愿望最终没有完成，但是马克思关于生息资本拜物教的论证为金融化资本拜物教研究提供了基本思路。

二是将金融资本看作马克思《资本论》逻辑中已经规定好了的环节，生息资本、"金融资本"（希法亭和列宁定义的）和金融化资本是金融资本（当代通俗意义上的）发展的不同阶段，并有必要进行区别。金融化资本在当代的发展远远超出了单纯的经济学科属性，金融化已经对政治、经济、文化及人的日常生活产生了深远影响。沿着马克思在《资本论》中关于生息资本的论断，可以发现金融资本在马克思《资本论》中已经得到了初步论证，并且金融资本是马克思《资本论》整体论述中关于资本发展的重要环节，是资本发展的高级形态。

三是以往对拜物教的研究过于宽泛，将某种对人精神产生影响的"客观存在"，即某物、某个现象、某种机制过程都纳入拜物教中去阐释，本书有意识地区分了意识形态与精神层面拜物教发展过程中的相关环节和现象的研究与拜物教本身的研究。本书坚持马克思的唯物史观和基本方法，坚持马克思生息资本的"最表面和最富有拜物教性质的形式"的理论定位，因此，拜物教的研究要立足于生息资本这个"资本的物神形态和资本物神的观念已经完成"，考察拜物教的"形态"和"观念"及其形成机制。马克思是在谈论生息资本拜物教时提出物神的"形态"和"观念"的完成，那么"形态"的考察要立足于生息资本形态与其他资本形态的转换，"观念"则要立足于生息资本这种"自动增殖的物神"价值生成观念的形成。具体来说，"形态"表现为价值形态的转换，本书提出了金融化资本拜物教的价值形态是从历史向度转向未来向度。"观念"是指价值生成依赖于人们的观念和意识，本书中则是指金融叙事作为一种意识形态影响价值的状态。将金融化过程中的资本形态看作总资本、资本的资本，作为自因性质的资本，作为完成了的"观念"和"形态"的拜物教统治下的资本，也就是金融化资本这个新资本形态。

四是当今的资本主义社会的世俗宗教就是金融化资本的宗教，表现为人们对金融体系、金融产品、金融化的无限崇拜，以及人们对在此基础上形成的金融化资本的顶礼膜拜。资本的发展和形态的变化对意识形态会产生重大的影响。马克思在货币经济中发现了现世的宗教，他的政治经济学批判乃是宗教批判的延伸。在目前的研究中，学界虽然已经认识到金融化资本在当代资本主义社会的主宰作用，但偏向实证的较多，没有对其进行充分反思。如果不从马克思拜物教批判理论的角度对金融时代的资本主义进行自觉的分析，则很难把握当代资本主义社会意识形态本质。只有对金融化资本拜物教新形式展开研究，才能揭示与揭露金融化资本统治的神秘性质及在这种统治之下人的存在状态。

第一章

金融化资本与拜物教新形式

金融化资本拜物教是当代国际金融垄断资本主义社会特有的精神现象与社会现实，对它的理解需要在历史发展过程中和当代资本发展形态上加以把握。20世纪70年代以来，新自由主义思潮、全球化与互联网叠加，使资本主义进入金融化发展阶段。金融化资本在翻转分配格局，推动资本积累模式产生新变化的同时，也使得人类走向前所未有的拜物教的迷局之中。与马克思工业资本主义时代的生息资本拜物教不同，金融化资本拜物教作为当代拜物教的新形式，直接表现为当下人们对金融化资本（金融及其资本积累新模式）崇拜的社会现实。金融化资本拜物教从根本上讲，是人的主体性物化在国际金融垄断资本主义时代的显现，是资本与当代资本主义理性形而上学合谋的结果。本章将金融化资本拜物教置于金融化资本发展的历史背景下，对金融化资本的一般演化历程、主要特征、本质内涵进行探讨，即从时间、空间和结构角度对金融化资本最本质的特点进行归纳，以价值形式分析为方法，提出金融化资本拜物教的本质内涵。

第一节　金融化资本的内涵

一、从历史演变中理解金融化资本

从广义上看，金融资本的发展大致经历了三个阶段：在工业资本主义时期，马克思提出了生息资本；在垄断资本主义时期，希法亭和列宁指出银行资本与产业资本相结合生成"金融资本"；在战后新的政治经济秩序中，在金融化催生下的金融化资本的统治成为当代资本主义最为典型的时代特征。根据生产力发展的不同程度、价值积累形态的区别及人与人关系的差异，以上三个阶段也可以对应为：工业资本主义时期——生息资本、垄断资本主义时期——金融资本、国际金融垄断资本主义时期——金融化资本。概念和定义只有在不断发展变化中作出区分才可能得到科学的描述，事物的本质在运动发展中才能得以呈现，正如列宁所认为的："如果不忘记所有定义都只有有条件的、相对的意义,永远也不能包括充分发展的现象一切方面的联系。"❶ 因此,需要说明的是三种金融资本形态虽然在时间上有先后,但其分类主要是建立在程度、阶段和发展特征基础上的,三者的区别并非完全否定其内在共同的金融属性,而是要在相对的差异性中进行区别。

(一) 生息资本的产生

马克思提出的拜物教理论是经过了早期人类学、宗教学观念意义上的拜物教,在"崇拜""顶礼膜拜""错认"上来理解拜物教。《资本论》及其手稿中已经在政治经济学批判中揭示了资本的这种物神性质,"颠倒的生产方式"和"抽象对人的统治"成为马克思的拜物教批判理论的基本要义,具体内容包括商品拜物教、货币拜物教、资本拜物教和生息资本拜物教四个方面。商品拜物教是指人们错把商品的社会属性当成商品的自然属性,将人与人的关系反映为物与物的关系,从而崇拜商品形式。货币拜物教是商品拜物教的一种特殊类型,货币集合了全部劳动的社会性质,消解了商品的具体形式,是"有形的神明"。资本拜物教的形成在于其自身增值规定性和其对社会的掌控能力,具有更强的抽象性和神秘性。国内学界研究较为容易忽略的是生息资本拜物教,然而恰恰是生息资本拜物教为金融化资本拜物教理论奠定了根基,是马克思的拜物教理论成熟的标志。因此,本部分主要对生息资本理论进行探讨。

生息资本作为金融资本发展的第一个具有典型特征的形态,是在工业资本主义充分发展的基础之上形成的。在工业资本主义社会以前,高利贷等与生息资本同作为"钱生钱"的方式以获取更多价值,但与高利贷相比,生息资本利率稳定性更强,低利率的生息资本与工业资本主义对资本需求相互伴生,并且规模更大。随着工业资本主义充分发展,以利息为基础的借贷关系业务成为一种独立行业,生息资本得以确立。

---

❶《列宁专题文集》(论资本主义),北京:人民出版社,2009年,第175页。

生息资本作为金融属性的资本，其主要特征有以下三方面。首先，之所以将生息资本作为金融资本的第一个历史形态，是因为生息资本具有金融资本最本质的特征——金融资本以自身为中介实现增值，具体表现为货币作为资本执行职能的使用价值。资本的单纯形式——货币，以一定的数额支出，经过一段时间，没有任何其他中介就可以实现增值。❶ 其次，生息资本的独特运动形式。马克思将生息资本的运动描述为 G（货币）—G（货币）—W（商品）—G′（更多的货币）—G′（还本利息），但是对于生息资本所有者来说，则是 G—G′的直接运动，这种外在的形式显示钱生出了更多的钱，但这里 G 没有参与资本现实的再生产过程，只有"G—W—G′"过程中 G 才参与资本的现实生产过程。最后，生息资本作为商品出售的独特方式是贷放而非出售。不同于其他商品在交易中实现了所有权的转换，生息资本作为商品出售的是其作为创造剩余价值或利润的使用权的出让而非所有权的转移，正如马克思指出的，"它既不是被付出，也不是被卖出，而只是被贷出"❷，因此，生息资本的所有权和使用权实现了分离。

生息资本是马克思对金融资本的早期性研究，马克思用拜物教理论解读生息资本，可以说揭示了金融资本统治的实质和关键，直接启发了希法亭、列宁的由银行资本和产业资本结合的金融资本的形成，为分析错综复杂的垄断资本主义提供了有力理论工具。

（二）金融资本的发展

最早提出并使用金融资本概念的是保尔·拉法格（Paul Lafargue）。这里的金融资本是指 19 世纪末 20 世纪初，银行资本与产业资本相结合并支配产业发展，形成垄断发展的历史阶段的资本形态。与此相对应的当代的金融资本，包括银行业、保险业、证券业、信托业（其典型特征是金融

---

❶《马克思恩格斯文集》（第 7 卷），北京：人民出版社，2009 年，第 390 页。
❷《马克思恩格斯文集》（第 7 卷），北京：人民出版社，2009 年，第 384 页。

化），也同时涵盖了马克思提出的生息资本、希法亭和列宁提出的金融资本。为了便于区分和更好地对不同时期的资本形态特征进行准确表述，在金融资本概念演化过程中，可以把概念的系统阐述者希法亭和列宁的金融资本称为"狭义金融资本"；将包括各种形态的证券、保险、银行及金融衍生品在内的具有金融属性的资本，包括马克思提出的生息资本，希法亭、列宁提出的金融资本和 20 世纪 70 年代以来的金融化资本总称为"广义金融资本"。本书在本部分讨论的金融资本都是指"狭义金融资本"，其他地方没有特殊说明金融资本都指"广义金融资本"。在马克思晚年，资本主义企业融资模式已经由短期转向长期，促进了金融资本的产生，"长期金融将大型企业占统治地位的资本主义与马克思在《资本论》中描述的'古典的' 19 世纪资本主义区分开来"❶。

金融资本发展于 19 世纪末 20 世纪初，是以机械化大生产、社会化大生产为标志，推动社会生产力发展的资本形态。帝国主义内部供需矛盾突出，帝国主义外部之间殖民地与商品消费市场竞争更加激烈，这就客观上需要比以往更大的货币资金支持，银行除利用吸储放贷的基本职能外，更加注重吸纳社会闲散资金，以便形成金融资本的规模优势。在此基础上，具有垄断性质和寄生性质的金融资本成为垄断资本时期的典型特征。金融资本取得了对产业资本的控制，对整个社会的控制能力也初步显现。

1. 金融资本形成的一般历史过程

首先，金融资本的发展建立在工业资本主义发展的基础之上，是产业资本与银行资本的结合。随着产业规模的发展和竞争格局的改变，产业资本与银行资本结合是当时社会生产力发展的客观要求，并且实现了银行资本对产业资本的控制。希法亭认为："资本有机构成提高致使固定资本巨大膨胀，资本流动日益困难；扩大了的生产规模要求越来越大的资本额，

---

❶ [英] 简·托普洛夫斯基：《从马克思到凯恩斯革命：金融在经济中的关键作用》，田磊译，《政治经济学季刊》，2020 年第 4 期。

产业资本的增殖需要银行通过资本动员予以支持。"❶ 其次，金融资本的发展是建立在生息资本基础之上的，生息资本的发展促进了银行和信用体系的产生，信用体系使得金融资本在没有"实际资产"支撑的情况下实现形式多样化、规模扩大和支配能力提升。马克思对这一过程早有揭示："生息资本的发展导致银行和信用体系这些具体形式的产生。信用体系又进一步导致股份资本的形成以及股票等有价证券的流通，除现实资本的运动外，又出现虚拟资本的运动。"❷ 最后，希法亭认为金融资本的发展是建立在银行资本与产业资本结合的基础上的。希法亭把信用和股份公司看作促进金融资本产生的有力杠杆，通过对两者的分析，他揭示了银行资本和产业资本结合的机制和金融资本的形成过程。其中，银行职能的转变和信用作为虚拟资本的职能直接促进了金融资本的形成。希法亭认为，银行由支付中介向将闲置货币转化为货币资本的中介演变，信用则由流通信用向资本信用倾斜。这种信用职能的转变，直接促使银行和产业由暂时性结合转向长远性合作。这种趋势强化了产业对银行的依赖，最终银行实现对多产业的控制，金融资本最终产生。

2. 金融资本的特征

第一，金融资本的突出特征是垄断。希法亭认为垄断产生的主要原因是平均利润率的下降和银行的促进。列宁肯定了希法亭看到银行在垄断形成过程中的重要作用，并指出了他对垄断论证的错误是没有看到垄断形成更为根本的原因在于集中生产的方式。"生产集中产生垄断，则是现阶段资本主义发展的一般的和基本的规律。"❸ 垄断表现为金融资本对各类资本发挥着黏合剂作用，具有统摄功能，"金融资本意味着资本的统一化。以前被分开的产业资本、商业资本和银行资本等，现在被置于产业和银行的支配者通过紧密的个人联合而结成的金融贵族的共同领导之下。"❹ 列宁进

---

❶ 王荣：《马克思拜物教批判的哲学革命品格》，北京：人民出版社，2018 年，第 285 页。
❷ 《马克思恩格斯文集》（第 7 卷），北京：人民出版社，2009 年，第 3 页。
❸ 《列宁专题文集》（论资本主义），北京：人民出版社，2009 年，第 111 页。
❹ ［德］鲁道夫·希法亭：《金融资本》，福民等译，北京：商务印书馆，1994 年，第 343 页。

一步指出金融资本的垄断并非绝对意义上没有竞争存在的垄断,而是在垄断与竞争混合中出现垄断组织和强化金融资本统治。垄断时期发展与停滞并存,一方面是垄断者的膨胀发展,另一方面是无产者的日益贫弱。这一时期的垄断特征也表现为先进国家对大多数殖民地的金融扼杀,垄断也导致了帝国主义的对外扩张,列宁认为,第一次世界大战是金融资本为获取殖民地势力范围而进行的战争。此外,列宁进一步指出:"危机(各种各样的危机,最常见的是经济危机,但不是只有经济危机)又大大加强了集中和垄断的趋势。"❶ 资本输出是垄断的另一个显著特征,资本输出的收益已经超过贸易,国民收益中来自资本输出的部分也大于其他收益方式。第二,金融资本具有寄生性和腐朽性。列宁指出:资本主义的最高阶段是帝国主义阶段,这个阶段最为突出和独有的性质是寄生性和腐朽性。❷ 这种寄生性脱离生产经营以"剪息票"的方式得利,是货币集中的结果,在个体层面表现为食利者阶层规模的扩大,在国家层面形成"食利国"和"高利贷国"。金融资本的寄生性主要体现在:通过规模垄断防范竞争,实现价格垄断,收割社会财富;通过发行债券攫取"创业利润",组织起社会化大生产,同时取得分配权的私向化;通过操控土地收取地租的形式收割全部社会财富,采取改变土地空间属性的方式获得级差地租和垄断地租的高额收益;通过金融资本控制殖民地的经济、政治及贸易,实现对其财政、税收、信贷的全面控制,最终实现瓜分殖民地的目的。

(三) 金融化资本的形成

金融化资本是建立在生息资本、金融资本基础上的,是资本最新的占有方式和增值逻辑的表现形式。虽然在总体上金融化资本与生息资本、"金融资本"同属于广义的金融资本,但它们分属于三个不同发展阶段,彼此具有内在的联系、外在发展程度及表现特征上的差异。从具体特征上

---

❶ 《列宁专题文集》(论资本主义),北京:人民出版社,2009年,第119页。
❷ 《列宁专题文集》(论资本主义),北京:人民出版社,2009年,第105页。

看，三者各自特征的内涵、性质和范围上有着根本的差别。例如，在生息资本增值过程中的去中介性、贷放性而非出售，在金融资本的垄断性、寄生性和腐朽性方面，金融化资本同样存在这些特征，但金融化资本程度更深、范围更广、遮蔽性更强。同样是增值过程的去中介性，生息资本的去中介性表现为去掉实际生产过程这个价值创造的中介，生息资本以自身为中介实现价值的增值；而金融化资本的去中介化，可以理解为金融脱媒，即"资金供求双方不通过金融中介而直接进行资金交易"❶，这里的金融中介主要是指金融部门和银行。显然，生息资本的去中介化，实际上是强化了银行的中介作用而去实体化的过程；而金融化时代的去中介化，是在历经金融资本的过渡逐步去掉以银行为中介的融资模式，转为直接的融资模式，金融化资本甚至会去除金融机构和央行的中介性质，转而采用分布式信用模式。在贷放的模式上，生息资本的贷放虽然不是将货币作为商品卖出，但是其存在被出借使用的过程；而在金融化时代，金融化资本通过期权、期货和智能合约等模式的价值生成模式，并没有金融资产实际转手的行为，只是约定了一定条件下，依据标的物价格行使交易权力的行为。在垄断层面上，垄断资本主义时期，垄断采取了与国家政权结合的形式，金融资本与军事官僚帝国、殖民地统治相结合。这一时期主要依靠订立协定而结成垄断集团，其表现形式为流通领域的卡特尔、辛迪加和生产领域的托拉斯，通过银行与产业结合的方式，对同类产业实现大规模的整合从而达到控制某个行业的目的。而金融化时代的垄断，往往采取跨国公司的形式，其垄断变得间接而隐蔽，在核心技术、专利、品牌和销售渠道上占据绝对主导权，对于低端生产、零件加工等一般性的制造过程则采取外包的形式，其垄断方式显得温和而更加深入人们生产生活的方方面面，"跨国战略联盟是通过各种协议而结成的利益共享、风险共担的松散型经济体联盟"❷，当代金融化资本则通过某个行业龙头公司实现绝对的技术优势，从

---

❶ 陈钢、郑良琳：《后金融危机时代我国金融脱媒现象探析》，《上海金融》，2012年第11期。
❷ 周淼：《当代垄断资本主义的新特征探析》，《中共四川省委省级机关党校学报》，2014年第1期。

而实现"赢者通吃"的局面,其产业规模有可能不是最大的,但是其赚取利润的能力占据了绝对优势,各个行业出现了类似苹果公司的独角兽公司,它们获得了整个行业的绝大部分利润。此外,金融化时代资本主义的垄断可以叫作"新型的金融战争垄断",这是当代资本主义新的垄断模式。当代金融化资本的垄断是为满足发动金融战争的需要,所谓金融战争是一种通过操纵、做空等方式迅速掠夺他国和普通民众财富的手段。以美国为例,与传统的摩根、花旗和洛克菲勒财团共同实施对美国政府的控制不同,在当代美国金融机构中,以投机见长的高盛对政府经济相关部门的渗透格外明显。其中的转变源于这样的事实:在当代往往采取对整个金融市场和主权国家发动金融战争的方式以获取利益,从而需要大量的资金,如果大的金融机构意见不一致则会出现惨烈的多方损失局面,为此高盛作为各个财团统一行动的代理人,可以增强各个财团的行动一致性,从而保持巨额收益。在寄生性和腐朽性方面,垄断资本主义时期的寄生和腐朽表现为资本输出的国家成为食利国、债权国和高利贷国;而金融化资本依赖官僚军事和殖民地的寄生方式减弱,却在经济领域得到了增强金融资本操纵了全球化,控制了产业、商业和信用链条体系的核心环节,构建了寄生性的积累机制。[1]

以上通过对生息资本、金融资本和金融化资本历史演化过程中所形成的特点进行类比,分析了它们在中介方式、增值手段、贷放过程、垄断、寄生和腐朽等方面的差异,总体上金融化资本对人的控制范围更大、程度更深。自20世纪70年代以来,国际金融垄断资本主义快速发展并占据了主导地位,在此阶段最为重要的变化是"金融资本演变成为国际金融垄断资本"[2]。很明显,在这里国际金融垄断资本成为资本发展的新阶段,金融化则是其发展的推动力,这个不同的发展阶段用金融化资本概念则更为恰当。但是,仅仅从历史的角度来阐释金融化资本的合法性还不够充分,其

---

[1] 宋朝龙:《西方金融资本主义下的寄生阶级、债务通缩与大萧条——兼评迈克尔·赫德森的金融资本主义批判理论》,《政治经济学评论》,2021年第2期。

[2] 蔡万焕:《金融资本与当前资本主义发展阶段》,北京:经济科学出版社,2017年,第59页。

内涵也不能得到有效展开。基于金融化资本与金融资本的密切关系、金融化资本发展的金融化时空定位，把握金融化资本的内涵时，上述两个维度十分关键和必要。下面将从两个方面把握金融化资本的内涵：一是探讨金融化资本与金融资本的区别，在金融资本概念基础上讨论金融化资本概念提出的必要性、可行性与合法性；二是在探讨金融化概念中把握金融化资本的内涵。

二、金融资本与金融化资本的区别

当把金融化资本作为一个概念使用时，人们自然会想到金融资本这个概念。金融资本作为一个概念，自希法亭对其进行系统阐述之后，得到了广泛的接受、传播和使用。但金融资本在发展过程中，其内涵发生了变化。吴大琨通过考察战后工业生产和资本发展的新特点，认为现代金融资本是建立在以垄断性商业银行为中心的金融业资本与以垄断工业公司为主的企业资本相互融合的基础之上的。❶ 其中所说的金融业资本范围十分广阔，不但包含垄断性商业银行性质的资本，也包括垄断性的投资公司、信托公司、保险公司、证券公司等相关机构的资本。企业资本不但涵盖了垄断性的工业资本，还包含垄断性的电力、商业、交通等资本。这里的"现代金融资本"概念十分复杂，容易指代不清。如今这个概念已经变得十分宽泛，以至于今天再使用这个概念时，难以准确体现金融化时代资本概念的新变化、新特征和新趋势。当前"国内外对金融化问题的研究大都避开了对金融资本的探讨，仅仅从现象层面理解金融化，或不加界定地使用金融资本概念"❷。这种混乱的使用导致金融资本的含义变得模糊，容易与列宁时期的金融资本相混淆。随着20世纪70年代以来金融化趋势明显增强，资本形态呈现出与以往发展显著不同的阶段性特征，因此，金融资本的定

---

❶ 吴大琨：《金融资本论》，北京：人民出版社，1993年，第57页。
❷ 李连波、陈享光：《从金融资本到金融化资本——日常生活金融化的政治经济学分析》，《马克思主义与现实》，2020年第1期，第104页。

义已不能涵盖金融化时代的金融类型企业，非金融类型的公司、家庭和个体的转变。

因此，金融化资本概念的提出，要在金融化资本与金融资本的区别中理解和把握，从而确定金融化资本概念的合法性和鲜明特征。金融化资本是金融资本发展的最新阶段，其总体形态特征与金融资本一脉相承，但在具体发展阶段上具有鲜明的个性特征。从时空维度来看，金融资本是指19世纪末20世纪初的垄断资本主义时期的资本形态；金融化资本主要是20世纪70年代以来，以主要资本主义国家为主出现的一种资本新的积累形式。从融资模式来看，希法亭意义上的金融资本还处于以银行借贷为主的短期或者有固定期限的融资模式，金融化资本多为以股权模式为主的长期融资。金融化资本对于时空范围的延展性更强，通过金融市场、期货市场、众多金融创新及大规模的超前基础设施的投资将时间与空间的未来维度与当下维度高度捆绑在一起。

从精神特征来看，金融资本主要延续了工业资本主义时期的精神特质，其中新教伦理精神、殖民文化、冒险精神对金融资本的影响较大，因此，金融资本表现出强烈的直接的排斥精神和殖民特质。金融资本的精神还在马克思·韦伯所论证的资本主义的理性主义精神气质和文化基础之内。此时对于金钱财富的追逐，还被认可为理性主义的合理欲望，也展现了勤勉和节俭的精神风尚。金融化资本是在新自由主义意识形态和治理技术的影响下，由于主要资本主义国家放松国家调控、提升市场自由度而形成的。新自由主义强调市场绝对的自由度，放宽或者取消政府管制，提倡提升股东权益、奖励能者和积极推进竞争的优胜劣汰的机制。此外，金融化资本展现了比金融资本对人类主体侵蚀得更深的物化程度，资本金融化过程中表现出极强的"动物精神""自由精神"和"非理性精神"。[1] 在金融化资本统治下，以人的自由为出发点，却以金融化资本增值逻辑为落脚点，人非但没有实现自身的自由，反而退化到丧失自己类本质的动物自然

---

[1] 任瑞敏、胡林海：《资本金融化的精神向度》，《北方论丛》，2016年第4期。

本能行为的状态中，在金融市场之中，直觉、疯狂、莽撞和幻觉充斥在投资者的行为之中，炒作短线迅速暴富成为投机者最大的欲望和追求。

从形成原因看，第一，金融资本是工业资本主义时期，为满足工业资本自身发展和竞争的需求，在产业资本、商业资本和银行资本高度发展与融合基础之上产生的。从资本运动角度来看，金融化资本是在金融资本不能满足资本增值无限扩大的需求时而采取的一种替代方式。其是金融资本在实际生产过程中，由于增值动力不足，增值领域减少，而无法再获得扩张的状态下产生的。因此，金融化资本同样是生产力发展到一定阶段，物质生产难以再实现资本增值而出现的新形式。这个形式通过将资本变成一种意识形态观念的产物、一种生活常态家庭的必需品、一种价值的增值不再依赖于实体经济的发展的方式，从而幻想实现金融化资本的自我增值运动。因此，越来越多物质生产领域的资本改道从事金融活动，金融化资本通过资产证券化和衍生品等创新实现了自身增值，范围扩大至家庭部门和日常生活领域。[1] 金融化资本是这一时期的典型特征，资本由实际创造价值转向对价值的金融表现形式（各类有价证券，保险、期货、信托等凭证）的占有。第二，从资本主义的生产关系来看，资本的集中及与职能资本的垄断融合促进了金融资本的生成[2]，这里的金融资本用来说明金融化时代下的资本新特征，这个新特征的资本就是金融化资本。金融化资本可以通过价格操控、滥用信用、发行国债等方式，达到自身增值的目的。总体来看，金融化资本是在生产集中趋势的基础上发展而来的，剥削和掠夺的方式更加明显。

从控制方式来看，金融化资本与金融资本同样具有极强的渗透社会生活各个方面的能力，但金融化资本没有表现出过多外在的"垄断"与控制，而是采取比较隐蔽和内在的方式获得价值和收益，更多地表现出对利

---

[1] 李连波、陈享光：《从金融资本到金融化资本——日常生活金融化的政治经济学分析》，《马克思主义与现实》，2020年第6期，第104页。

[2] 宋朝龙：《列宁金融资本批判理论的科学逻辑及其当代价值》，《马克思主义研究》，2020年第11期。

润分配环节的细致深入的"蚕食",而没有在管理上表现出极强的组织性控制。当代资本主义发生的显著变化,需要进一步在理论上回应和重新定义资本的新形态问题。关于金融资本的理论问题,要以列宁的金融资本理论为基础进行吸纳和扩张,当代金融化资本寄生性更强,更加虚拟化,范围更广泛化。❶ 这个变化和扩大的外延就是金融化资本概念提出的合理性和空间张力。与之相对比,金融资本的主要特征是垄断,依靠联合职能资本,参与控制工业企业生产,表现出极强的管理权限和政治上的控制能力,通过投机、欺诈方式来获得利润。金融资本对资本主义生产关系进行了强有力的操控,甚至不惜发动战争来实现对资本市场的占有,这一时期,卡特尔、辛迪加和托拉斯成为金融资本与职能资本联合下的大型垄断企业组织。它们通过实施对工业生产的原材料掠夺、控制运输渠道、价格操控、垄断销售市场等具有鲜明剥削特征的手段,导致国内危机重重和国际上帝国主义划分势力范围的矛盾不断升级。

有学者从资本与实体产业的关系中来刻画当代资本的发展形态特征,将金融资本区分为三个不同的发展阶段,分别为商业资本时期金融资本的产生、以垄断为主要特征的金融资本、20 世纪 70 年代以来资产证券化时期的金融资本。金融资本发展过程中的第三阶段与第二阶段相比,即使金融资本仍然与实体产业有一定的关联,但金融资本已经具备能力摆脱和独立于实体产业而独自运行,由此可知,这种依赖变成了单向度的,即实体经济依赖于金融经济,但后者却不必依赖于前者。总的来说,金融资本和实体产业的关系,从二者双向度的依赖转换成一方单向度的依赖关系。❷ 这种将金融资本发展分成三个阶段的做法,将金融资本发展过程中不同的特点呈现出来,具有明显的优势。如果对金融资本发展的第三阶段进行定义,那么金融化资本是一个最好的选择。此外,国内学者对货币金融与资

---

❶ 朱炳元:《列宁金融资本论:理论来源、基本内涵与当代视野》,《毛泽东邓小平理论研究》,2016 年第 8 期。

❷ 王庆丰:《金融资本批判——马克思资本理论的当代效应及其逻辑理路》,《吉林大学社会科学学报》,2013 年第 5 期。

本金融的区分，也可以增强对金融化资本与金融资本区别的理解。大体上，金融化资本对应资本金融，金融资本对应货币金融。在融资方式上，资本金融侧重的是直接融资，形成的是股权关系，货币金融以间接融资为主，形成的是债权关系。资本金融的主要范围构成有非商业银行性质的金融组织与互联网金融平台等非银组织，前者涵盖了保险、信托、基金、期货、证券、资金等，并以投资银行为主导。货币金融则是以借贷业务为主，以传统的商业银行为主导。

三、金融化时空中的金融化资本

金融化资本与金融化密切相关，资本的积累更大程度上依赖于金融方式进行，因此，考察金融化过程是把握金融化资本必不可少的关键环节之一。金融化概念和金融化资本概念联系紧密，金融化资本是金融化时代的主导资本形态。[1] 因此，理解金融化对于理解金融化资本至关重要。金融化成为当代资本主义社会三大典型特征之一，并且金融化的影响有超越全球化和新自由主义影响的趋势。金融化可以看作金融化资本的动态过程，金融化资本可以看作以往金融化的结果、未来金融化的原因。对金融化资本的理解，必须放到金融化这个时空语境中进行。通过金融化的内涵、特征和表现形式，去理解金融化资本的发展状态和本质内涵。

什么是金融化？从宽泛意义上，金融化可以理解为金融的发展，据威廉·戈兹曼的观点，金融的历史可以追溯到5000年前。目前，国内外主流学者通常认为金融化主要是指20世纪70年代以来，主要资本主义国家出现的具有趋势性发展特征的经济对金融依赖的现象。资本主义经济出现了金融化趋势，金融化的影响超越了经济本身，影响了社会、政治、文化、艺术乃至个体的人的存在和发展。

学界关于金融化的定义并没有形成统一的意见，当前金融化的定义主

---

[1] 李连波、陈享光：《从金融资本到金融化资本——日常生活金融化的政治经济学分析》，《马克思主义与现实》，2020年第6期。

要参照西方学界的界定，但新古典经济学派、西方马克思主义政治经济学流派和现代金融学派对这个概念的定义存在很大分歧。新古典经济学派早期从金融的深化、发展、增长等正向作用上阐释了金融化，后期关注金融领域结构性变化，表现为金融结构变化、工具的增多、机构服务领域和功能的提升。西方马克思主义政治经济学流派包括西方马克思主义、后凯恩斯主义和激进政治经济学，它们从金融行业的扩张与膨胀角度考察金融化发展，将金融化、全球化、新自由主义联系起来，对金融化问题进行了审视。现代金融学派主要侧重商品和大宗资产的金融化，更加强调商品功能属性的改变。

结合金融化的历史和金融化形成的原因，可以从多个角度对金融化的内涵进行审视，比较具有代表性的观点有：一是指利润越来越向金融领域集中。金融化是指利润的增值模式从贸易和商品领域转向金融领域的方式。[1] 金融经营所得的利润超过了贸易、工业等传统领域，是工业资本转向金融资本的直接推动力。如武海宝认为金融化是金融资本在发展过程中地位越来越重要，最后成为经济和社会中的主导性力量，他认为只有从"资本主义生产方式的内在矛盾出发"才能从本体论上理解金融化。[2] 二是金融业越来越成为经济社会的中枢系统。如爱泼斯坦（Epstein）认为"金融化是指金融动机、金融市场、金融行动者和金融机构在国内外经济运行中的作用日益增强"[3]，这是目前最为流行的金融化定义。国内学者张成思认为"泛金融行业快速发展并在经济社会层面逐渐占据主导地位"[4]。三是指一个新的资本主义时代。马尔科姆·索耶（Malcolm Sawyer）认为"当前时代（大约从1980年开始）视为资本主义的新时代或新阶段，在这个新时代或新阶段中，迄今为止金融变得比以往更加占主导地位，尽管经

---

[1] Krippner G, The Financialization of the American Economy, *Socio - Economic Review*, 2005, Vol. 3, No. 2, pp. 173 - 208.

[2] 武海宝：《国外资本主义金融化研究的视角与问题》，《南京大学学报》，2020年第1期。

[3] Epstein G, Introduction: Financialization and the World Economy, *Financialization and the World Economy*, ed. G Epstein, Cheltenham and Northampton: Edward Elgar, 2005, pp. 3 - 16.

[4] 张成思：《金融化的逻辑与反思》，《经济研究》，2019年第11期。

济体系仍然是资本主义，但一种不同形式的资本主义已经出现（在某个阶段将演变为某种其他形式）"❶。四是将金融化看成集聚越来越多的经济资源的过程。唐纳德·托马斯科维奇－德维（Donald Tomaskovic – Devey）认为："金融化可以广义地定义为两个相互依存的过程，这两个过程都在20世纪70年代加速发展。"❷ 这两个过程指金融业的主导地位及其在美国经济中的控制概念、非金融公司更多参与金融服务和投资市场，两个过程相互影响、相互依赖、相互建构。五是从制度视角理解金融化。唐纳德·托马斯科维奇－德维和林庚厚（Ken – Hou Lin）从制度角度理解金融化的出现，他们认为："收入不平等是一系列行为者之间的社会关系的结果，在这种社会关系中，互动及其产生的制度对一些行为者比其他行为者产生更大的优势。"❸ 金融化在收入分配制度上，无论是在资本和劳动力之间，还是在不同结构职位的工人之间，都反映了特定组织和环境背景下行为者的相对讨价还价和索赔的能力。他们认为金融部门和非金融部门也通过重组社会关系，使得普通工人、蓝领工人话语权变弱，从而影响其收入和议价能力。六是从马克思生息资本积累角度出发，认为金融化是生息资本扩张的结果。费恩（Fine）将金融化描述为："经济活动总体上受制于生息资本的逻辑和必要性。"❹ 随着社会生产力的不断提升，人类社会的资本积累将越来越多，这些积累起来的资本最终都将以金融资产的形式存在，随着金融资产规模的不断扩大，必然对整个社会经济运行实现控制。

虽然金融化目前还是一个宽泛的概念，但由于金融化的影响，通过金融化的方式创造金融化资本，则越来越成为普遍的共识。

---

❶ Malcolm Sawyer, What Is Financialization? *International Journal of Political Economy*, 2013, Vol. 42, No. 4, pp. 5 – 18.

❷ Donald Tomaskovic – Devey, Ken – HouLin, Financialization and U. S. Income Inequality, 1970—2008, *Selected Works of Donald Tomaskovic – Devey*, AJS, 2013, Vol. 118, No. 5, pp. 1284 – 1329.

❸ Donald Tomaskovic – Devey, Ken – HouLin, Financialization and U. S. Income Inequality, 1970—2008, *Selected Works of Donald Tomaskovic – Devey*, AJS, 2013, Vol. 118, No. 5, pp. 1284 – 1329.

❹ Fine, Locating financialization, *Historical Materialism*, 2010, Vol. 18, No. 2, pp. 97 – 116.

从生产过程来看，金融化资本的产生越来越依赖于非物质生产，金融化表明了资本越来越脱离实体价值的创造，转向金融积累的方式。资本这种以货币形态、货币资本形态和虚拟资本形态的方式实施的收入占有与积累，深入社会生产生活的各个领域，这个实现了全时空积累的资本发展阶段被称为"金融化资本"。❶ 金融化资本的增值逻辑没有发生变化，但强化了其追求价值增值的形式目的。生产不是金融化资本的目的，而是马克思所说的被资本嫌弃的"倒霉事"，金融化资本进一步摆脱了这个"倒霉事"。金融化资本的独立性不断增强，几乎完全摆脱对实体经济发展的依赖。不仅如此，金融化资本在实体经济状况发展恶化、金融市场动荡下跌之时，仍然可以通过期货、做空等方式获取巨额利润。也就是说，在一定时期内，金融化资本不仅不依赖实体经济的发展，反而因其状况变坏而获利。这是一个彻底颠倒了的价值生成体系，在这个体系中最具魔幻性的价值生成方式，金融化资本可以寄生在任何有收入的环节和领域，从而实现自身的疯狂积累。这意味着一个新的历史发展阶段的形成，也就是金融化资本的历史发展阶段的形成。

从资本的占有方式来看，金融化资本更多是收益索取权的占有，而不是对实际和实体物质财富的占有。金融化资本往往以货币、证券或者货币索取权的形式存在。"金融化条件下以货币或货币索取权及虚拟资本形式存在的资本，称为现代金融化资本。金融化资本就是现代金融资本。"❷ 这里面的金融化资本也包含对金融资产收益权的占有。金融化资本的收益更多是依赖金融方式赚取的利润，包括金融领域的资本与实体产业的资金结合，还包括非金融企业的资本从事金融活动，两种利润所占份额都有所扩大。

从上述定义来看，金融化资本与物质生产领域的资本区分明显，银行资本与产业资本结合的"金融资本"范围扩展到非物质生产领域和非金融

---

❶ 李连波、陈享光：《从金融资本到金融化资本——日常生活金融化的政治经济学分析》，《马克思主义与现实》，2020 年第 6 期。

❷ 陈享光：《马克思政治经济学观点下的金融化现象解读》，《人民论坛》，2017 年第 2 期。

企业。金融化资本主要是占有形式上直接以金融权证出现，并在物质与非物质生产领域占据了优势的资本形态。该定义中提出的货币、货币索取权等方式在希法亭的金融资本时期就已经出现，但在当时还不能占据主导地位，即使希法亭提出了银行资本与产业资本结合，并控制了产业资本。相关学者指出：金融资本的定义并不十分清楚，银行资本与产业资本结合，并控制产业资本。❶ 这个"不清楚"主要是指当时工业生产占据主导地位，其资本的形式受控于银行资本，但银行资本必须转化到工业生产之中，才能真正地确保资本实现增值。当时的实体产业和金融产业具有较强的依赖关系，与当代的金融化资本性质具有明显的区别。

与金融化相伴生的现象是债务化。在金融化加速深化时产生了债务化，债务化在分析金融化时需要引起重视。债务化成为金融化的"氧气"，成为金融化走向异化的关键步骤。2020年初，由世界银行公开发行的《全球经济展望》表明，从1970年以来，全球债务规模的扩大呈现出规律性特征，共出现了四次债务浪潮，前三次分别导致拉美债务危机、亚洲金融危机、2008年全球金融危机，第四次债务浪潮始于2010年，债务积累突破历史纪录，成为四次债务浪潮中规模最大、范围最广、速度最快的一次。❷ 紧跟金融化的脚步，债务化不断突破历史达到了最高点。"国际金融协会（IIF）发布《全球债务监测》报告显示，2021年全球债务总额首次突破300万亿美元。"❸ 随着金融化的扩张与深化，债务化像是金融化的"孪生子"。每一次浪潮都伴随宽松的信贷环境，从而引起债务快速增长，危机爆发前各主要经济体的经常账户赤字持续增高，每一次浪潮都伴随资产价格的快速上升与危机后的快速回落。

---

❶ Rudolf Hilferding, *Finance capital*: *A study of the latest phase of capitalist development*, Edited with an Introduction by Tom Bottomore. London, Boston and Henley: Routledge & Kegan Paul, 1981, p. 225.

❷ 何德旭、张斌彬：《全球四次债务浪潮的演进、特征及启示》，《数量经济技术经济研究》2021年第3期。

❸ The Institute of International Finance. Global Debt Monitor: EM Debt: The Good, the Green and the Ugly, https://www.iif.com/Research/Capital-Flows-and-Debt/Global-Debt-Monitor, accessed on 29 August 2022.

债务化对金融化资本的影响，主要是将金融化资本的时空进行绑定，各类主权债、公司债、企业债、个人和家庭的房产债及小额贷、消费贷等形式捆绑了整个人类社会。债务化成为金融化资本增值的重要方式，债务化与金融化是同一个问题的两个侧面。债务化将国家、企业、公司、个人和家庭的未来都锁定在固定的时空之中，同时债务化也规定了未来。通过债务的方式，许多大型基础设施项目得到了超前规划和实施，许多当下难以承受的产品如房地产等实现了当下购买。

在金融化的演变和债务化积累的过程中，必须注意的是，金融化是具有层次结构的。知名日本马克思主义政治经济学家渡边雅男从《资本论》出发，从结构上区分了实体经济的第一级市场，金融经济的第二级市场，以及两者基础之上的消费和衍生品世界的第三级市场。[1] 他在第三级市场的论述中，将金融衍生品和消费金融（第三级市场）与股票和证券交易市场（第二级市场）作出了区分，这个区分不同于通常笼统地将当代金融体系一称为金融市场。这个区分是十分必要的，第三级市场并非实际的金融资产的交易，既不是股票也不是其他证券，而是对这种标的资产未来买卖的交易权。期货、期权和掉期合约才真正代表了第三级市场的主体业务，这些业务虽然以国债、股票等为标的物，但实际上是在未来一定条件下按照标的物价格进行买卖的权力而不进行实际权证的交易。通过金融衍生品市场，交易者可以以原资产交易的价格为基准在未来某一时间点进行交换获取损益。因为金融衍生品交易的对象是买卖的权力，而不是实际资产，所以金融衍生品自身没有价值。又因为其不会在初始节点计入资产负债表，其价格又被规定为零，所以也被称为表外交易。金融衍生品的盈亏极度依赖未来标的物价格的波动，这种性质更能代表当下和未来金融化资本的属性。关于金融化资本的内涵最本质的问题要在资本发展结构中最高的一级，也就是金融衍生品市场中寻找，所以本书认为，金融化资本的核

---

[1] ［日］渡边雅男、高晨曦：《经济的金融化与资本的神秘化》，《当代经济研究》，2016 年第 6 期。

心内涵存在于金融衍生品交易中人们对未来的想象、虚拟和假定。

通过以上金融资本与金融化资本的区别，我们已经可以对金融化资本进行把握，需要进一步指出的是，当代学者普遍认为金融化资本在收益上越来越依赖于金融系统，资本的表现形式越来越多地以货币和虚拟资本的形式出现，金融要素在经济活动中的地位越来越重要。基于以上金融化的特征来定义金融化资本，为研究金融化资本内涵和定义带来了极大的方便。金融化的时间可以大致定位于20世纪70年代以来。从金融化及其孪生表现形式债务化来看，金融化资本与实体经济发展越来越脱节，并且债务化成为金融化资本增值的主导方式，另外，债务化使得金融化资本依赖于未来资产增值的状况，而这个未来是当下难以确定的事实。此外，金融衍生品的性质更能代表金融化资本的核心性质，也就是金融衍生品体系对未来高度依赖的特征构成了金融化资本的根本特质。因此，金融化资本借助强烈的未来属性，呈现了当下其他资本形态无与伦比的增值和价值创造能力。结合当代金融化发展的特点，本书认为金融化资本的根本特征就是未来属性，也就是基于主体间性对他人关于金融资产估值的看法的推断，又着眼于将来的主体对将来的资产的估值。

本节对金融资本的一般历史进程进行了分析与研究，获得了金融化资本内涵的延续性和限定性；对金融资本和金融化资本进行了区别，获得了金融化资本内涵的合法性；对金融化时空语境下的金融化资本进行了概括和总结，获得了金融化资本内涵的"合理内核"，得出了金融化资本的基本内涵：金融化资本是在金融化时空中产生的，它的收益方式主要通过金融渠道，它的表现形式主要是货币、货币资本和其他证券凭证，它是在广义的金融资本发展过程中呈现的与生息资本和金融资本特征既有一致又有不同的发展新阶段，它是对资产的未来属性进行当下价值兑现的资本新形态，其中，将价值与未来进行深度绑定是金融化资本的本质内涵。此外，叙事性是金融化资本最为突出的特质，叙事也同时作为金融化资本的重要形成机制。

第二节　金融化资本的特点

随着金融化趋势的增强和金融体系的快速发展，金融化时代的资本主义生产方式和生产关系都呈现出新的样态特征。金融化资本的价值越来越受到人们对未来的预期的影响。人们对预测、风险规避、情绪偏好、超前消费的需要和金融化产品自身的跨时空属性，强化了金融化资本的未来属性。金融已经在空间上全面渗透人类生活的方方面面，在当代最突出的表现是人们的日常生活实现了全面金融化，主要表现为信贷和债务，个体和家庭的日常生活中的个体的金融内化和人的思维方式的金融化。金融化资本具有总体性的结构特征，金融化是资本有机体发展的一个环节，它导致了金融化资本"帝国"的形成。金融化资本通过总体化的方式渗透社会的方方面面。通过金融产品创新和金融体系建设，金融化资本生长出了新的金融"器官"。"全球化的推动者告诉我们，金融使世界一体化"❶。

一、时间表征：金融化资本的未来性

本部分主要分析在金融化的背景下及在金融化资本对时间的扭曲、形塑和建构过程中，金融化资本自身时间维度的改变、倾向和表现。金融自诞生起就与时间高度关联，美国著名金融史学家威廉·戈兹曼认为："金融产生于最早的农业文明，因为农民要规划农业活动和耕作行为，要记录关于未来物品交付的承诺。"❷ 在金融发展的漫长历史中，金融始终在时间维度上不断变革生产方式和交换方式。近代以来，人们对时间维度的认识不断加深，近代哲学认为时间有"循环"和"秩序"两种理解方式。从时

---

❶ Randy Martin, *Financialization of Daily Life*, Philadelphia: Temple University Press, 2002, p. 5.
❷ ［美］威廉·戈兹曼：《千年金融史：金融如何塑造文明》，张亚光、熊金武译，北京：中信出版社，2017年，第2页。

间维度看待金融化及其资本形态的形成，金融化可以被理解为一种广义的时间绵延，是一种"秩序"的时间概念。商品、货币、资本、生息资本直至金融化趋势，都是广义的秩序概念中时间绵延的节点。

在时间维度上，金融化资本越来越展现出未来向度的属性。时间深度参与商品化、资本化和金融化的运动过程，时间的金融化程度不断加深。时间视角在金融领域至关重要，因为每项任务都是面向未来的。货币是一种延伸到未来的社会关系，因为它是从债务结构中产生的。

金融通过对时间维度的重塑，使得人类的价值交换由历史向度转向未来。长久以来人们用历史解释现实的生成，而忽略了未来向度对当下的构建，金融具有时空的通约性，未来通过金融体系对人的主体活动产生影响，实现了历史和现实的通约与交换。"金融架构存在于并且塑造了时间维度的可能性。"[1] 在近代以来金融体系最重要的职能转变就是将未来与现实进行了有效沟通，资本的金融化形态满足了人们关于预测、风险规避、情绪态度及消费的需求，构成了金融化资本时间向度的未来转向。金融化资本超越历史属性，具有未来指向性的原因如下。

（一）对未来的预测作为金融化资本的目的指向

随着金融化时代的到来，人们热衷于各种对股市、证券和资产未来状况的预测，于是金融市场不断推出了各种金融创新产品，这些产品使金融市场参与者的意志得到表达，从而满足了他们对自己预测的正误可以进行确证的需求。另外，金融资产自身的不确定性也助推了人们的投机和猜测行为。金融资产不同于实物资产，基于信用货币理论，金融资产主要是基于对未来资产的一种现实承诺。"如果货币的信用理论是正确的，它们可

---

[1] ［美］威廉·戈兹曼：《千年金融史：金融如何塑造文明》，张亚光、熊金武译，北京：中信出版社，2017年，第2页，导论第X页。

以被视为元承诺。"❶元承诺作为承诺中更为基础的承诺,也就是承诺对承诺的承诺。金融资产的内在价值通常受到对未来收益的承诺强度的影响,主要基于未来现金流的贴现值得出,并作为基础决定着金融资产的"价格发现"的过程。而价格发现的过程是复杂的,当某种资产与其内在价值严重偏离而膨胀,就会造成资产泡沫,金融资产泡沫问题往往会引起巨大的金融风险,因为泡沫可能会破裂并造成经济冲击。由此可知,金融化时代的金融资产基于信用,以未来货币支付为承诺,这种对他人意愿和行为的猜测,最终体现在了金融市场的交易之中。

(二) 对未来风险的规避作为金融化资本的功能指向

随着时代的发展,一些重大工程投资规模巨大,加上个体对于风险规避的需求,金融化资本发展出分散相关风险的职能。工具理性在金融化时代仍然具有极大的力量,金融化资本借助数学化的外衣展现了其科学性,其通过金融防范风险集中表现为基于数理模型与概率分析,实现了模型和风险防范机制,有效降低了未来风险的不确定性。"人们发明的跨期价值交换方式催生了一种全新的思维:它既可以预测未来的经济产出,也能够将过去、现在和将来的价值进行公平的处置。随着金融的产生,人们开始在一个精美清晰的时间架构中从事经济活动。"❷ 以防范金融风险为名目的金融创新层出不穷,甚至过于任性,却没有阻挡人们购买这种产品的热情。基于此种模式,在美国 2008 年金融危机发生前,金融创新产品"合成抵押债务凭证"(Synthetic Collateralized Debt Obligation)不断将不良信用债务人的债务作为资产打包出售,该产品主要功能是在不同的投机者之间分散金融风险。

---

❶ De Bruin, Boudewijn, Lisa Herzog, Martin O'Neill, Joakim Sandberg, Philosophy of Money and Finance, *The Stanford Encyclopedia of Philosophy* (Winter 2020 Edition), Edward N Zalta (ed.), URL = < https：//plato.stanford.edu/archives/win2020/entries/money-finance/ >. accessed on 29 July 2022.
❷ [美] 威廉·戈兹曼:《千年金融史:金融如何塑造文明》,张亚光、熊金武译,北京:中信出版社,2017 年,第 2 页。

（三）金融化资本适应了人们基于未来经济发展状况的情绪偏好

金融资产的内在价值通常受到人们的喜好及选择的影响。人们的喜好和某种心理倾向能对未来收益的现金贴现发挥巨大的作用，因而，金融化资产的价格往往是人们虽立足当下，却是着眼于未来的喜好意愿市场评估的外在表达形式。股市中具有发展潜力的、热度高的证券会获得极大的溢价效应，相反则会造成公司的市值较低甚至低于其清算价值，也就是市净率小于1。受到这种强烈情绪和偏好影响的金融化资本，其价格自然受到人们对未来的总体性判定的影响，虽然这种未来性本身是不确定的，但其影响却是巨大的。人们的选择除基于个体喜好情绪等因素外，还受到所获得的关乎未来发展的信息要素的影响。熔断机制本身是为了缓解短期市场剧烈波动，避免出现市场过度担忧未来发展而过度"情绪化"的挤兑效应。由于各地金融市场成熟程度不同，投资者与投机者构成不同，熔断机制也可能造成相反的效果。例如，美国等主要金融市场的熔断机制，在金融化时代不断被触发，发挥了维持金融市场稳定的作用。然而中国基于同样目的设定的熔断机制，在中国股市2015年前期已经大幅下跌的情况下，2016年正式实施后的首个交易日造成了千股跌停的场面，接连几个交易日造成了金融市场的激烈震荡，最后不得不退出熔断机制模式。这证明了人们在金融化体系中情绪化是比较普遍的，对未来的恐慌会影响到当下金融资产的购买意愿，这也有力地说明了金融化资本已经与人们对未来的预期直接相关。

（四）金融化资本满足了预支未来的消费模式

金融化造成底层消费能力明显不足，与之形成鲜明对比的是商品金融化趋势仍在增强。此种情况下，如何促进消费成为金融化时代资本财富增值的关键。金融化资本通过为没有消费能力的人提供贷款支持，通过创造虚假消费需求，使本来不具备条件的消费和不存在的消费需求成为现实。前一种情况在住房抵押贷款领域体现明显。常理上房产的价格不可能超越购买人的购买能力而实现交易,现实是大量房产被建造出来,又超越了大多数人的购买力,于是住房贷款出现了,中低收入者以背负债务的方式为住房的金融化埋单。住房金融化的本质是金融化资本对中低收入者未来劳动进行的预先"剥削",进而严重影响了债务人的未来生存状况。后一种情况可以从当前人为制造的"618""双十一""双十二"等消费节日得到确证。这是一种人造的景观时间,景观时间制造了虚假的消费存在,"景观时间的本质就是异化消费时间"❶。然而景观时间的背后暗含着金融化的助力,购物贷、消费贷,小额贷款等诸多金融产品都是在这种需求下产生的。景观时间的背后是金融支撑下的透支消费、消费者以未来劳动时间为抵押换取金融化资本的增值。

(五)金融化产品自身的性质受到未来变化的影响越来越大

金融化时代的到来,使时间维度发生了根本转变,不仅现今的社会劳动时间,未来社会中的劳动时间也同样参与了对当下经济社会发展的塑造。金融化的到来改变了资本的主要存在方式和样态,金融资产、债务、货币各类金融衍生品,期货、期权等金融创新产品不断出现。去中心化金融的理念、区块链分布式信用的设计、比特币为代表的数字货币迅速畸形发展,都是基于对未来的无限遐想、借助金融化资本推动的狂热致富念头的结果。此外,具有金融属性的资产越来越多,房地产的金融化、奢侈品的金融化、景观与符号的金融化等诸多金融化的现象中都能看到金融化资本将未来增值的预期助推到令人望而却步的地步。

日益复杂的金融化体系将时间的未来向度植入金融化资本之中,成为金融化资本最为重要的特征之一。这个未来向度属性,将彻底改变资本的存在形态和价值基础。资本作为一种物,这个物的向度再次发生重大的转变,它估值于当下,存在于未来。

---

❶ 张一兵:《景观拜物教:商品完全成功的殖民化——德波〈景观社会〉的文本学解读》,《江海学刊》,2005 年第 6 期。

二、空间表征：日常生活转向金融化

金融化是一种深刻的空间现象，金融化资本则作为这种现象的实体。金融化资本已经全时空操控着人类的生产，并且延伸到日常生活领域，导致日常生活的金融化。日常生活的金融化是当代资本主义社会发展的一个显著特征。"与历史上的金融化对比，当代资本主义金融化的一个显著特征是日常生活金融化。"[1] 日常生活金融化发展是从宏观到微观、从总体到个体、从客体到主体的一种实质性的转变。

日常生活的金融化是指金融的影响超越了经济领域，在成为一种普遍社会结构的过程中，其结构、逻辑、意识形态逐渐被社会个体接受，形成带有明显金融化思维方式特征的个体存在方式。美国学者马丁在其著作《日常生活的金融化》中提出，金融不仅为获取财富服务，还是将自己作为商业和生命周期的合并，作为获得自我的一种手段，"日常生活的金融化是一种如何前进的建议，也是身体和灵魂广泛运动的媒介"[2]。由此可见，日常生活的金融化已经成为人类的一种基本存在方式。金融化已经渗透到人类生活的方方面面。金融化在时间上将过去、当下和未来通过估值方式实现了价值的通约。在个人生活层面上，金融化在人的主体性方面对人施加影响，人类基本日常生活的必要活动都受到金融化的影响，如吃穿住行的基本需求，购物、娱乐、休闲，乃至艺术文化交流和人际交往活动都打上了金融化的烙印。日常生活中的金融化往往会以一种无意识的、自然发生的、具有持续性的生活习惯和存在方式呈现，这种金融化的潜移默化的影响构成了金融化资本增值和当代资本主义社会关系再生产的重要方式。金钱作为人的目的性活动，促进了日常生活的金融化。"长期以来，金钱一直吸引着所有那些面对不确定遭遇的人或从它的运动中获利的人的

---

[1] 欧阳彬：《当代资本主义日常生活金融化批判》，《马克思主义研究》，2018年第5期。
[2] Randy Martin, *Financialization of Daily Life*, Philadelphia: Temple University Press, 2002, p. 3.

注意。"[1] 自货币作为价值符号以来，人们将货币作为目的来追求的意愿不断增强，在垄断金融资本主义时代和金融化趋势下，货币的目的性进一步增强。货币具有一种神奇的力量，这种力量的支配能力越来越强，只有具有了货币，一切规划、理想才可能实现，货币越来越被当代社会的人们崇拜。货币成为当代的物神，更加促进了金融化的发展。在资本主义市场经济中，金钱既是生活的手段，也是生活的目的。这个目的支配着市场经济中理性或者非理性主体的行动，而在日常生活中它的支配能力更加强大，不断推动着金融的日益深化发展。

日常生活的金融化首先体现在个体和家庭层面的金融化。日常生活不断被金融化侵蚀，金融化越过宏观经济社会领域迈向个体和家庭，从而实现自身增值的目的。家庭成为金融化社会的基本金融单元，家庭要参与的日常基本的财务、债务、保险、贷款等金融活动都是以家庭为基本单元的。家庭成员中的老人参与健康保险，家庭成员中的孩子既参与健康保险又要参与医疗保险。金融能力教育也越来越受欢迎，成为许多发达资本主义国家家庭教育的重要组成部分，许多家庭还为孩子提供了基本的金融教育，这使他们懂得赚钱的重要性，不再将赚钱和生活的责任完全归为父母的责任，这对孩子成长和将来事业管理都有积极的作用。一方面，社会工作已经开展相关的金融能力提升教育。需要指出的是，金融社会工作并非将金融教育定位成代替客户赚钱和理财，而是通过金融社会工作来帮助受教育者提升基本金融知识储备，提升金融行为能力，树立风险意识，最终通过改变受教育者的金融态度，结合其个人气质、思维方式，从而使其形成较好的金融观念，最终帮助个体实现金融能力的提升。另一方面，家庭的结构，父母的学历、金融知识，金融参与度及收入情况直接影响到子女接受金融教育的程度。一般来说，具有金融背景知识、高学历及资本充裕的家庭，更加重视子女的金融教育，从而使子女较早具有基本的金融知识

---

[1] Randy Martin, *Financialization of Daily Life*, Philadelphia: Temple University Press, 2002, p. 3.

和能力。此外，从家庭日常生活层面的基本需求来看，基本保障日常生活的用品和设施，如食品、饮水、垃圾处理、生态环境、医疗教育、交通基础设施等在它们进入生活消费时已经被金融化资本掌控和重新叙事，并成为资本市场的投资标的物。总之家庭已经成为金融化资本统治体系下的最基本的金融单元，家庭作为日常生活的基本单元和载体形式，已经卷入跨领域、跨时间、跨行业的投资活动之中。

日常生活的金融化其次体现在人的思维方式受到金融化的强烈影响。人的思维方式金融化，是指金融化已经影响到主体和主体性。金融化深入人们的日常生活之中，其物化结构逐步成为人们行为的依据。当金融渗透个人与家庭、生产与生活中时，人们的观念也随之受到影响。金融逻辑支配着个体的基本日常生活，个人积极参与金融体系之中，积极购买金融产品和服务，并且在行动中依据金融的思维方式而决定。这种日常生活金融化当前在以下两个方面较为突出。第一，日常生活的金融化对人的思维的影响体现在人们理财观念和支付方式的改变。越来越多的人接受了金融理财，"你不理财，财不理你"等脍炙人口的口号对人的理财理念发生了潜移默化的影响，人们逐渐接受理财或者进行小额投资，而不是传统的银行存款方式处置个人闲置资产。同时，金融软件 App 逐步深入人们的日常生活之中，这些软件以 PayPal 为代表满足了人们日常生活的支付和网上购物的需要。移动支付取代传统的纸币支付，这种支付方式使人们对支付不再敏感，从而促进了消费。此外，支付软件利用众多用户的资金沉淀，开展了便捷并且收益不菲的理财业务，由于灵活存取和限制条件较少的特点，其迅速成为规模庞大并且表现出众的理财产品。这种便捷的支付和理财的方式，使得人们沉溺于网上购物犹如沉浸在游戏之中。第二，日常生活金融化体现在人们购物方式和观念的改变。网络支付的金融化改变了人们的交换方式，人们将全部产品都集中在一个庞大的网络体系之中。当网络体系借助金融化的力量将消费与生产端完美结合时，人们的日常购物也就不再以实体商店为主，这是对人们交换方式的巨大影响，改变了长久以来以商铺为主导的人们的日常消费购物方式。人们的购物由熟人之间的经验交流为依据,改变为陌生人关于购买商品的体验和点评为依据,这种广泛而公开的点评方式也促进了良好信誉商家的商品销售,很大程度上防止了商家的不良经营行为。日常生活金融化进一步提升了个人生活的独立性,改变了人们的交往方式,使得陌生人弱联系为主导的交际方式逐步取代传统的熟人社会强联系的交往方式。当消费成为一种网络体验甚至游戏时,人们的消费观念便不再遵循传统的满足人们的基本需要为主,而是将其作为一种休闲和生活体验。

三、结构表征:金融化资本的总体性

金融化是一种总体性存在,马克思在《资本论》第三卷中指出,"这一册要揭示和说明资本运动过程作为整体考察时所产生的各种具体形式。"由此可以看出,马克思将资本看成一个总体概念,但他在考察资本主义社会总体特征时通过资本的具体表现形态来进行。如果将金融化看成是资本运动的外在表现形式,资本运动过程是整体的,那么金融化也是整体的。以马克思理论视野为依据,既要从总体上看待金融化的问题,又要正确看待金融化的总体性问题。如果将资本向总体发展并必然成为总体的属性称为"资本的总体性",那么金融化本身就是向着总体发展,并且强化了金融化资本的总体性。金融化的总体性性质来自资本的总体性,更来自金融化资本的总体性性质。

根据马克思对资本总体性的阐释,可以将资本总体性概况为三个维度:"把资本看作一个有机体的生长过程,并生成为总体;资本在生成为总体的过程中,通过总体化的方式,使其他一切社会要素服从自己的意志;在资本总体的发展过程中,会创造新的社会'器官',保护和促进自身的发展。"[1] 借此,我们同样可以分析金融化作为资本的当代运动过程,把握其总体样态。

---

[1] 彭宏伟:《资本总体性:关于马克思资本哲学的新探索》,北京:人民出版社,2013 年,第 33 页。

从有机体性质看,金融化的总体性主要体现在如下方面。首先,金融化作为资本主义总体发展的一个环节。当代资本主义金融化的总体性理解,是分析后金融危机时代资本主义社会历史进程与未来趋势的有机环节。❶金融化是资本运动总体体系的一个关键环节,是资本主义积累体制无法进行价值增值后的必然形态。金融化的总体性体现在其必然产生在资本主义发展出现生产过剩后的阶段,是资本总体发展过程的重要组成部分。其次,金融化资本的总体性还体现在金融垄断资本主义的形成和金融化资本帝国的形成。哈特和奈格里构建的"帝国"是一个超越了主权国家的概念,描述的是资本金融化在政治国家中的有机体构建。金融化时代,资本的"帝国"成为当代资本的有机体制,哈特和奈格里论证的当代资本的统治形态"帝国"和统治形式的总体性可以说都是金融化资本的统治。"帝国"甚至致力于擦除边界、区域、种族等限制性质的隔阂,超越了帝国主义和民族国家。哈特和奈格里关于"帝国"总体性的论证从两方面展开,一是政治主权在当代的逐渐模糊,"在向着帝国世界的转变过程中,边界地带已不再存有了"❷。"帝国"加速全球化成为一个相互联系的有机体,可以形象地称为"地球村"。二是控制方式转变为内在的生产,"市民社会"和规训的主体性生产双重作用,强化了当代"帝国"总体统治。

从总体化统治方式上看,金融化具有全面的渗透能力。总体性的建构,仅具有个别程度上的差异,当代历史化的世界不具有金融化的"真空"之地。金融化在当代社会具有黏合剂的作用,将一切人与人、人与物、物与物连接起来。当然金融化总体性的根源在于金融化资本的运动,"金融资本是支配资本主义生产关系的真正主体、真正实体,金融资本是一个总体性范畴,支配着生产的流通和信用的高端环节"❸。作为比金融资本发展更为高端的阶段,金融化资本则更具主体性,同样是一个总体性范

---

❶ 欧阳彬:《总体性视域中的资本主义金融化批判》,《当代经济研究》,2015 年第 1 期。
❷ [美]麦克尔·哈特、[意]安东尼奥·奈格里:《帝国——全球化的政治秩序》,杨建国、范一亭译,南京:江苏人民出版社,2008 年,第 180 页。
❸ 宋朝龙:《列宁金融资本批判理论的科学逻辑及其当代价值》,《马克思主义研究》,2020 年第 11 期。

畴。另外，金融化自身也具有总体性，将政治、经济、社会、日常生活，甚至精神领域进行黏合与渗透。金融化资本的强大整合性，具有迫使一切金融化（信用符号数字）的能力。金融化不仅是金融化资本的运动，更是一种社会存在被金融裹挟的趋势与现象。金融化是当代金融垄断资本主义社会运行的总逻辑，支撑着当代资本主义社会的持存与发展。经济发展、社会结构、人的精神观念、日常生活的方方面面似乎都已打上金融化的烙印。金融化像一个幽灵，万物都可以金融化，也必然发生金融化，否则将失去存在的理由。"金融化命名了一个物质过程，或一系列可以说是根本的物质过程的一部分，这些过程重塑了社会生活的结构。"[1] 金融化以当代金融资本的形态出现，具有可以渗透任何领域的能力。此外，金融化资本的总体性在意识形态上的体现，主要是与新自由主义意识形态形成相互支撑的总体协调的资本控制体系。新自由主义迫使一切发生金融化，在这个过程中金融体系不断壮大，逐步操控了各个经济领域，甚且攫取了国家权力。[2] 借用福柯的规训理论，哈特和奈格里认为，当代资本对人的控制更类似内在的自我驱动力，这个驱动力与个体的意志交织，与个体的主体性交融几乎无法进行分离。[3]

从生产出新的"器官"来看，金融化不断促进金融体系完善，创新金融产品，还促进其他非金融企业生长出"金融器官"，并且改变了劳动形态。金融化的总体性对个体生存状态的影响，并非采取雇佣劳动关系中资本家对工人的直接剥削方式，而是在劳动过程中采取非生产性劳动的方式，且这个非生产性劳动的收入占比越来越高，控制攫取剩余价值的能力越来越强，资本与劳动的关系变得更加复杂。由于金融化资本时代股权分享关系的存在，主客体的关系变得互相嵌入而难以分辨剥削与非剥削的关系。在经济模式中采取的无形经济形态的方式，同样侵蚀着有形经济和实

---

[1] Max Haiven, Culture and Financialization: Four Approaches, Edited by Philip Mader, Daniel Mertens and Natascha van der Zwan, *The Routledge International Handbook of Financialization*, Oxon: Routledge, 2020, pp. 354 – 355.

[2] ［美］哈维：《新自由主义简史》，王钦译，上海：上海译文出版社，2016 年，第 34 页。

[3] ［美］麦克尔·哈特、［意］安东尼奥·奈格里：《帝国——全球化的政治秩序》，杨建国、范一亭译，南京：江苏人民出版社，2008 年，第 180 页。

体经济的发展空间。1971年以后美元作为金本位发生解体，加速了资本的虚拟形式的多样化发展，使资本的虚拟程度不断增高，最终导致以无形经济占主导地位的金融化资本主义的诞生。❶金融化资本通过无形经济这样一个自在带有整体和总体性质的形态，强化了对实体经济的发展的操控。金融化的总体性还体现在金融化资本对其他各类形式的资本的总体操控能力。金融资本是各种资本形态的集合体，其他资本形态只是它的一个构件。❷金融行业对其他一切行业的同化能力得到空前发展，所有事物都处在被"货币化"或者"商品化"的过程之中，这是由金融化资本自身的内在规定性决定的。当代，各类资本新形式层出不穷，如数字资本、平台资本等，然而与数字资本、平台资本及其他各种形式的资本相比，金融化资本作为价值增值属性最为强烈。金融化资本的目的和结果都是价值的增值，而不管其采取何种增值方式。数字资本和平台资本都是将数据或者平台看成资本增值的中介，数字和平台作为当下生产力发展的新样式，具备较强的竞争优势。因此，数字资本和平台资本是作为金融化、数字化和平台相互结合而形成的资本形式。任何一种数字化及其平台的打造无不需要大量的金融化资本的前期注入，并从而成为真正具有竞争和垄断优势的数字化增值体系。并且，这个体系是在金融化资本总体的控制之中的。

第三节 金融化资本拜物教的本质内涵

价值形式分析方法是立足于马克思政治经济学批判基础上的，价值的普遍化导致了拜物教的普遍化。对金融化时代拜物教本质的分析，必须诉诸价值形式。资本主义社会是以资本为形式主体运行的，而资本是增值的价值。协调价值生产和分配的关系是资本主义社会市场的重要功能，价值

---

❶ 张雄：《无形经济崛起后的当代资本主义》，《光明日报》，2022年7月18日，第15版。
❷ 刘志洪：《从资本一般到金融资本——资本哲学的范式转换》，《马克思主义与现实》，2018年第6期。

规律发挥了基本的调节作用。受到资本支配的人们之所以被抽象统治，恰恰是因为价值形式出现了神秘化，价值形式神秘化是资本主义社会拜物教产生的根源。能否被"价值化"是决定了能否变成拜物教所崇拜的对象的决定性因素。❶ 金融化资本拜物教改变了剩余价值的形成方式。工业生产中，剩余价值剥削主要体现在生产过程和雇佣关系中，金融化时代的剩余价值的积累更多是基于对价值转换形式的改变。金融化时代，价值的向度由历史向度转向未来向度，金融化资本拜物教由于金融化资本自身具有未来价值属性的性质，导致人们基于对未来判断来判定当下金融化资产的价格。这是一种"颠倒"，因为在本质上这个所谓资产的未来价格只是人们对于资产未来价格判定的博弈，而并非未来资产真正的价格，也就是当下的资产出现了金融化。这一过程是通过价值与实体的分离、基于未来判定价值的意识的形成、金融化时代金融系统三个要素来实现的。

一、使用价值与交换价值转换中的"颠倒"：商品货币资本拜物教

商品拜物教具有历史性和社会性，商品作为拜物教的"物"是随着商品作为普遍交换的形式和资本主义社会生产关系的商品化而来的。因此，商品拜物教造成了两种"颠倒"，即将商品的自然属性"颠倒"为社会属性，以及物与物的关系"颠倒"为人与人的关系。"劳动产品一旦作为商品来生产，就带上拜物教性质，因此拜物教是同商品生产分不开的。"❷ 马克思认为，如果采取使用价值而不是价值的方式进行交换，那么资本主义商品交换不存在任何神秘性质。在商品交换中，使用价值通过兑换为交换价值进行交易，造成人们错误地将物的社会属性理解为物的自然属性。商品形式在人们面前把人们本身劳动的社会性质反映成劳动产品本身的物的

---

❶ 夏莹：《拜物教的幽灵：当代西方马克思主义社会批判的隐性逻辑》，南京：江苏人民出版社，2013年，第140页。

❷ 《马克思恩格斯文集》（第5卷），北京：人民出版社，2009年，第90页。

性质，反映成这些物的天然的社会属性。另外，商品的交换形式将人与人的关系转化为物与物交换的表象，遮蔽了商品生产和资本主义社会的内在矛盾，以及人与人的社会生产关系。马克思指出"把生产者同总劳动的社会关系反映成存在于生产者之外的物与物之间的社会关系"❶，商品的交换形式将使用价值与交换价值混合在一起，使得商品具有可感觉又超感觉的神秘性质。此外，马克思认为劳动产品的商品形式具有谜一般性质，显然是从形式本身来的，商品的形式既有被人可感知的自然属性的一面，又有其价值形式不能被人直接感知的社会属性的一面，因此，商品形式充满了微妙怪诞色彩。马克思进一步分析了商品形式的特点在于"人类劳动的等同性，取得了劳动产品的等同的价值对象性这种物的形式；用劳动的持续时间来计量的人类劳动力的耗费，取得了劳动产品的价值量的形式；劳动的那些社会规定借以实现的生产者的关系，取得了劳动产品的社会属性"❷。商品拜物教的遮蔽性体现在："在商品交换中，附着于商品的物神才是主人，人只能遵从之。这种颠倒在资本积累的运动中更为显著。但与此同时，这种颠倒性也将隐去。因为人们会认为好像那是人们生来就具有的欲望和意志一样。"❸ 从马克思对商品拜物教的论述中可以看到，拜物教的形成在于商品作为物将价值形式神秘化的结果，这也成为拜物教形成的前提条件。

与货币拜物教相比，商品拜物教还能见到些许社会生产关系的影子，"在商品上这种神秘化还是很简单的——大家多少总能感觉到，作为交换价值的商品之间的关系，不过是人们与他们相互进行的生产活动的关系"❹。然而，货币拜物教是在商品拜物教基础上更加抽象的价值表现形式，与商品拜物教作为价值的物质载体不同，货币是作为价值的符号性载体。货币物神的谜只不过是商品物神的谜变成可视的、迷惑性之谜。马克

---

❶ 《马克思恩格斯文集》（第5卷），北京：人民出版社，2009年，第89页。
❷ 《马克思恩格斯文集》（第5卷），北京：人民出版社，2004年，第89页。
❸ ［日］柄谷行人：《作为精神的资本》，欧阳钰芳译，《开放时代》，2017年第1期。
❹ 《马克思恩格斯全集》第31卷，北京：人民出版社，1998年，第426—427页。

思所说的"物神"是指在作为物的商品中附着的某种超感官的、灵性的东西。而这种物神发展出来的就是货币,亦即资本。货币是高度抽象的价值符号,经历了"简单的价值形式""扩大了的价值形式""一般的价值形式"三个发展阶段。当一般的价值形式与商品的自然形式相结合,这种一般的价值形式的幽灵般的性质便附着于自然物之上,使之具备一种神灵般的性质,形成货币拜物教。货币比商品更具抽象性和遮蔽性,马克思指出:"商品世界的这个完成的形式——货币形式,用物的形式掩盖了私人劳动的社会性质以及私人劳动者的社会关系,而不是把它们揭示出来。"❶货币将社会生产关系表现为单纯的物与物兑换的中介关系,这个中介采用了物的形式而掩盖了背后的社会关系。货币主义错觉的根源,在于看不出货币代表着社会生产关系,却采取了具有一定属性的自然物的形式。嘲笑货币主义错觉的现代经济学家,一到处理比较高级的经济范畴时就陷入同样的错觉。❷ 商品形式的拜物教属性还可以"感觉"到而被识别,然而,货币形式连这种简单的外观也消失了。货币是社会生产关系的产物,在《三位一体的公式》中马克思说:"货币形式,则更直截了当地把生产关系本身变成物。这是一种'颠倒'。一切已经有商品生产和货币流通的社会形态,都有上述'颠倒'。但是,在资本主义生产方式下,这种着了魔的颠倒的世界就会更厉害得多地发展起来。"❸ 作为货币,其使用价值除作为一般等价形式外,其本身几乎没有其他的使用价值。

　　资本拜物教是资本主义社会异化发展的更高表现形式,将价值形式神秘化进行得更为彻底。资本是可以增值的价值,且资本可以自我增值,资本具有自因性。资本的自因,去掉"倒霉事"的中介过程,自动完成的物神极具拜物教性质,通过生息资本形式,完成拜物教观念与形态。第一,劳动力的商品化,掩盖了价值的真正来源。马克思在分析资本的原始积累时指出,价值是以货币的形式存在的财富,在旧的生产方式解体的过程

---

❶ 《马克思恩格斯文集》(第5卷),北京:人民出版社,2009年,第93页。
❷ 《马克思恩格斯全集》(第31卷),北京:人民出版社,1998年,第427页。
❸ 马克思:《资本论》(第3卷),北京:人民出版社,2004年,第936页。

中，货币可以实现购买劳动的客观条件，也可以从自由的工人那里购买活劳动本身。劳动力的商品化以货币支付报酬的形式在表象上表现出"公平"与自由竞争的形式，掩盖了资本增值的真正起源问题。第二，货币转化为资本是以劳动与其创造物相分离的历史过程为前提的。资本的发展和壮大需要劳动载体劳动者与财产、劳动工具、劳动对象等生产资料的所有权相分离。"在直接生产过程中，资本就已经变成一种非常神秘的东西，因为劳动的一切社会生产力，都好像是从资本自身生长出来的力量。"❶ 这种分离导致人失去了主体性，成为整个资本主义生产体系，尤其是机器大工业生产的组织方式出现以后，人成为机器的"辅助"、机器的延伸。人成为资本逻辑下的单向度的人，成为机器生产体系的一个"零件"。第三，将对剩余价值的无偿占有颠倒为资本创造的价值增值。资本拜物教中的颠倒表现为"'现代经济学'把资本因雇佣劳动者创造剩余价值而产生的增殖归结为资本作为物所固有的属性"❷。资本主义社会在资本拜物教中完成最高的颠倒，整个社会意识形态呈现出虚假的性质。马克思考察资本—利润、劳动—工资、土地—地租三位一体——这个财富和价值的组成和源泉的公式后指出，这是一个着了魔的、颠倒的、倒立着的世界。资本"先生"和土地"太太"，作为社会的"人物"，同时又直接作为单纯的物，在"兴妖作怪"。资本的生成之谜遮蔽了价值的真正来源，资本成为资本主义社会的"主宰"。第四，在工业资本主义发展的基础上，银行资本快速发展，借贷资本兴起。这种生息资本最具"物神"特征，"最完善的物神还是生息资本——资本作为生息资本，取得了它的最彻底的物的形式，它的纯粹的拜物教形式"❸。生息资本表现为能产生货币的货币，这种没有内容的形式和货币的资本化，生息资本被看成纯粹自为的资本。作为生息资本表现形式的货币或商品，独立于生产之外，而取得了自身增值的能力

---

❶ 马克思：《资本论》（第3卷），北京：人民出版社，2004年，第937页。
❷ 刘召峰：《拜物教批判理论与整体马克思》，杭州：浙江大学出版社，2013年，第12页。
❸ 卡尔·马克思：《剩余价值理论》（第3册），北京：人民出版社，1975年，第500、503、516、554页。

获得了其神秘化的形式。因此，马克思指出："资本的物神形态和资本物神的观念已经完成。"❶ 总之，资本拜物教对资本逻辑的不断强化、生产方式的神秘化、社会关系的物化，导致人们对资本力量和增值欲望的无限崇拜，资本意志成为社会最强势的意识形态。

马克思对商品拜物教、货币拜物教、资本拜物教和生息资本拜物教现象的批判与本质关系的把握，体现了马克思对资本主义社会的深刻洞察。这是一种颠倒，在追求交换价值代替使用价值的过程中，人们将商品的社会属性颠倒为商品的自然属性，将商品的交换价值颠倒为商品的使用价值。

二、价值生产与价值分配转换中的"颠倒"：生息资本拜物教

生产作为分配的基础，从追求价值的生产到追求价值的分配，是资本发展的重要转向和"颠倒"。随着剩余价值量的不断扩大，货币积累越来越多，这一阶段的金融化表现为"货币金融"占主导的形态。当货币积累达到一定规模时，货币作为产业发展的直接推动力，从零散的、规模较小的、区域性的以货币为中介的经营机构，发展成商业银行时，货币金融便得以产生。时空对货币金融的建构主要表现为，时空的改变对价值分配的价值量大小产生影响，利息随着时间与地点的不同而变换。G（货币）－G′（更多的货币）的增加过程中，只有固定时间的约定，看不到空间生产环节。生息资本的发展过程中，银行由支付中介转向吸纳闲散货币，并将之转化为货币资本。价值的转换在空间表现上，不同于产业资本的工厂生产，生息资本运转空间转向金融节点。价值的换向在时间表现上，为契约时间，约定好了时间完成价值增值，时间直接表现为价值形式。这种固定时间与空间的交易促进了价值固定空间节点的形成。"银行资本是对高利贷资本的否定，而银行资本自身又被金融资本所否定。"❷ 当这种生息资本发展成为金融资本，并与产业资本相结合形成垄断时，人们对价值的追求

---

❶ 《马克思恩格斯文集》（第7卷），北京：人民出版社，2009年，第442页。
❷ ［德］鲁道夫·希法亭：《金融资本》，福民等译，北京：商务印书馆，1999年，第254页。

由生产转向分配。"金融收入的增长不代表全球剩余价值池的增长,只代表剩余价值在金融资本家与其他人之间的再分配。"❶ 金融化时代的人们越来越注重剩余价值的分配,而不是专注于剩余价值的生产。

(一) 生息资本参与剩余价值分配

马克思将生息资本的运动描述为 $G-G-W-G'-G'$,货币 G 第一次运动进行了时间约定,货币作为资本支出。货币作为已实现的资本 G' 或 $G+\Delta G$(ΔG 表示利息),货币与利息重新回到货币所有者手中,实现了价值的增值。在空间变换上,货币实现了所有者与使用者的分离,马克思指出:"G 的第一次换位,无非表示它已经由 A 转移到或转交至 B 手中。"❷ 这里容易被误解的是简化了的生息资本运动形式即 $G-G'$,外在的形式显示了钱生出了更多钱,劳动过程被彻底抽象掉,劳动价值似乎被颠覆。然而正如马克思指出:"资本并不是在流通过程中,而只是在生产过程中,在剥削劳动力的过程中,才作为资本存在。"❸ 这里 G 的第二次支出只能作为规定了的空间生产的形式,只能作为商品变化的要素或资本再生产的要素,而不是消费要素,才能完成整个生息资本的运动。并且,生息资本打破了产业资本价值回流的时空间隔,不受生产过程影响,价值增值固定在法律、合约等形式中。就生息资本来说,它作为资本的回流,好像只取决于贷出者和借入者之间的协议。就这种交易来说,资本的回流不再表现为由生产过程决定的结果。资本的单纯形式——货币以 A 额支出,经过一定时间,除了这种时间上的间隔,不借助于任何别的中介,马克思指出:"除了资本额,B 还要把他用这个资本额赚得的一部分利润在利息的名义下转交给 A。"❹ 生息资本以抽取执行职能资本利润的方式,本息回到货币所有者手中,最终实现了对剩余价值的分配。从资本的形式上来看,

---

❶ [美] 邓肯·弗利:《对金融帝国主义和"信息"经济的再思考》,《国外理论动态》,车艳秋译,2015 年第 2 期。
❷ 《马克思恩格斯文集》(第 7 卷),北京:人民出版社,2009 年,第 381 页。
❸ 《马克思恩格斯文集》(第 7 卷),北京:人民出版社,2009 年,第 384 页。
❹ 《马克思恩格斯文集》(第 7 卷),北京:人民出版社,2009 年,第 381 页。

借贷资本是生息资本的资本主义形式，马克思认为货币转化为借贷货币资本比货币转化为生产资本更简单。在这里有两个不同的过程，一是货币单纯地转化为借贷资本，二是资本或收入转化为货币，货币再转化为借贷资本。只有后者与产业资本的现实积累发生联系。当同一货币反复代表借贷资本时，"它只是在一点上作为金属货币存在，而在所有其他点上，它只是以资本索取权的形式存在。"❶

（二）银行资本与产业结合实现分配优势

希法亭认为，金融资本时期银行职能由借贷转为吸储与发放的中介，再到发行股票（类似于现在的投资银行），逐渐成为价值空间节点，甚至成为价值中心。在时间上，无数合约的聚集，巨大的流动性形成总体性的平衡，通过设置存款准备金制度，使不同时间的合约并行不悖，达到"既存既取"的时间效果。首先，银行作为价值时空的重要节点，已成为资本积累的摇篮。"资本有机构成提高致使固定资本巨大膨胀，资本流动日益困难；扩大了的生产规模要求越来越大的资本额，产业资本的增殖需要银行通过资本动员予以支持。"❷ 其次，希法亭对金融资本的理解是以银行资本为主导、与产业相结合的资本形态。他把金融资本规定为归银行支配和由产业资本家使用的货币形式的资本。最后，希法亭指出："'现代'资本主义的特点是集中过程，这些过程一方面表现为由于卡特尔和托拉斯的形成而'扬弃自由竞争'，另一方面表现为银行资本和产业资本之间越来越密切的关系。"❸ 希法亭认为，由于这种关系，资本便采取自己最高和最抽象的表现形式，即金融资本形式，这个形式正是新价值空间的构造。当金融资本与产业相结合也不足以阻止利润率下降时，金融资本与行业结合采取了更加紧密的方式，不断扩大对行业的控制，最终形成对整个行业的控制，从而获得剩余价值分配的更大优势。

---

❶ 《马克思恩格斯文集》（第7卷），北京：人民出版社，2009年，第575页。
❷ 王荣：《马克思拜物教批判的哲学革命品格》，北京：人民出版社，2018年，第285页。
❸ ［德］鲁道夫·希法亭：《金融资本》，福民等译，北京：商务印书馆，1999年，第1页。

（三）金融资本通过垄断，获得更多剩余价值

金融资本将价值生产带入一个新阶段——垄断，垄断的初级阶段是实现对行业规模的控制，高级阶段是实现对优势产业的控制。金融资本通过控制先进技术，控制整体生产，实现与产业的结合。"现实财富的创造较少地取决于劳动时间和已耗费的劳动量，较多地取决于在劳动时间内所运用的动因的力量"❶，这个动因的力量就是优势技术产业，金融资本获得了较高的价值分配。当全球市场取代区域市场，"时间—空间"修复无济于事时，竞争将以垄断的形式展开，垄断是空间对时间的反噬，是以对空间的垄断消灭时间效率的无限竞争，最终实现剩余价值的支配占有权。货币金融时期，价值中心是以银行为时空节点的，这个时空节点与产业形式上分离，又对其实现了控制。货币金融以金融资本形态达到了价值历史向度的最高点，"资本的特殊性质在金融资本中消失了。资本表现为君临社会生活过程的统一力量，表现为直接从生产资料、自然资源、整个积累起来的过去劳动的所有制中产生的力量"❷。资本表现出自因性与自为性，作为流动价值的资本的增值不再假借中介，资本将自身转化为中介，与中介发生关系，资本自身与中介重新统一，最终实现价值增值的目的，实现了货币金融的最高形式。

（四）生息资本拜物教的性质及其表现

由《资本论》第三卷第二十四章"资本关系在生息资本形式上的外表化"可知，马克思提出的生息资本拜物教，是形式对内容的遮蔽和生产关系的最高颠倒和物化。《资本论》研究了拜物教对社会生产全过程的深入渗透状况，在第三卷中马克思指出，拜物教在以信用充当价值时表现得较为突出，并最后在股份资本成立的发展阶段中得到充分展现。❸ 首先，生

---

❶ 《马克思恩格斯全集》第 46 卷（下），北京：人民出版社，1980 年，第 217 页。
❷ ［德］鲁道夫·希法亭：《金融资本》，福民等译，北京：商务印书馆，1999 年，第 265 页。
❸ ［日］柄谷行人：《作为精神的资本》，《开放时代》，欧阳钰芳译，2017 年第 1 期。

息资本拜物教表现为其神秘的运动形式掩盖了价值真实起源。对此,马克思对生息资本增值的本质不是价值创造而是价值转移的拜物教性质进行了揭示。资本不会在流动中产生,只能在生产过程中产生,资本只能在剥削劳动的过程中产生,只有在剥削过程中资本才可能作为资本存在。其次,生息资本拜物教掩盖了其资本关系表象下人对人的剥削。与商人资本的商的买与卖过程不同,与利润表现为社会关系的产物不同,生息资本直接表现为"单纯的物产物",这种物与物的关系将人与人的关系完全遮蔽,马克思指出:"在生息资本上,资本关系取得了它的最表面和最富有拜物教性质的形式。"❶ 最后,生息资本自行增值的假象和颠倒了的关系使其具有"物神"的性质。生息资本表现为能产生货币的货币,这种没有内容的形式,将资本作为生产的前提,将生息资本作为资本的结果。因此,作为生息资本表现形式的货币或商品,独立于生产之外而取得了自身增值的能力,获得了其神秘化的形式,正如马克思指出的:"资本的物神形态和资本物神的观念已经完成。"❷

(五)"金融资本"中的拜物教因素及其拜物教属性

与生息资本拜物教相比,金融资本的拜物教性质表现为形式的多样性与更强的遮蔽性。希法亭认为:"笼罩一般资本关系的神秘现象,在这里是最难看透的。金融资本的特有运动看似独立的,其实不过是一种反映。"❸ 因此,不理解金融资本的规律和职能就不能理解当时经济社会的本质。另外,关于金融资本特性和产生原因,即使是希法亭也只看到了其在流通领域产生,而没有回归生产领域,足见其遮蔽性之强。希法亭认为在资本的所有表现形式中,金融资本是最高和最为抽象的。❹ 首先,希法亭揭示了金融资本危机的拜物教因素。金融资本在形成过程中,人们对信用

---

❶ 《马克思恩格斯文集》(第7卷),北京:人民出版社,2009年,第440页。
❷ 《马克思恩格斯文集》(第7卷),北京:人民出版社,2009年,第442页。
❸ [德]鲁道夫·希法亭:《金融资本》,福民等译,北京:商务印书馆,1999年,第1页。
❹ [德]鲁道夫·希法亭:《金融资本》,福民等译,北京:商务印书馆,1999年,第1页。

和交易所的崇拜而发生的投机活动是金融资本危机的直接原因。希法亭认为随着银行职能转变，人们对信用和交易所的掌控能力大大增强，这种拜物教因素也大为减弱。希法亭对这种现象进行了阐述，人们不再崇拜信用和交易所而屈服于理智的启蒙，这种启蒙已不愿信仰投机精神，而是接受自然事物本身，把信仰留给那些并未全部消失的蠢人。❶ 希法亭认为随着银行与产业结合形成的垄断，控制生产和竞争将消除危机，但随后的事实证明垄断不但没有消除危机，反而强化了垄断这个金融资本拜物教的新样态。其次，与生息资本拜物教对价值起源"生产过程"的遮蔽不同，金融资本拜物教对价值的"估值方式"进行遮蔽，以"收益"代替"资产"作为衡量价值的主要方式，增值效用价值占据了主导作用。所有财产的价值总体上都是由其可带来的收益多少来确定的。❷ 希法亭认为"数"就是一切，这里的"数"指的是"收益凭证"，希法亭进一步指出了这种价值决定方式的神秘性，"实际的价值形成，是一个完全脱离所有者的领域并以极其神秘的方式决定他们的财产的过程"❸。这种价值脱离了所有者金融资本自身价值方面，转为利润收益的评估方式，也就是转移到效用价值，转移到市场与竞争平衡中去衡量价值，其神秘性进一步增强。最后，这一时期的金融资本拜物教还表现出人们对帝国主义的崇拜。金融资本集中在少数人手中，少数人通过金融资本建立广泛的物对人的普遍关系，遮蔽少数人的统治，形成人格化的金融资本拜物教，"'普遍'迷恋于帝国主义的前途，疯狂地捍卫帝国主义，千方百计地美化帝国主义"❹。这就是当时资本主义社会的基本状态，这种对帝国主义的崇拜心理已经成为一种普遍的思想共识，甚至在工人阶级中得到广泛接受，金融资本成为世界新的统治者。

---

❶ [德]鲁道夫·希法亭：《金融资本》，福民等译，北京：商务印书馆，1999年，第336页。
❷ [德]鲁道夫·希法亭：《金融资本》，福民等译，北京：商务印书馆，1999年，第160页。
❸ [德]鲁道夫·希法亭：《金融资本》，福民等译，北京：商务印书馆，1999年，第160页。
❹ 《列宁专题文集》（论资本主义），北京：人民出版社，2009年，第195页。

三、价值历史与未来向度转换中的"颠倒":金融化资本拜物教

马克思指出,商品、货币和资本拜物教的本质是人与人的关系颠倒为物与物的关系,是一种颠倒性质,生息资本拜物教便是这种"观念"的完成。金融化资本是在生息资本和"金融资本"基础之上发展而来的,因此金融化资本拜物教也需要照此颠倒的"观念"维度进行理解。问题是金融化时代的物与物关系中的物已经与工业资本主义时代的物的概念内涵不同了,这个不同在于金融化时代的物被理解为未来之物,是物的未来价值的当下估值。从价值形态角度来看,金融化时代的物的价值基于价值的主体间性的认知,物与物的未来价值的关系遮蔽了人与人之间基于价值向度的主体间性关系,在此,对金融化资本拜物教的理解是基于物的未来向度转换,价值形态的未来化。由此造成的物未来价值的关系遮蔽了背后金融化资本占有者对价值形态赋值的事实,也就是人们将"当下对物未来价值的看法"错认成了"物的未来价值本身"。

资本在当代表现为资本逻辑的外化及金融化,金融化是一种深刻的时空现象。金融化资本具有全时空性质,是一种历史化的时空,包括过去、现在、未来三个维度的时空。时间上,宏观方面资本市场价值转移实现了全天候和海量的价值频繁交易,微观方面个人资产价值在"睡眠"中变易。物以人们关于未来预期的方式存在,是人们观念中的未来物。这个具有未来预期属性的物,通过金融资产的当下估值方式,经由金融市场及其体系,实现了对当下及未来自身的重塑,由此物的价值不仅是历史发展的结果,更是未来预期的原因与结果。威廉·戈兹曼认为:"金融是一种技术——一个制度网络,用以解决复杂的文明问题。这项技术关乎价值的跨时流动,运用契约、制度单据,来实现未来收益承诺这一本质上假想的东西。"❶ 当未来时空对当下的建构以金融资本形式出现时,即获得了其现实

---

❶ [美]威廉·戈兹曼:《千年金融史:金融如何塑造文明》,张亚光、熊金武译,北京:中信出版社,2017年,前言第XV页。

性，由此价值历史向度转向未来向度，即人们对未来的预期。这个转向的一般过程如下。

(一) 价值与其实体资产的价格表象发生深度分离

当代金融体系中，纸币、汇票、凭证通过信用放大其公信力，使得原本并不存在的价值，通过混淆价值自身与其符号表达，驱动价值符号的数量倍增，造成价值的增值假象。"金融资本的产品和工具，可以夷平购买力的时空界限，在时间上，使市场上交易的对象不仅包括当前已经生产出来的商品（剩余价值），也包括还没有生产出来的商品（未来生产出来的剩余价值）。"❶ 未来的剩余价值只要是基于预测，尚未发生，那么它就是假的。当前实现了的利润或剩余价值总额是以符号形式存在的，造成符号表达的"剩余价值总额"大于实际生产的剩余价值总额，剩余价值被名义化了。这种名义化的剩余价值，与其价值实体已经脱离。价值与实体分离的另一个表现是通过价格波动来获得价值，金融交易不必通过对资产准确估值来赚钱，相反，通过"对资产不断定价和重新定价的疯狂举动，从而在市场上制造价格波动，正是这些波动本身让交易员赚钱"❷。依据价格变动赚取利润和剩余价值，使得人们对于交易对象具有多少价值失去了兴趣，人们只关注可以获得的"差价"有多少。此外，价值与实体错位也以一种想象的、松散的关联发生，例如汤珂和熊伟（Ke Tang, Wei Xiong）指出："在大宗商品市场指数投资快速增长的同时，非能源类大宗商品价格与石油价格的相关性越来越强。"❸ 金融化的结果是，单一商品的价格不再仅仅由其供给和需求决定，相反价格还取决于金融资产的总体风险偏好和多样化商品指数投资者的投资行为。价值与实体深度分离，为价值的历史转向未来提供了一般性条件。

---

❶ 胡刘：《马克思主义基础理论专题研究》，北京：人民出版社，2018年，第153页。
❷ [丹麦] 奥勒·比约格：《赚钱：金融哲学和货币本质》，梁岩、刘璇译，北京：中国友谊出版公司，2018年，第18页。
❸ Ke Tang, Wei Xiong, Index Investment and the Financialization of Commodities, *Financial Analysts Journal*, 2012, Vol. 68, No. 6, pp. 54–74.

（二）形成立足于未来评估资产价值的意识和观念

价值的未来向度观念，很早就出现在哲学家的思考中，早期的经济哲学家、历史学家色诺芬与泰勒斯对价值的未来向度进行了原初的思考。当下，未来与现实相互影响与建构逐渐深入人心，时间的过去、现在和未来不仅呈单向流程，而且呈双向互动，人们认识到未来对现实的深刻影响，呈现出由近到远、由大到小、由深到浅递减特征。随着利息、期货契约、贴现促使未来感性直观地发展，这些基于未来预期属性的金融产品逐渐内化为人类主体的未来时间意识。"人们发明的跨期价值交换方式催生了一种全新的思维：它既可以预测未来的经济产出，也能够将过去、现在和将来的价值进行公平的处置。"❶ 在价值未来向度意识的发展过程中，预测是其中重要的一个环节，"我们想要知道我们在经济上的前景如何，是因为这种预测可以帮助我们生存下去。从20世纪初开始，预测就一直是现代金融服务行业的组成部分"❷。预测的重要性与有效性，提升了未来价值属性的确定性，当这种确定性形成共识，潜在的未来价值才能以观念的形式对现存价值发挥实质作用。资本金融就是这种预测成为广泛共识的产物，金融是一种思想体系，一种解决有关金钱、时间和价值等复杂问题的方式。

（三）人们关于价值的未来意识通过金融体系影响资产的当下价值

当价值未来转向的意识达成共识，还须将这种共识外化、物化和对象化，以实体的、原则的、体系性的方式生成，资本金融才具有其现实性，资本主义因此进入"国际金融垄断资本主义"发展阶段。国际金融体系的建立，是金融空间发展的重大突破，"由资本国际化推动并造就了的经济全球化使世界成为一个全时空的世界金融体系，国际金融市场和跨国金融

---

❶ [美]威廉·戈兹曼：《千年金融史：金融如何塑造文明》，张亚光、熊金武译，北京：中信出版社，2017年，第2页。
❷ [美]卡比尔·塞加尔：《货币简史：从花粉到美元，货币的下一站》，北京：中信出版社，2016年，第40页。

机构越来越紧密相连，使国际的资金调拨与融通更加方便高效。"❶ 国际金融体系是资本金融的外在形式，展现了资本金融的自为性。价值在两个方面转向未来向度，一是未来以"贴现"和"预期"的方式，直接对当下价值进行赋能、联结，重新估值。这里涉及的难题是，如何对资产进行金融化（也就是定价）。金融资产的价值依赖于金融资产的未来承诺，以及这个未来承诺的可信度，无数意识最终以资本市场对金融资产的定价得以解决。金融市场不是称重器，而是投票器，并且是有投票意愿的购买者意志与其实际投入份额表达的综合意愿的集中体现。金融体系和金融化的主要功能就是为金融资产定价，金融资产的定价问题几乎是现代金融的核心问题与难题。众所周知，金融资产的价值几乎很难以其"实际价值"为标准进行交易，而是以未来资产价值估算为主，这种趋势在当下越发明显。这个现象正在改变人们关于价值的根本性观念，以往全部资产的价值都以历史化时空（过去与现在）、劳动时间为基础进行，而金融化时代的金融资产，是以买未来的方式进行的。二是固定资产投资与债务锁定价值未来流向。固定资本投资影响着价值的当下与未来走向，资本一旦投资到某个地域和空间，就只能在这些地方和区域进行流动，而无法到其他地方，资本通过当下约定锁定了未来的流动方向。"贯穿生息资本循环的反价值就如同暗物质一般，要求用很大一部分未来价值的生产来清偿"❷。利息已经加在了未来价值形成的成本之中，债务同样束缚着个人的未来发展。"以反价值信用为形式的'未来时间'现在完全压过了'当下时间'，这是前所未见的情况。现在有多少人正为了很久以前欠下的债务而辛勤劳动？"❸ 如果没有资本金融系统，价值未来向度还只是观念的、高度不确定的、非物质性的力量，因此，资本金融系统的建立，使得价值的未来向度得以实现。

---

❶ 姜凌：《当代资本主义经济论》，北京：人民出版社，2006年，第145页。
❷ ［美］大卫·哈维：《马克思与〈资本论〉》，周大昕译，北京：中信出版社，2018年，第229页。
❸ ［美］大卫·哈维：《马克思与〈资本论〉》，周大昕译，北京：中信出版社，2018年，第214页。

在前资本主义时期的价值是历史化的,其在历史因果链条中产生、发展和完成。在生息资本和"金融资本"占主导地位的时期的价值处于历史向度转向未来向度的过渡时期,时间对价值的改变是一种线性的、约定收益的,是完成了的拜物教"观念"和"形态"之下的价值体系。在金融化资本发展时期,买预期和买未来成为人们金融资产配置的主流观念,时间的未来向度对金融化资本估值起到了主导性作用,价值在金融化资本逻辑下,实现了未来向度转向。

本部分根据金融资本发展的不同时空阶段,从人们对不同价值形态和向度追求转换的角度,进一步阐释了人们对价值追求的转换导致拜物教形式的变化。人们对价值追求的转化经历了从使用价值到交换价值,从价值生产到价值分配,从价值历史向度到未来向度,分别对应了商品拜物教、货币拜物教、资本拜物教,生息资本拜物教和金融化资本拜物教。其中商品拜物教、货币拜物教与资本拜物教都是在使用价值到交换价值转换过程中发生的,属于同一个价值形态的转化,因此人们对价值追求的三次转换对应了五种拜物教形式。随着经济金融化的发展,金融化资本对价值影响的全时空渗透,使得人们的追求从使用价值到交换价值,价值生产到价值分配,价值的历史向度到价值的未来向度,这三次历时态转换过程中又呈现出共时态性质。金融化资本拜物教由于金融化资本自身具有未来价值属性,导致人们基于对未来预期来判定当下金融化资产的价格。这是一种"颠倒",因为在本质上这个所谓资产的未来价格只是人们对于资产未来价格判定的博弈,而并非未来资产真正的价格,也就是当下的资产出现了金融化。这是一种物彻底走向物神化的过程,这个物实现了价值的时空"颠倒",最终使金融化时代的资本主义社会陷入金融化资本拜物教的统治之中。这一过程是通过价值与其实体资产的时空分离、基于未来判定价值的意识和信念的形成、金融化时代金融系统三个要素来实现的。

第二章

金融化资本拜物教的形成机制

拜物教将作为主体和整体性的人类撕碎,即使是具有操控能力的拜物教主(金融化资本的真正掌控者)也时常被金融化营造起来的巨大资产价格幻象埋没,例如,2008年金融危机中的大投行雷曼兄弟的轰然倒塌。金融化资本拜物教似乎借用"理性的狡计"操控了人类的整体行为方式。金融化资本拜物教统治下失去主体性的人类,被金融化资本的逻辑所控制。金融化时代的资本逻辑不但没有消散,相反,它以金融叙事的形式,成为时代真正的价值赋能者。

金融化时代的金融化资本拜物教,已经从传统的商品、货币、资本、符号、一种社会意识或者社会存在形式的拜物教转向一种动态的过程形式的拜物教。叙事极大地拓展了拜物教的研究范围和内在本质,叙事作为一个过程和动态,成为人们的崇拜对象,而这个崇拜对象具有自己生成自己崇拜对象的能力,叙事既是崇拜的对象,又是崇拜对象形成的原因。叙事将"拜"不断演绎,不断重组,不断注入元素,最终使得"物"成为所"拜"之物,成为叙事之物。叙事改变了崇拜的方式,也改变了物。与传统的观念不同,金融叙事的目的并非将金融现象或事实加以澄清,而是将金融化资本的价值加以遮蔽,通过复杂的金融产品,对神秘和高度不确定的事项予以估值,这种不可能被估值的事项被估值,以"专业"的金融估值能力,对这些未来事项进行赋能。

马克思指出,生息资本拜物教在拜物教的"观念和形态"上完成最终演化,在此基础上,金融化资本拜物教除具有"形态"作为基础和前提外,还必须经过对其载体和主体的"观念"改造,而这个"观念"是作为总体概念来理解的,是无数意识的集合体,在哲学批判语境中表现为意识形态。马克思指出:"理论只要说服人,就能掌握群众。"[1] 这个"观念"与"理论"同作为一种思想体系,具有共同的作用机制,都在于"说服"。这里的"说服",在金融和经济领域表现为"叙事与修辞"。因此,对金融化资本拜物教"观念"路径本质的揭示,必须诉诸金融叙事与修辞这个方

---

[1] 《马克思恩格斯文集》(第1卷),北京:人民出版社,2009年,第11页。

法论路径。叙事学思想发展成为"诱发大众合作"的金融叙事范式，呈现出全方位的金融叙事中心化。❶ 金融叙事与修辞是金融化资本的"形态"基础和行为之间的桥梁，只有对其深入研究才能获得对金融化资本拜物教"观念"路径本质的真正理解。金融叙事与修辞综合了现实表象、历史观念、社会心理、文化因素和金融主体的价值观，既涉及主体对客体的描述，又涉及主体对客体的建构。金融叙事与修辞对金融化资本拜物教意识形态的构成主要通过叙事和修辞载体的生产过程、传播过程、接受过程三个步骤来实现。在这个步骤中，金融化资本拜物教意识形态观念渗透政治经济文化中并最终内化于主体，形成真正的意识形态。这个意识形态操控着人，使人们对金融化资本及其相关体系进行膜拜，获得了拜物教观念意义上的完成。

第一节　金融化资本拜物教形成的叙事机制

在当今资本主义经济发展和资本金融化的过程中，叙事的作用越来越突出，以至于诺贝尔经济学奖得主罗伯特·希勒写了一部专著《叙事经济学》来论证叙事在经济领域中的概念内涵、突出作用和发展的可能性方向。本书中的叙事概念内涵以该书的叙事为基础，吸纳了文学和修辞学中的概念要素，并对金融、文化、技术各自领域的叙事内容进行重点阐释。在《劳特里奇金融化手册》序言中，作者对金融化历史进行简要回顾时指出："他们采用了社会科学的概念，并把它放在他们自己流行的'金融资本主义'叙事的中心舞台。"❷ 这个社会科学的概念在这里可以理解为金融领域的叙事。

---

❶ 申唯正:《21 世纪：金融叙事中心化与整体主义精神边缘化》,《江海学刊》,2019 年第 1 期。

❷ Philip Mader, Daniel Mertens, Natascha van der Zwan, *The Routledge International Handbook of Financialization*, Oxon: Routledge, 2020, p.2.

一、叙事在金融领域中重要性的凸显

叙事是发源于文学的一种修辞方法,广泛地用于描述人类经验现象的体验及由此产生的具有情节和意义结构的故事。人类总是试图将经验故事化,并且进行故事的创造,因此,研究人类"故事性"的撰写和阐述成为极其重要的认识人类的活动。这种复杂的撰写的故事被称为叙事(narrative)。人们将叙事作为一种解释工具,并且使用叙事讲述故事。事实上,叙事是一种独特的人类能力,叙事是人与动物的重要区别之一,甚至可以称呼人类为"叙事人"。日常生活中商业和其他领域成功的人士,也有许多书籍出版,进行着各自的叙事。剑桥词典将叙事解释为:"一个故事或者一系列事件的描述。"❶ 话语、事件的相关性、可以描述(符号表达)成为叙事的重要组成要素。有学者指出:"叙事是指在时间和因果关系上意义有着联系的一系列事件的符号再现。"❷ 如果说利奥塔用语言粒子语用学和小叙事的方法对现代性进行重构,那么经济与金融叙事则是宏大叙事的重新阐释。

尽管没有用概念的方式表现出来,但可以发现金融领域的叙事逐渐变得繁荣起来。海文认为,金融化可被理解成一个思想过程,它是来自金融世界的一套话语、隐喻和程序性资源,解释和再生产日常生活及我们所处的资本主义总体的过程。❸ 对金融进行叙事是金融化资本拜物教的当代拓展,叙事是金融化资本拜物教的核心特征。另一个特征就是合同约定、契约。纷繁复杂的金融合约充满着符号幻象、价格幻象和财富倍增率幻象的金融衍生品,大多被"荒诞的叙事情结"等修饰和包装。金融叙事的日常表现为许多成功人士出版了一些对金融投资估值及市场趋势等问题进行阐

---

❶ Cambridge University Press, https://dictionary.cambridge.org/dictionary/english/narrative, accessed on 20 July 2022.

❷ 程锡麟:《叙事理论概述》,《外语研究》,2002年第3期。

❸ Max Haiven, *Cultures of Financialization*: *Fictitious Capital in Popular Culture and Everyday Life*, London: Palgrave Macmillan, 2014, pp. 13-14.

释的书籍,但这些书籍并非学术研究的成果。如本杰明·格雷厄姆的《聪明的投资者》《证券分析》,沃伦·巴菲特与查理·芒格年度的《致股东的信》、菲利普·A. 费舍的《怎样选择成长股》、欧文·费雪的《货币幻觉》、张磊的《价值》。还有一些不从事金融行业的跨界经营也出版了许多金融方面的畅销书,这些书构成了不同理念之下的金融化叙事。这种叙事从历史和现实角度,以现有资产的历史价值与价格波动为逻辑,以公司的清算价值为基础作为估值方法。这种估值方法基于历史的逻辑,与现实表现相互结合,强调资产的内在价值与交换价值。在经济繁荣时期和高预期时期,这种思维方法往往过于保守,并形而上学地割断了金融资产不断变动的联系。这种思维方法将金融资产看成毫无关联的"杂物"组合,采取了极为保守的方法,往往导致对资产的估值偏低。还有一种可能,这种思维方法忽略了金融资产的"认知"属性,金融资产本身"所指"的价值几乎都要通过外在"能指"的价格形式表现出来。正如西美尔所指出的,金钱在人与物体之间构建了桥梁,穿越桥的过程中,人的思想体会到占有的吸引力,即使实际上并没有获得。[1] 就是说人的认识无法达到认识事物本质的能力,这也从另一个角度说明这种金融资产真正价值的"不可知"性质。金融资产价格是认知和利益博弈的结果。在认知上,对金融资产从各自不同的角度给出不同的结果,其中有行动能力的人会按照其认知给予这种金融资产价格的实际表达。另外,即使金融资产价格的"真理"掌握在一些人手中,但由于利益的分歧,另一部分人会根据自身的利益进行决策,这时金融资产的价格表现为一种利益博弈的结果。这些成功人士进行着非常"专业"的金融叙事,从而通过叙事影响人们的思维,掌控投资人的手。一旦具有一定数量和资产能力的"手"被影响,那么就会给背后的真正"操盘手"带来极其丰厚的回报。这些被操控的"手"的主体无疑是金融化资本的拜物教"教徒",而其背后的操控者是金融化的拜物"教主"。

---

[1] Simmel G, *The Philosophy of Money*, Translated by Tom Bottomore, David Frisby, Taylor & Francis e-Library (Electric Book), 2011.

金融叙事之所以能够发挥作用，并在金融化时代产生巨大影响，一方面在于金融化时代价值的形成存在一种权威的解释性。金融化时代金融资产作为一种越来越具有支配能力的资产，其交换是用什么来实现的？很显然，这个答案不是使用价值、交换价值、符号价值，而是广泛隐匿的叙事。"被符号的运演所俘获，才使其能够成为拜物教中的物：意识形态发挥功能的条件就在于象征性的缺失以及符号学的入侵。"❶ 另一方面在于当前人类社会仍然处于以物的依赖性为基础的人的独立性阶段，抽象统治着人类。问题是：当代的抽象与马克思时代的抽象又有何不同？资本主义社会的抽象统治包括意识形态话语和市场体系两方面的统治。❷ 金融化时代的意识形态话语就是新自由主义意识形态对金融的系列叙事话语及其形成的叙事体系，市场体系是这种主导的叙事体系形成的实体性统治力量。

金融叙事成为价值赋能的重要方式，凸显了"金融炼金术"的能力。金融化时代，金融叙事有了充分发展的历史条件。首先，金融市场和评级机构赋予债券凭证以价值意义，这种凭证甚至没有任何资产作为基础，金融衍生产品及其市场交易呈指数增长所带来的最为深远的影响就是"金融市场交易与基础资产所有权之间日渐脱节"❸。其次，金融跨时间的价值兑现功能，使金融叙事获得了发展空间。金融成为一台精密价值时间向度的转换仪器，使人类价值体系由历史转向未来。金融能够影响历史进程，是能够让经济价值的实现提前或延后。❹ 而通过言谈、议论和故事产生集体共情，是预测未来价值的重要方式。最后，工具理性在金融化时代仍具有极大的话语力量。这集中表现为以数理模型与概率分析的假设论证，对资

---

❶ [法] 鲍德里亚：《符号政治经济学批判》，夏莹译，南京：南京大学出版社，2015年，第115–116页。

❷ 李亚琪：《破解数字拜物教：数字资本时代拜物教新形式批判》，吉林大学学位论文，2021年，第106页。

❸ [丹] 奥勒·比约格：《赚钱：金融哲学和货币本质》，梁岩、刘璇译，北京：中国友谊出版公司，2018年，第293页。

❹ [美] 威廉·戈兹曼：《千年金融史：金融如何塑造文明》，张亚光等译，北京：中信出版社，2017年，导论第Ⅹ页。

产未来价格进行阐释,往往拥有"点石成金"的话语权力,美国次级贷款被层层金融机构加持担保而最终酿成灾难就是典型事例之一。

二、以故事为核心的金融叙事的生产

金融叙事的生产指通过叙事将事件与现象赋予金融含义。在金融叙事生产的过程中,原始的、零散的、偶然的和日常的事件、事实和事物,通过描述、隐喻、建构等过程被赋予一种金融化的价值意义。金融叙事与经济叙事原理相通,"经济叙事指的是有可能改变人们经济决策的传播性故事"❶。故事具有结构性、内容性、感染性、趣味性,是叙事生产的核心,正如希勒所指出的,"人们的言谈、议题和故事,成为解构经济现象的重要维度"❷。只有将潜在的日常生活中的现象、事件转换为具有金融属性的故事,才能真正实现金融叙事的生产。

(一)作为自发的金融叙事

叙事作为人的一种本能,是人生活和存在的一种方式,叙事活动的动机就是人类思维活动发生的过程本身。"20 世纪初,来自各个学科的学者都开始认为叙事——看似只具备娱乐价值的故事——是人类思维和动机的核心所在。"❸ 这种不自觉的叙事有时候甚至比有意为之的话语更具力量,在其具体的可见性之下,需求与功能主要描述了抽象层面,大部分无意识话语,则更为根本。❹ 人的思维总是处于故事的逻辑之中,包括他人的故事和自己的故事。人的思维自发将各种不同要素进行关联,只有具有故事逻辑的元素才易于被人的思维接受并保存下来形成记忆。这些记忆将编织

---

❶ [美]罗伯特·希勒:《叙事经济学》,陆殷莉译,北京:中信出版社,2020 年,第 3 页。
❷ [美]罗伯特·希勒:《叙事经济学》,陆殷莉译,北京:中信出版社,2020 年,推荐序第 V 页。
❸ [美]罗伯特·希勒:《叙事经济学》,陆殷莉译,北京:中信出版社,2020 年,第 31 页。
❹ [法]让·鲍德里亚:《符号政治经济学批判》,夏莹译,南京:南京大学出版社,2015 年,第 2 页。

和强化故事内容和逻辑，从而自发创造更为完整和完善的故事细节。在他人的故事中，人的思维结合自身的经历以感同身受，同样受他人故事的影响而体验人生和实践人生。唯物史观认为经济基础决定上层建筑，因而关于金融和经济的叙事往往优于其他叙事话语而影响人类的思维体系。故事与叙事密切相关，叙事作为叙述的目的，故事是为叙事服务的，而不是相反。金融故事遵循着故事的脚本，进行金融叙事，金融叙事引领着故事的主题。

（二）构建突出的故事主题

编织金融故事，永恒的主题是金融化资本价值增值逻辑的现实兑现，而价值增值逻辑的加速实现，需要以日常生活金融化为基础和前提，"日常生活的金融化是一种如何前进的建议，也是身体和灵魂扩张运动的媒介"❶。在日常生活中，这表现为人们对财富激增的渴望和对货币的崇拜现象。一个事件、一种现象，甚至一种符号性存在，要想获得其价值意义，必须具有与人们某种"向往"的主题相一致的外在特征，这个特征可以使人们"愿意"相信，符合自己的理想和追求。以比特币为例，比特币聚集了财富幻想、消除不平等、分享前沿技术等多个主题的故事，这些最具穿透力的主题，集聚形成强大的叙事效果，比特币有价值完全因为公众的狂热。❷ 与此同时，比特币分布式去中心化的信用体系，迎合了无政府主义者消除国界自由主义的心态。比特币非主权货币性质，被当成一种反对当局的货币武器，迎合了人们对腐败和金融特权的痛恶。此外，作为故事的叙事与事实真相本身是否一致并不重要，重要的是故事与主题相符合。比特币被选为标的物的故事主体的价格极其不稳定，而这种交易的背后并不是源于对标的物的认知，几乎很少有人真正了解这种标的物。理论不是叙事核心，人们知道这个想法是聪明绝顶的数学家或计算机专家提出的即可❸，因此，这种交易几乎建立在人们将故事内容与主体主观强制关联在

---

❶ Randy Martin, *Financialization of Daily Life*, Philadelphia: Temple University Press, 2002, p.3.
❷ ［美］罗伯特·希勒：《叙事经济学》，陆殷莉译，北京：中信出版社，2020 年，第 5 页。
❸ ［美］罗伯特·希勒：《叙事经济学》，陆殷莉译，北京：中信出版社，2020 年，第 5 页。

一起的基础之上。这种臆想构成的狂热的交易现象，正是金融化资本拜物教现象的外在表现。

（三）构建完整的故事结构

故事的原型事物，一旦转换为金融叙事的客体，就已经在人的思维中实现重构，并在指代、观念、概念基础上，形成一种关联性结构。这个具有关联性的故事叙事性结构，具有起因、发展、高潮和结局四个次序环节，并且一些故事叙事性结构会被人重复使用。在故事的传播中，总是朝向更具传播力的方向发展，"以故事为载体的观点被人口口相传，人们努力生成新的可传播故事或是让故事更具传播力"❶。在金融和经济故事的叙事起初往往是神秘的、看似偶然的事件，十分符合物神崇拜的特点。"长期叙事可能会经历一个变化的过程，这种变化会将一度极具传播力的故事改头换面，并让它们再次恢复活力。"❷ 比特币传说的构想首次被提出，是由被称为中本聪的个人在其发送的电子邮件中阐述的，但中本聪并没有公开出现在公众传媒之中，导致人们不确定其存在与否，美国科技企业创始人和美国科学院院士马斯克曾被认为是中本聪，但其本人对此进行了否定。马斯克在推特中暗示中本聪（Satoshi Nakamoto）的名字由四家著名电子公司，即 Samsung 中的 sa，Toshiba 中的 toshi，Nakamichi 中的 naka，Motorola 中的 moto 共同构成。这些高度不确定的起源营造了一种神秘氛围，更为金融叙事中的拜物教提供了生成环境。在金融和经济故事叙事的发展过程中，会逐步形成主次二元的结构，在金融化背景下，定量分析与定性分析，工具理性与感性经验逐渐形成二元对立结构。在人们认识世界的两类方法中，以数学计算为主导的自然科学常压制着以思辨为主导的哲学社会科学，这种并不均衡的二元结构遮蔽了真理和真相的呈现，造成虚假和

---

❶ ［美］罗伯特·希勒：《叙事经济学》，陆殷莉译，北京：中信出版社，2020 年，前言第 XI 页。

❷ ［美］罗伯特·希勒：《叙事经济学》，陆殷莉译，北京：中信出版社，2020 年，前言第 XIX 页。

错误的认识后果。"大多数经济学家都相信,如果你一旦能够把一个问题归结为一个或一组数据的话你才算是彻底地解决了这个问题。经济量化手段之所以泛滥到如此疯狂的地步,问题的症结就在这里。"❶ 这种采取"科学""数学计算""量化分析"等方式形成的"理性经济人"和"完全信息"假设,在理性形而上学的加持下,工具理性被赋予了极大的话语权。

金融叙事作为一种"中介",存在于金融现象与人的认识之间,它不但没有澄清金融现象的本质,反而增强了其遮蔽性,强化了金融化资本拜物教的统治。传统的西方经济学中以科学为基础的金融认识论方法,对科学的基础和前提不加以澄明,"即使在一些非常专业的技术性问题上经济学家也有一套如何使论证最有力的共同信念,这些信念从未得到过检验,而且只能通过潜移默化的方式向研究生们传递"❷。以未经反思的"信念"为根本,最后不得不走向叙事,而以故事为金融叙事核心的认识论方法,更加遮蔽了金融化资本的本质。叙事经济学的叙事与经济变化之间的因果关联是较为脆弱的,它把经济叙事及心理恐慌作为经济危机的根源是非常可疑的。❸

金融叙事与其他日常叙事或符号叙事的区别在于,除符号化的叙事是一种缺少环节和关联的生成外,符号叙事主要面向历史性的、一次性的价值放大。例如,在符号叙事中标榜财富身份地位的品牌服饰、手表、特别的车标,这些带有强烈符号意义的资产,相对是一种低端的叙事,因为它们并没有实现价值的增值,只是实现了象征意义上原始物品的符号价值的扩大,同一符号标的物往往价值增值增长会相对固定在符号差异的程度上。然而,金融化时代,叙事的重点转为在商业模式上叙事、股权上叙事、顶层设计上叙事、人才上叙事、技术上包装上叙事,只有这样才可以实现价值的增值,才能让投资者们感觉这个公司有未来、有发展,从而实

---

❶ [美]迈克洛斯基:《经济学的花言巧语》,石磊译,北京:经济科学出版社,2000年,第125页。
❷ [美]迈克洛斯基:《经济学的花言巧语》,石磊译,北京:经济科学出版社,2000年,第125页。
❸ 卜祥记、易美宇:《叙事经济学的理论贡献及其限度》,《苏州大学学报》,2021年第4期。

现对未来价值向度的叙事,这种全方位的叙事会给公司市值带来极大的提升。这彰显了金融化时代叙事的金融"炼金术"能力。

三、以修辞为核心的金融叙事的传播

叙事的影响力核心在于传播过程,"社会学家在尝试解析社会运动的过程中,开始将叙事的传播视为社会变革的核心因素"❶。叙事的传播关键在于修辞,修辞是文学领域重要的手法,同样可用于分析经济学。"经济学所用的数学模型、统计检验和各种市场概念、含义,在研究文学的人看来是很陌生的。但如果仔细看看,他们并不那么陌生。他们可以被看成各种演讲的手法——隐喻、类比和诉诸权威等。"❷ 在金融与修辞二者的结合中形成具有哲学意义上的叙事概念,与述行性或者表演性相关。因此,分析金融叙事的传播,可以借鉴文学修辞手法,实现金融的叙事研究,并上升成为具有哲学普遍性的修辞概念。修辞学可远溯至古希腊时期,其含义几经流转,当前可被理解为通过语言达成某种事情的方式。科学是意向性写作的一个实例,其意向是说服别的科学家如经济科学家,对这种意向性写作的研究,古希腊人称之为"修辞学"❸ 在金融叙事修辞中,修辞者力图掩盖自己,宣称是语言自己在述说,以便获得更大的权威性。金融叙事中的修辞形成关注听众的"修辞学",对经济主体意愿进行推测,类似于哲学意义上的主体间性。"修辞学是语言的经济学,它研究如何在人们无法满足的欲望之间分配稀缺的手段。"❹ 意向性是金融修辞的另一个关注点,这种意向性修辞,在金融叙事传播中发挥了总的引领性作用。没有意向性的讲话则不带有修辞色彩,反之修辞充斥于人类说服者的讲话。意向

---

❶ [美] 罗伯特·希勒:《叙事经济学》,陆殷莉译,北京:中信出版社,2020 年,第 32 页。
❷ [美] 黛尔德拉·迈克洛斯基:《经济学的花言巧语》,石磊译,北京:经济科学出版社,2000 年,绪论第 1 页。
❸ [美] 黛尔德拉·迈克洛斯基:《经济学的花言巧语》,石磊译,北京:经济科学出版社,2000 年,第 3 页。
❹ [美] 黛尔德拉·迈克洛斯基:《经济学的花言巧语》,石磊译,北京:经济科学出版社,2000 年,第 2 页。

性在金融叙事中带入叙事者的目的,从而更好地完成金融叙事的价值目标。

日常生活中的口耳相传具有强烈的心理作用,主导着日常生活中金融叙事的传播。与专业金融机构和其他媒介推动传播的方式不同,日常生活中的熟人、邻居,或者具有相对私密性的信息传播往往更具传播力。由于人们坚信媒体具有意向性的意识形态导向,报纸中的信息有时候被认为是不可信的,"因为报刊中所用的'修辞学'一词与用来嘲讽的词是同义的,如修饰、装饰、浮夸、广告、花言巧语、欺骗、诡计等,因此有'参议院竞选陷入修辞学泥淖'之类的大幅标题"❶。日常生活中的金融叙事传播,范围小,且在熟人之间,不通过大众传媒的方式,因而很难受到干预。这种传播也是谣言难以遏制的领域,谣言本身的真实性并不重要,重要的是在窃窃私语中很多人选择了相信,这种盲目的相信,最终使得金融叙事传播极具传播力。几乎每次金融泡沫达到最高点之前,都会有一波类似的金融叙事,人们在餐桌前、菜市场、乘坐出租车等场合,不断地听着一夜暴富的叙事传说:一位年轻的银行家将自己的微薄收入都投入股票市场,从而实现财富自由。在金融叙事的传播过程中,占据日常生活主导的叙事大多以热点和容易理解的流行叙事为主。

金融评级机构的评级修辞主导公众舆论传播。金融评级作为专业叙事,对公众舆论传播和大众行为都有广泛影响。"除了流行叙事外,还有学者圈共享的专业叙事,这些叙事包含复杂的观点,潜移默化地影响着更广泛的社会行为。"❷ 随着社会分工的不断细化和专业化,几乎所有学科领域都出现了坚实的专业技术壁垒,导致非业内人员无法了解其真实情况。在金融化资本发展的过程中,金融产品不断创新,金融体系日益庞大而复杂,即使同在金融领域,各类投融资行为涉及对标的物的评估,但评估方

---

❶ [美]黛尔德拉·迈克洛斯基:《经济学的花言巧语》,石磊译,北京:经济科学出版社,2000年,第3页。
❷ [美]罗伯特·希勒:《叙事经济学》,陆殷莉译,北京:中信出版社,2020年,前言第XIII页。

法各异。在金融市场中充斥着叙事话语，一些专业的金融资信评级机构如美国的标准普尔公司、穆迪投资服务公司和惠誉国际信用评级有限公司成为该领域的叙事权威。这种金融资信评级机构叙事传播对叙事建构的影响涉及两方面，一是信用机构本身的专业能力；二是评级机构的自我道德要求。对于前者，金融机构的信用评级已经被广泛采纳，成为非专业领域认识金融的一种依赖和信念。在金融信用评级叙事过程中，投资者相信资信评级对于债务发行人的资质和风险可以进行有效揭示，可以有效降低投资人信息和专业知识不足的情况下进行决策的成本。好的资信评级对于发债人获得融资的实现和提升自身形象的叙事有巨大推动作用。获得高等级的信用评级，发债人可以获得自身信用和业绩良好的叙事，进而获得更低的融资成本。金融评级的叙事被用于监督市场金融风险，衡量市场主体资产质量和提升金融市场的效率和透明度。金融评级机构、审计机构、会计事务所的服务的主要预期受益者是股东，但其专业服务人员由其所属公司支付报酬。这种薪酬制度易导致利益冲突，中间商的经理或员工有充足的机会，滥用客户的信任以得出更有利于利益相关的结论。金融领域一些最著名的道德丑闻是欺骗或欺诈案件，如美国大型公司安然（Enron）在发现其高层管理人员"篡改了账目"后破产，即高层管理人员从事欺诈性会计行为，将巨额债务从公司的资产负债表上保留下来，以使其看起来更有利可图。该领域其他丑闻涉及欺骗性营销行为、隐性费用或成本、未披露或歪曲的金融风险、利用信息不对称的内幕交易，以及彻头彻尾的庞氏骗局等。

媒介、风格、方式等技术性修辞的改变，将经济话语的一般描述能力转换为可以提升金融叙事的传播能力。虽然故事、情感等内容因素在传播中发挥了重要作用，但修辞载体采取的形式、手段和方式也可对金融叙事传播产生巨大影响。"传播性叙事通常像隐喻一样发挥作用。也就是说，它们暗含了一些故事中根本没有提及的观点、机制或目的，实际上，它只是借故事之名而已。人类大脑喜欢围绕着隐喻运转。"❶ 这就是说，修辞的作用并非完全复制强化故事本身，而是具有创造性，甚至加入修辞自身的目的。具体方式有四种。第一，通过运用信息媒介技术性手段，传导流量排名信息，强化突出金融叙事的传播。采取数据手段对相关主题内容的浏览量、转载量、点赞量及分享人数进行数据统计，强化数据对热点的传播支撑作用。"网络精神不仅是对当代技术资本主义的描述，而且也是构成新的生活方式、制度安排和社会权力关系的核心。"❷ 第二，通过大数据技术对潜在消费群体进行识别、分析，采取定向投送营销信息的方式，推动金融叙事的精准实现，从而改变金融叙事的传播效果。通过推送营销软文，不断重复推广，将日常知识娱乐化、混淆视听，从而误导消费者。第三，通过自媒体灵活叙事贴合用户心理的方式，使得真正的知识被遮蔽，实施金融化资本操控下的金融叙事的虚假传播。《华尔街日报》、CNN 金融频道等英文主流财经媒体，通过渲染一夜暴富的"金融神话"，制造"金融偶像"，将金融打造成一个可以白手起家、实现自由的理想手段，从而影响千百万普通人的金融认知、投资冲动，从而实现对金融价值观的重塑。风格在希腊文原意是"特点"，指一个作家所具有的写作特点，成熟的叙事者都有独特风格。"作者写作风格不突出，则不会被认可。一种科学观点欲能服人，建立风格是其要务。因此科学家总是在忙于建立风格。"❸ 写作的风格要想获得更广的传播力，通常会与其他事物结合。经济学的风格是通过不同途径诉诸某种值得信任的社会思潮。如比特币具有面向未来的独特风格，这对一般民众来说十分具有吸引力，是社交聚会上热烈探讨的话题。第四，通过名人效应，与时事热点要闻结合的方式，打造热点叙事，同时推动叙事与热点的交汇以推动经济事件。一组叙事彼此之间并没有特别相关的地方，但在某个时间点会产生相似的经济效应，并且

---

❶ [美] 罗伯特·希勒：《叙事经济学》，陆殷莉译，北京：中信出版社，2020 年，第 18 页。
❷ Eran Fisher, *Media and New Capitalism in the Digital Age: the Spirit of Networks*, London: Palgrave Macmillan, 2010, p.217.
❸ [美] 迈克洛斯基：《经济学的花言巧语》，石磊译，北京：经济科学出版社，2000 年，第 6 页。

可以引起类似的热点事件发生。每起事件都有一个故事如病毒般传播,并借助名人效应让叙事更有人情味。❶ 正如马克思指出的,理论只要掌握群众就一定具有说服力,而理论被掌握的关键在于彻底性。金融化语境下的叙事彻底性表现为无处不在的媒体媒介不停地宣传新自由主义经济思想理念;叙事范围极其广泛;叙事理论的兴起,行为经济学行为金融学、传播政治经济学等为叙事合法性与合理性奠定了资本主义经济学的理论基础。名人效应具有误导作用,科学家、经济学家借口自然能直接说话,抹杀他们对科学论断所应承担的责任。❷ 叙事会与一时的风尚和短暂的狂热融合在一起,精明的营销员和推销员会充分利用叙事的作用,增加其获利的可能。

四、以共情为核心的金融叙事的接受

"叙事"不仅是故事及其讲述传播过程,从目的性上说,"叙事"还是历史、文化、时代精神及个体选择相结合的载体,是一种集体共情。它是在解释或说明一个社会、一个时期的重要公共信念。信念的形成,将影响每个人的经济行为。❸

以共情为核心的金融叙事的接受的前提是对叙事传播的反向建构。作为叙事客体的接受者不完全是被动的,其通过意向性可以反向对叙事传播过程进行改变。金融叙事实现的最后环节,在于叙事的对象接受传播手段,以及对叙事内容的认可和吸纳。金融叙事的传播者不仅围绕自身条件加强叙事的传播,更关注受众的感受和情况,对传播内容进行修辞从而影响其传播效果。推测意向性对象对接受内容的倾向性,当人们与故事中人

---

❶ [美]罗伯特·希勒:《叙事经济学》,陆殷莉译,北京:中信出版社,2020 年,前言第 XII 页。

❷ [美]迈克洛斯基:《经济学的花言巧语》,石磊译,北京:经济科学出版社,2000 年,第 9 页。

❸ [美]罗伯特·希勒:《叙事经济学》,陆殷莉译,北京:中信出版社,2020 年,推荐序第 V 页。

第二章 金融化资本拜物教的形成机制

物存在关联时,故事传播力会达到最强水平。❶ 特定叙事的传播可能与故事讲述者对他人所持想法的印象有关,通过对叙事对象意愿进行推测,提升叙事的针对性。人们喜欢听的是那种可以向别人转述并让别人喜欢的故事,如果我们觉得其他人会足够喜欢一个故事并想要进一步传播它,我们就有可能传播这个故事,不管这个故事讲述的是经济繁荣还是经济绝望。此外,金融叙事主体通常会通过预先测试,改变金融叙事传播行为,"我们需要做的是,把决策放在动态环境中,借助'传播'来测试,筛选出符合商业规律的行动策略"❷。通过对预先传播的检验而改变金融传播的行为,"听众"的喜好已经在叙事内容传播之前,对叙事内容的生成发生了实质性影响。

以共情为核心的金融叙事的接受的关键是情感共情的建立。金融叙事能否达成的关键,不在于是否进行了传播,而在于是否被传播对象接受,而接受的关键在于能否产生情感的认可与共鸣。高瓴资本创始人在《叙事经济学》推荐序中指出:叙事是一种集体共情且集体共情是叙事接受中最为关键的环节,因为人们集体行动更加追求共同的情感诉求,而不仅仅是事实和真相本身,"深层次的故事之所以能够广泛传播,一定是触动了人们最原始的情感本能,而不一定是故事简单的真相"❸。暗示性、不确定性和神秘性是共情产生的重要因素。共情或者共鸣的建立也同样依赖于暗示,或者说依赖于某种群体效应,群体的行动总会对人类个体形成非常强大的暗示作用。"'暗示性'(suggestibility)一词与群体心理概念密切相关,这个术语指的是'人类个体会下意识模仿和回应他人'。"❹ 这部分解释了金融危机和市场剧烈波动的原因,当一个真实的购买或者抛售行为发生时,往

---

❶ [美]罗伯特·希勒:《叙事经济学》,陆殷莉译,北京:中信出版社,2020年,前言第Ⅻ页。

❷ [美]罗伯特·希勒:《叙事经济学》,陆殷莉译,北京:中信出版社,2020年,推荐序第Ⅵ页。

❸ [美]罗伯特·希勒:《叙事经济学》,陆殷莉译,北京:中信出版社,2020年,推荐序第Ⅵ页。

❹ [美]罗伯特·希勒:《叙事经济学》,陆殷莉译,北京:中信出版社,2020年,第121页。

往会发生挤兑效应,而一旦这种暗示发生作用时,人们不会根据理性而是根据其他人的行为进行决策,是一种主体间性思维模式引起的集体行动,这种行为来自人们对"他人看法"的从众心理。人们之所以看重黄金,主要是因为他们认为其他人都很看重黄金。这种暗示性更加适合引导和解释金融行为的另一个原因是,金融市场行为往往是人们对未来进行预估的结果,因为没有任何一种理论、工具和模型,或者是基于历史经验的方法可以准确地预估未来,所以在金融行为过程中,作为个体的人往往处于一种迷茫迷惑的状态,这也为拜物教的产生和"暗示性"发挥作用提供了空间。"当人们在模棱两可的情境下不知道该如何表现的时候,可能会回想起一些叙事并将自己代入他们听说过的某个角色,就好像在演一场自己以前看过的戏剧。"❶ 面对不确定性,人们需要某种指引,如果这种指引不存在,人们甚至可能借助星座、占卜等古老的宗教方式来弥补这种心理上寻求的确定性。星座叙事说明人们会通过自己熟悉的知识结构、经验意识来构建未知事物,并赋予未知事物以真实的意义,"有时人类会出于某些目的把某些星座拉拢到自己的阵营"❷。此外,在暗示性和不确定中,故事往往还会以神秘性的形式出场,神秘性给故事带来更广阔的想象空间,满足了人们思想意识无处投放的心理需求。例如,比特币神秘创始人的故事叙事,"一则神秘故事又进一步增添了比特币叙事的浪漫色彩,那就是从来没有人可以作证说他见过中本聪本人"❸。

随着金融叙事重要性的凸显,在金融叙事的生产、传播和接受一系列环节影响之下,个体层面会发生金融内化。个体的金融内化受到经济理性的影响。所谓的经济理性,在金融化时代更多地表现为行为人按照经济模型得出的结论行动。这个结论并非与事实完全符合,却指导着人们按照"理性"从事经济和金融活动。经济和金融知识内化于个体行动中,培育

---

❶ [美]罗伯特·希勒:《叙事经济学》,陆殷莉译,北京:中信出版社,2020年,第37页。
❷ [美]罗伯特·希勒:《叙事经济学》,陆殷莉译,北京:中信出版社,2020年,第29页。
❸ [美]罗伯特·希勒:《叙事经济学》,陆殷莉译,北京:中信出版社,2020年,第8页。

出按照模型行动的主体❶，最终使得这些人成为金融化时代的"理性人"，并且这种"理性人"也由假设变成现实中存在的人。作为金融叙事主导的意识形态体系，新自由主义以总体的意识形态形式进行不断的金融叙事，不断宣扬自由市场，宣扬私有化的合理性，将市场描述为无所不能，全力鼓吹私有化是新自由主义意识形态的基本理念。在这个理念的引领下，资本主义下的金融实践、政策和叙事将人们改造成理性的、自律的金融主体。金融化通过叙事制造金融资本主义，强调了个体责任及金融管理中的风险承担和计算评估。意识形态作为人们思想意识中的"权威"，受到统治阶级的支持，并且将这种意识形态贯彻到社会生活的方方面面，从而导致单向度的人和金融化资本拜物教现象的产生。

第二节 金融化资本拜物教形成的文化机制

金融化资本不仅催生了金融叙事机制，还催生了文化机制，这两种机制共同导致金融化资本拜物教的形成。在金融化资本统治转向金融化资本拜物教统治世界的过程中，文化作为二者转换的中介环节，构成拜物教新形式的关键机制。金融化与文化关系密切，"正如已故的兰迪·马丁所提出的那样，金融化不仅仅是一种经济形式，而是一种文化实践，一套关于我们应该如何度过日常生活的剧本"❷。估值文化随着金融化资本的发展而产生，主要基于金融体系通过数学化、量化来对抗不确定的风险，通过对风险的规避，由此形成被动的配置和主动参与金融体系的个体的人。金融主体性受到估值文化的影响，投资人、储蓄人、债务人和被排斥在金融服务之外的人，通过评估、分类、教育及个人的自我规训，形成金融化资本

---

❶ Léna Pellandini‑Simányi, Ferenc Hammer, Zsuzsanna Vargha, The Financialization of Everyday Life or the Domestication of Fi‑nance?, *Cultural Studies*, 2015, Vol. 29, No. 5.

❷ Hiss S, The Politics of the Financialization of Sustainability, *Competition and Change*, 2013, Vol. 17, No. 3, pp. 234–247.

拜物教统治下的金融主体。通过对消费体系的深入研究，超前消费和债务消费的文化不断通过锁定未来时空的方式实现当下价值。价值结构不再基于确定性的物的使用价值、物的同一性交换价值，而是形成体系性符码逻辑和符号兑换的消费体系。这种通过对劳动价值的遮蔽、通过对商品价值维度的改变，将人与人现实价值交换关系反映为人与未来"物"交换关系的假象，从而实现了金融化资本拜物教统治。

一、金融化发展过程的文化表征

关于文化的含义，麦克罗比（McRobbie）认为"文化是创造性生产的领域，文化是复杂生活世界的人类学意义上的文化。"[1] 文化是一个社会的信仰、仪式、社会制度和实践的范围。在文化对金融化产生重要影响的同时，拜物教本身也是一种文化现象，拜物教包含着"伪造的"、人为设定等内涵，它是文化意义上的带有符号性的劳动。[2] 文化对金融化产生了重要的影响，著名文化理论家弗雷德里克·詹姆森（Frederic Jameson）认为，后布雷顿森林金融化与文化的经济化和经济的文化渗透不谋而合，而且确实是其中的重要组成部分。[3] 金融的文化是一种复杂的文化现象，其表征往往会让人们联想到神秘、阴暗和阴谋的场景，即使是日常生活和普通的事件，如果可能关涉金融市场，发言方都不得不谨慎面对。国家财税部门、央行行长、投资银行首席执行官和其他主要金融名人必须谨慎地编写和安排他们的公开声明，以防止剧烈的市场波动，这种谨慎表现为发言时间选择和发言内容的保守方面。

文化对金融、金融化和金融化资本的影响是多方面的。文化渗透了金融化的逻辑发展之中，对金融体系、金融行为、金融场所和金融动机都有

---

[1] McRobbie A, *The Uses of Cultural Studies*. London: Sage, 2005.

[2] ［法］鲍德里亚：《符号政治经济学批判》，夏莹译，南京：南京大学出版社，2015年，第104页。

[3] Jameson F, Notes on Globalization as a Philosophical Issue, In F Jameson, M Miyoshi (eds.), *The Cultures of Globalization*. Durham, NC: Duke University Press, 1998, p. 60.

较大影响，因此也形成具有强烈文化要素的金融文化。

金融场所充斥着文化和象征要素。美国和其他西方发达资本主义国家的金融中心，对生活在当代世界中的人们的行为产生重大影响。它们追求利润，将流动、速度和技术结合在一起，当成千上万的人每天聚集在一起时，他们帮助创造了更大的东西——市场。在空间属性上，金融空间充斥着霸权性的文化要素，全球的金融中心占据着城市的绝对的黄金地段，隐喻了金融作为经济贸易及多种生产要素的支配力量。从华尔街的高楼到纽约证券交易所雄伟的圆柱，都是股市的全球象征，和纽约的华尔街一样，芝加哥的金融街也因这条大道而得名，拉萨尔街或许是芝加哥金融中心的标志，但芝加哥期货交易所（CBOT）的期货合约等衍生品才是拉萨尔街的标志。市场的神秘性影响着我们的生活，金融行业之外的人却很少了解它们。没有比金融市场更具有挑战性、更令人困惑、更重要的领域了，尤其是在芝加哥和伦敦的衍生品市场。巨大金色铜牛、宽敞明亮的公共空间、巨大的时钟等成为金融中心标志性建筑的重要特征，蕴含了对牛市的期盼，提醒人们时间和金钱之间的联系，体现了高度的现代化头部城市的风貌。

金融从业者被塑造成拥有大胆而狡猾的文化气质，如奥利弗·斯通的《华尔街》和马丁·斯科塞斯的《华尔街之狼》等电影中为大众所提供的夸大的高度竞争、无情和硬汉的世界形象。金融机构中许多有抱负的高管都是从学费高昂的全球著名高等学府中选聘而来，他们将忍受繁重的工作任务和高强度的紧张工作。事实上，金融行业的职业生涯通常很短，但强度很大，金融机构以令人眩晕的速度流失和处置年轻人才。这是一种奖励敏捷、大胆和狡猾的文化，在一定程度上它是由一种神秘的年度奖金制度所形成的，这种制度奖励成功、惩罚表现不卓越的人。因此，最成功的交易者是最快和最敏捷的个人，而不管他们的关系或社会特征如何，许多从事金融行业成功了的投资者同时也是投机者，他们具有强烈的成功欲望。这种大起大落的财富落差，使金融领域通常汇聚了很多狡诈而胆大心细之人。金融从业者具有较强的战略意识和开拓精神，身上汇集了计算技巧、信息技术及个人从金钱的无尽流通中谋取利益的聪明才智。金融市场是令人生畏和困惑的，最重要的是，它们会产生重要的后果，让幸运者发财，或在瞬间蒸发掉巨额资产。

金融交易行为中孕育了赌场文化。与金融活动日益繁盛的状况相比，金融市场中孕育了赌博、投机和不安定的文化。金融化时代资本主义投机性增强，社会金融风险增加，导致一种具有显著赌场性质特点的资本主义特质的产生。金融化时代的资本主义社会表现出高度不确定性，有学者提出了"赌场资本主义"（casino capitalism）❶，这个词抓住了金融化时代显著的特征。英国学者苏珊·斯特兰奇在其著作中认为当代资本主义社会就像一个巨大的赌场。❷ 辛恩（Sinn）将股市比作赌场，将投资者比作赌徒。现代金融活动和赌博之间有许多相似之处，赌徒、赌资、场所和规则都在金融化时代中的资本特征中得到体现。此外，与赌场一样，金融化的"赌场"也有"庄家"，操控金融化时代的金融市场这种"大赌场"的主要构成力量，是投资银行家、金融化资本占有者和市场经纪人。投机与赌博的金融活动，必然造成极少数人一夜暴富，绝大多数人更加艰难，导致社会呈现两极分化的状态。金融化过程中的投机与赌博，可以概括为三个显著的特点：一是不确定性，金融化时代的风险和不确定性，在全球金融体系中更加突出；二是零和博弈，金融化时代金融活动中的投机与赌博，表现为此消彼长的收益状态；三是周期性的金融危机，生产社会化与生产资料私有制仍然是引发危机的根本矛盾。这种赌博文化给当代金融体系带来了较大的不稳定性，"华尔街所构建和培育的非常特殊的文化体系——促进了无计划的冒险与追求创纪录利润、对金融市场和短期股票价格的持续认同，以及持续的公司裁员的不稳定结合——不仅强加给了美国企业，而且从根本上塑造和影响了华尔街本身。"❸

---

❶ ［英］苏珊·斯特兰奇：《赌场资本主义》，李红梅译，社会科学文献出版社，2000年，第1页。

❷ ［英］苏珊·斯特兰奇：《赌场资本主义》，李红梅译，社会科学文献出版社，2000年，第1页。

❸ Ho Karen, *Liquidated: An Ethnography of Wall Street.* Durham, Durham and London: Duke University Press, 2009, p. 6.

金融制度形成自我崇拜的金融文化观念。金融制度文化奖励参与者的理念是，他们是社会上最优秀、最聪明和最有能力的人，因此，金融部门对经济、对其他公司、对整个社会所拥有的不可思议的力量是合理的。实际上，投资银行家们普遍认为，他们是一个有益的社会角色，充当着绝对正确的市场的代理人，笔者认为可称之为"创造性破坏天使"。他们对股票价值的估计和他们对这些估计的信念对交易和投资至关重要。"'聪明文化'是理解华尔街金融机构的核心。"[1] 投资银行家从制度上被赋予了权力，通过传输世界观，进行金融实践，成为影响深远的社会经济变革的典范。在华尔街，"聪明"的含义远不止个人智力，它展现了精英、巅峰地位和专业知识的气质。聪明的文化不仅是华尔街的一种品质，还是一种货币，一种既能积累利润，又能在全球发挥影响力的驱动力。华尔街可能创造了全球有史以来精英最为集中的工作社会，华尔街在文化上最独特的地方在于，周围都是"最聪明、最有抱负的人"。除了智力上的聪明，金融从业者的衣着和精神气质也有独到之处，诸如衣着整洁、英俊潇洒、身体敏捷、进取心强、精力充沛等特征，都是理想投资银行家认定的上流社会、男性的默认标准，是金融从业者被认可和传递的"整体包装"。此外，华尔街的文化价值观正在发挥作用，尤其是霸权精英主义的构建和维护，这种霸权精英主义产生了金融市场的"专家"知识，这种霸权意识，也同样让金融从业者感到自信和自豪。

金融文化要素渗透到艺术和影视领域。在以金融和货币为主题的博物馆中，可以看到很多关于富商、金融巨贾和城市的兴衰故事，关于荧屏所展示的金融人士也与高端、精英、疯狂、喧嚣、狂热与纸醉金迷相联系。利用道德权威、审美魅力和文化形式的沟通灵活性，如电影、视觉艺术、表演或文学，来揭示世界的"真相"是很诱人的，而这些都隐藏在金融世界之中。相关的好莱坞电影，如《大空头》《华尔街：金钱永不眠》《保

---

[1] Ho Karen, *Liquidated*: *An Ethnography of Wall Street*, Durham and London: Duke University Press, 2009, p.40.

证金要求》《股权》，以及电视剧《数十亿》，都试图利用2008年后华尔街的恶名，为电影公司和投资者赚取回报，将自己标榜为警示故事或教育工具。在资本主义体系中，金融部门长期以来的优点之一是，它展现了该体系的邪恶一面，在很大程度上抵御了公众的愤怒。该行业完全有理由被认为是经济不平等和腐败的根源，因为它没什么可担心的，工人们可以在工厂罢工，暴动或封锁港口等，但很少针对金融家或他们的基础设施，今天他们都分布在世界各地高度安全的办公室。这些艺术和影视展现出的金融文化具有超出其自身领域的影响，对资本主义经济中的参与者、机构的意志及政治经济现实具有巨大的影响。

二、估值文化对金融主体的形塑

随着金融化资本的疯狂扩张和人们战胜风险和实现收益的幻想，估值文化在金融化时代悄然兴起，因此，金融化成为一套特定的评估实践。20世纪70年代以来，这些评估开始进入银行和监管行业，用行业本身的语言来说，这些评估实践被称为"风险管理"。在估值文化机制的影响下，金融化过程中人被分类、评估和"安置"成为基于金融化资本运行体系下的物，而金融主体的形成过程就是金融化时代人的物化过程和物的神化过程，"拜物作为一种物恋，必然存在着一个迷恋的主体，这个主体抱着一种类似信仰的迷恋，将某类'物'神化，使其富有神性"❶。这个过程是金融化资本拜物教的重要形成机制。

估值文化中包含着对金融风险的防范，而防范风险在金融化时代采取的量化和数学化实践方式，不但没有达到防范风险的目的，反而造成更大的不确定性。金融化资本绑架的社会运行体系，不但没能消除未来的不确定性，反而加快了风险社会的形成。金融化时代的估值比较突出的部分是对未来资产价值的估值，对不确定风险的规避和对收益的评估，个体、家

---

❶ 夏莹：《无"物"的拜物，无"主体"的迷恋——齐泽克对马克思商品拜物教理论的拉康化解读》，《学术月刊》，2007年第11期。

庭、企业乃至国家组织每时每刻都热衷于对未来进行推测、评估、预测，由此形成复杂的基于对未来预测为主的金融系统。谁能在这个系统中真正地预测未来，独具"眼光"，就会在战胜未来的幻想的道路上赚取巨额收益。这种方法基于复杂的数学计算和经济的量化，具体以金融化估值实践的形式出现，这些估值实践已经"殖民"了投资估值、会计准则和银行监管等各个领域。风险评估领域演化出了资本资产定价模型（CAPM），人们依据这个理论模型区分了金融风险的两个方面：特定资产风险，可以通过将资产纳入多元化投资组合来减轻；以及不可多元化风险或"市场风险"，投资者应该获得风险溢价补偿。❶ 此外，估值文化的数学化和量化背后暗含了对抗风险与不确定性的文化理念。"风险管理技术将风险纳入流通的目的，同样是为了将风险移出表外，以最大限度地减少监管资本。"❷ 是什么促成了金融化进程？金融估值实践的数学化在其中发挥了重要作用。量化技术主要在三个方面得到了充分体现。首先，布莱克－斯科尔斯－默顿公式（BSM）对衍生品定价、市场和信用风险的风险价值（VaR）建模，以及对抵押债务凭证（CDO）的数学估值，都基于这样一种理念：风险是一种可管理的对象，可以被精确地分割和交易。当市场开始以一种意想不到的方式表现时，驯服不确定性并将其转化为可衡量风险的承诺被证明是虚幻的。其次，这些技术曾被认为可以在整个金融体系中安全地分散风险，却产生了意想不到的后果：从业者很难知道风险在哪里。❸

在著名金融化文化学者马丁的带领下，一个重要的金融化研究潮流是学者们强调金融主体的"化妆"，其核心是价值评估对金融主体的形塑问题。金融是由无数不同的评估文化和制度规范组成的，这些评估文化和制

---

❶ Toward a Theory of Market Value of Risky Assets. In Treynor on Institutional Investing, J. L. Treynor（Ed.）.（2012）. https：//doi. org/10. 1002/9781119196679. ch6.

❷ Nathan Coombs, Arjen van der Heide, Financialization as Mathematization: The Calculative and Regulatory Consequences of Risk Management, Edited by Philip Mader, Daniel Mertens and Natascha van der Zwan, *The Routledge International Handbook of Financialization*, Oxon: Routledge, 2020, p. 360.

❸ Nathan Coombs, Arjen van der Heide, Financialization as Mathematization: The Calculative and Regulatory Consequences of Risk Management, Edited by Philip Mader, Daniel Mertens and Natascha van der Zwan, *The Routledge International Handbook of Financialization*, Oxon: Routledge, 2020, p. 364.

度规范并不是一个统一的整体。作为主体的人在金融化资本拜物教的撕裂下，成为异质性和不稳定的类别，金融主体的形成过程也就是金融化资本拜物教中主体的金融内化，主体的客体化。金融主体的形成受到多种文化因素的影响，"个体的金融化转变是多种力量共同作用的结果，收入分配动态、宏观政策演进、意识形态等因素都发挥了作用，这些力量一起塑造了新的金融化微观主体"❶。在这个过程中，一部分人成为更加主动的真正的金融化资本拜物教下的主体，一部分人成为积极拥抱者，成为具有规训性质的主客体相互作用的统一体，一部分人则成为被配置的对象，成为客体和物化的人以及拜物教教徒。

风险评估对金融主体的设定、排斥和吸纳。在拜物教的形成过程中，主体问题是一个复杂的问题，拜物教中是否有主体，其主体是什么的问题对于理解拜物教的形成和实质具有重要意义。从拜物教是一种极端的意识形态角度来看，拜物教的形成离不开人。人作为意识形态的直接载体，其头脑里的拜物观念影响着主体的存在样态，从金融化的发展来看，马克斯·海文称之为"金融化想象"，"金融的隐喻、实践、叙述、理想、评估标准、意识形态和身份认同以根状式弥散形态贯穿于整个社会之中。"❷ 可见，在金融化资本拜物教的统治下，金融化资本拜物教形成统治人的逻辑结构，在这种逻辑结构下，作为主体的人丧失了主体性，人变成了金融化资本拜物教统治体系中的逻辑的肉身，金融化重新定义了自我管理的意义，并成为马丁所说的"生活机器"，人在衡量、建模、管理、预测、商品化和风险的机制中被锁定、安排和配置。配置是被动的，配置逻辑的重要性在于首先将对象、实践和主体构成为金融类别的过程。配置将注意力引向日常参与者被要求在全球金融领域承担风险、债务或投资的广泛方式。配置表明，我们成为金融参与者的方式，以及我们被认定为储蓄者、投资者或债务人的方式不是自动的或直接的，而是需要各种工作和努力，

---

❶ 李连波：《新自由主义、主体性重构与日常生活的金融化》，《马克思主义与现实》，2019年第3期。

❷ Havien M, *Cultures of Financialization: Fictitious Capital in Popular Culture and Everyday Life*, New York: Palgrave Macmillan, 2014, p.4.

而且也没有事先保证会起作用。金融机构现在专注于精细确定的等级，通常由"大数据"提供信息，将人群划分为不同的风险类别，每种风险类别都获得不同程度的金融服务（和金融服务障碍）。在金融化资本的逻辑统治下，其标准、规则和制度对一些人的金融主体地位进行了剥夺。此外，还有金融排斥的具体历史，如房屋所有者贷款公司绘制的"红线"，又如在人寿保险网络中构建日常金融主体性的早期历史，同样充满了不断变化的选择框架，在这种选择框架中，特定人群被发现为可以预测和管理的风险，而其他人群被认为风险太大或危险，无法获得有利可图的保险。选择是日常金融主体性实验的核心。它牵涉那些无法获得基本金融服务的人的"金融排斥"。世界银行报告称"全球至少有 20 亿贫困人口仍然没有银行账户，无法获得金融账户"[1]。这些没有进入金融服务的人，也就并非金融主体，但其仍然是金融体系中的一部分。另外，金融化时代并非仅仅通过资质和信用等问题来确定金融主体，能给金融化资本创造利润与价值的主体，也可以成为金融主体，但更紧迫的任务是研究那些在没有金融中介的情况下无法相互交流、无法与管理他们生活的机构互动（更不用说储蓄、消费和保险了）的人群。包括发薪日贷款、小额保险和小额信贷等的做法，旨在将那些无法获得信贷、基本银行账户、储蓄和投资机制或保险选择的人纳入正规金融市场。消费信贷和小额贷款等金融行为就是这样的过程，借款人越来越多地受到金融化风险评估的影响，他们被置于更大的日常借款人池中，越来越多的人被要求承担消费信贷，不断扩大的潜在借款人群体通过正式信用评分技术得到解决，正如"信用历史和评分技术使贷款人能够根据风险……以及他们支付的基于风险的价格来区分、分类、定位和定价客户"[2]。这些金融评级技术以"风险"为依据重新定位借款人的信用等级，导致借款人融资成本的巨大差异。

---

[1] Demirguc‑Kunt A, Klapper L, Singer D, Van Oudheusden P, The Global Findex Database 2014: Measuring Financial Inclusion Around the World, *World Bank Policy Research Working Paper*, 2014, p. 7255.

[2] Langley P, Equipping Entrepreneurs: Consuming Credit and Credit Scores, *Consumption Markets and Culture*, 2014, Vol. 17, No. 4, p. 451.

三、消费文化对价值结构的消解

随着社会生产力的不断提升和金融化时代的到来,消费对价值的实现影响越来越大。鲍德里亚从符号消费文化角度揭示了消费社会中价值结构的重要变化,其中运用象征性非同一性交换取代交换价值的同一性交换。鲍德里亚用"符号政治经济学批判"来批判消费社会与符号拜物教,体现了当代文化批判的符号学转向。此外,消费具有语言的结构和逻辑特征,其本身也构成意义的体系,金融化资本支撑下的超前消费和债务消费,以及文化生产观念生产的文化符号消费,最终导致金融化时代拜物教的新形式的产生。

消费社会及其特点。鲍德里亚提出用消费社会代替生产社会的理论转向。鲍德里亚认为西方社会已经进入了消费社会,他的批判重心从生产领域转向消费领域。人们在消费社会中被物和商品包围着,以商品的消费维系着社会的运转,商业化越来越彻底,潮流文化也成为消费的重要主题。例如,在各大商业企业的积极培育下,以潮流为引领的各种"人造"消费节日兴起,各种"节点公民""节点消费""文化节""贸易博览会"层出不穷,消费券、代金券被广泛发放,消费活动如今已成为人们文化生活的重要组成部分。消费社会并非真的民主和平等,从表象上看,"消费社会"中的官员、老板和普通人具有平等购买各类消费品的机会,具有平等接受教育、享受医疗福利的权利,鲍德里亚认为这些表象的平等其实只是一种幻觉,实际上仅仅通过消费平等,而实现普通人与上流社会的平等是没有现实基础的,消费的内涵已经发生变化。鲍德里亚还论证了表演性行业的从业者,他们的肉体表面上是作为资本和生产的手段,实际上是消费的对象,例如,女性模特的日常护理、化妆、打扮,表面上是进行自我形象塑造,实质上则是自我消费,又如演员对美和容貌的追求不仅是自身的需要,还是为了满足流行和时尚而取悦他人。过度消费人自身的行为,最终导致消费者自身的迷失,然而对外在的肉体的消费大于对内在的精神消费追求,成为一种新的消费伦理法则。

消费意识形态中的符码操控。鲍德里亚认为在消费社会中，物作为物本身的使用功能已经被超越，人们消费的是符号意义体系中的物。鲍德里亚在其《消费社会》中提出"符号秩序"概念，物是由一套符码体系构建起来的。消费社会中的物与人都是符号体系中的一个构成要素，在这个符码体系中起着主导作用的符号本身被制造出或明或暗的象征意义，由此显示消费主体的地位、风格、等级和权力等的差异性。在消费社会中，人们被各种消费景观环绕，物品被抽象为符号，符号代替着物品。汽车、食品、家居、衣服和建筑，几乎所有消费品，都被赋予某种具有特别意义的符号。因此，对物品的分类不再基于其功能性质，而是基于其符号意义，基于符号与物品的关联，以及包含于其中的人与人之间的差异性生产生活关系。鲍德里亚认为，消费的主体，是符号的秩序，进一步说，应该是消费过程中居于统治地位的统治者的操控。当代资本主义社会的消费符号之间的交换，是差异性的流动，是人们渴望在符号体系中获得认同。因此，当今的消费主体已经不是真实的个人的需要，而是符号系统下的金融化资本操控下的符码体系的发生发展演化的需要。

消费符号化对价值结构的消解。鲍德里亚认为资本主义社会进入消费社会以后，价值的两个层面发生了断裂，传统的使用价值与交换价值相对照且关联的价值结构被破坏了。第一，消费社会中的物质生产关系被颠倒了，生产的产品不是根据产品自身的使用价值和生产成本，而是根据其"死亡"状况来决定的，因为商品的使用寿命的缩短，必然引起商品的需求和价格的上涨。生产追寻着一种新的异化形式，生产追求商品的早日消亡，鲍德里亚提出这种现象在时尚行业表现得尤其明显，这种情况是建立在通过文化手段的"破坏"基础上的。而与之对应的广告的本质目的，恰恰是追求消亡商品的使用价值，消除其生产的时间维度，不断更新时尚风潮从而瓦解其使用价值。第二，鲍德里亚认为消费社会中旧的价值结构已经消亡。消费社会的交换也不是价值实体之间的交换，而是具有了更多的自由自主和随意性的符号的交易游戏。消费不是基于使用价值的逻辑，消费的不是物的使用价值而是符号赋予的意义，特定的消费体系成为特殊编码系列。❶ 鲍德里亚认识到当代资本主义价值结构发生了深刻的变化，提出真实的价值结构已经消失的观点："参照价值为了惟一的价值结构游戏的利益被摧毁了。结构维度自主化，参照维度被排除，前者建立在后者的死亡之上。"❷ 这体现了金融化时代价值实体与价值形式的关联越来越疏远的实际情况，由此而产生的消费文化对价值结构进行了消解。从消费角度来看，超前消费和债务消费得到了金融化资本的支持，并且对价值结构进行消解，从而使人们进入象征性交换的"能指拜物教"体系之中。第三，鲍德里亚认为象征性价值成为消费文化中的价值主导。"需求瞄准的不是物，而是价值。需求的满足首先具有附着这些价值的意义。"❸ 消费中体现出来的地位、级别、时尚等象征价值，在符码体系中真正体现了价值实现的原因。鲍德里亚认为生产的目的不再是财富与剩余价值，而是差异性"标志"。财富与物脱离，是象征性的社会关系，这种象征关系具有很好的"透明和互补性"，它的价值在于关系。

鲍德里亚试图开辟政治经济学批判的文化向度，以之颠覆马克思政治经济学批判的价值向度，用符号价值颠覆交换价值。在《符号政治经济学批判》《生产之镜》等专著中，可以完整地看到鲍德里亚的"符号政治经济学批判"的脉络体系，其最终要超越马克思政治经济学批判的意图明显。虽然其概括和抓住了金融化时代资本主义社会消费的特点，但是他对消费的符号化理解只是一种抽象的资本主义意识形态建构。他的理论并不能充分证明消费可以颠覆生产，更不能超越马克思政治经济学批判。正如俞吾金指出的"消费异化是劳动异化的表现"❹，符号解放与金融化资本的合谋，推动了负债消费对价值时空阻隔的消解。当符号获得解放，价值参照物消失，价值并不能依靠消费自动实现。如果没有具有消费能力的主体，符号的解放就只能存在于理论之中，只有金融化资本通过债务的方式

---

❶ 余源培：《评鲍德里亚的"消费社会理论"》，《复旦学报》（社会科学版），2008年第1期。
❷ ［法］鲍德里亚：《象征交换与死亡》，车槿山译，南京：译林出版社，2012年，第4页。
❸ ［法］鲍德里亚：《消费社会》，刘成富、全志钢译，南京：南京大学出版社，2014年，第51页。
❹ 余源培：《评鲍德里亚的"消费社会理论"》，《复旦学报》（社会科学版），2008年第1期。

将本不具备支付能力的人，作为消费的潜在主体予以赋能，方能对消费予以支撑，无论这种消费是基于何种需要、何种动力、何种机制。因此，金融化资本对符号的拯救比以往任何资本都更加彻底。

金融化资本对消费文化的影响是以债务的方式进行的，通过扩大债务诱导人们提前消费、超前消费，成为金融化资本拜物教形成的重要方式，正如克里斯托弗·布罗伊（Christopher Breu）借用哈维的理论指出的"在这样的环境下，认为价值完全是虚构的，由自我维持的未来的虚构产生"❶。而这个对未来的虚构必须得到金融化资本的支撑，实现消费的扩大，超前的基础设施营造等，必须依靠、通过债务来实现。回顾当代总体债务规模发展情况，可以了解债务在当代经济发展中越来越重要的特征，同时可以看出债务规模的加深同样伴随金融化的深度发展。2020年初世界银行出版的《全球经济展望》报告显示，自1970年以来，全球债务累积呈周期性特征，共经历了四次主要债务浪潮。第一次是1970—1989年，经历了拉美债务危机；第二次是1990—2000年，经历了亚洲金融危机；第三次经历了2007—2009年的全球金融危机；第四次债务浪潮始于2010年，所有储备货币发行国无一例外地采取了货币宽松战略，各国政府都在急速扩张其资产负债表，债务总额不断刷新纪录，成为四次债务浪潮中规模最大、范围最广、增长最快的一次。❷ 似乎紧跟金融化时间推移的脚步，债务化不断突破历史达到了最高点。"国际金融协会（IIF）发布《全球债务监测》报告显示，2021年全球债务总额首次突破300万亿美元。"❸ 每一次浪潮都伴随宽松的信贷环境刺激债务快速增长，危机爆发前各主要经济体的经常账户赤字持续较高，每一次浪潮都伴随资产价格危机前的快速上升与危机后的快速回落。在全球性通货膨胀和借债消费的文化影响下，从

---

❶ Breu Christopher, Of Markets and Materiality: Financialization and the Limits of the Subject, *Cultural Critique*, What Comes After the Subject?, University of Minnesota Press, 2017, Vol.96, p.158.

❷ 何德旭、张斌彬：《全球四次债务浪潮的演进、特征及启示》，《数量经济技术经济研究》2021年第3期。

❸ 转引秦天弘：《全球债务首次超过300万亿美元》，《经济参考报》，2022年2月25日，第4版。

国家到家庭乃至个体都迷失在疯狂的举债之中,最终人们发现,"人们所认为的金融形式主义——表现为一种受客观规则和与价值无关的惯例支配的技术程序"❶。在消费拉动经济的刺激下,债务成为经济发展 GDP 的强心针,发展最快的地区往往也是债务高发的地区。债务的危机是过度消费、超前消费文化导致的,并最终导致金融化资本拜物教统治的机制的实现。债务化拓展了拜物教空间维度,支持拜物教对未来世界的绑定,最终使拜物教不仅仅成为当下意识形态的阶段形式,而且将这种阶段的形式延伸到了未来。

第三节 金融化资本拜物教形成的技术机制

威廉·戈兹曼指出:"金融的故事其实就是一部技术的故事。"❷ 当今与金融化资本拜物教最相关的技术机制当属数字技术,包括大数据分析、云计算、物联网、区块链,以及人工智能等。数字技术对金融体系、金融化资本和金融化趋势的影响十分深远,形成以数字化、平台化、金融化相互叠加的新技术为主要特征的金融数字化体系,形成以"数据要素""数字平台""数字货币"为代表的新的价值关联形态,与此相对应的价值形式呈现出虚幻化、颠倒性和倒置性,遮蔽了价值生产的真正来源。本节研究了数据如何作为生产要素成为数字资本增值过程中的实体,分析了数字技术对价值的生产和分配;通过探讨数字平台垄断与剥削数字劳动的实质,分析了剩余价值的生产;通过对数字货币意识形态属性的解析,指出了数字货币的虚幻性。

---

❶ Eve Chiapello, Financialization as a Socio-technical Process, Edited by Philip Mader, Daniel Mertens and Natascha van der Zwan, *The Routledge International Handbook of Financialization*, Oxon: Routledge, 2020, p.83.

❷ [美]威廉·戈兹曼:《千年金融史:金融如何塑造文明》,张亚光、熊金武译,北京:中信出版社,2017年,导论第X页。

一、数据要素：价值生成过程中的实体

散乱和零散的数据的自在状态虽并不具有价值属性，但数字技术在集聚价值的过程中始终离不开数据这个基本要素。数据是数字生产活动中的实体性要素，是价值生成的重要前提条件。数据是正在被提取和利用的数字经济的新型"原材料"[1]，通过对原始的结构化、半结构化和非结构化的数据进行分类和处置，可以赋予大数据价值。而超级计算为数据的识别、分类和存储提供了便利，极大地推动了数字化向数智化发展。大数据与云计算的结合，真正地将数字、数据转换为具有应用价值的重要资源要素，从而增加其价值属性。数据作为生产要素参与生产活动中，具有和资本一样的增值属性。随着金融化与数字化的叠加，金融化资本通过掌控数据、数据处理，将数据商品化甚至资本化，最终实现价值占有的新路径。数据能够成为商品，其价值来源问题使人们感到困惑。数据作为数据描述和刻画的对象，体现了数据载体的特征、形态和倾向，理应为这个数据载体所有。这些数据同样涉及数据载体日常活动和隐私信息，这些涉及个体的数据是否可以成为生产要素而被无偿占有，也是一个十分有争议的问题。在数字成为商品的过程中，数字劳动主体难以确定，价值来源和生成问题在数字商品生产体系中呈现出难以理解的幽灵化倾向。

在价值关系中，数据作为价值生成过程中的实体要素参与其中。一方面，从交换价值层面看，数据成为商品具有交换价值，这种交换价值量的大小由社会发展阶段和社会关系共同决定，而这种价值形成的重要因素是数据本身。随着数据技术的发展，数字资本创造了基于数据的各类软件、游戏、娱乐平台，不断丰富着数字商品的使用价值领域，但这些是为了最终进行交换价值的创造。网络的繁荣和丰富的信息遮蔽了数字资本主义中交换价值优先于使用价值的商品化本质。[2] 与商品生产目的

---

[1] Srnicek N, *Platform Capitalism*, Cambridge：Polity Press，2017，p. 38.
[2] 姜英华：《数字时代资本的幽灵化及其真相》，《学术探索》，2022 年第 5 期。

相同，数据商品生产的目的绝不是其使用价值，而是为了追求其交换价值。"大多数电子商家认为他们的用户已经对购物上瘾了，并且会对点击指令做出反应。不知怎么地，虚拟冲浪的视觉附件已经进入了曾经被认为与商店购买的商品的触摸和感觉有关的愉悦区域。"[1] 在数字购物中人们会形成一种对数字流程的愉悦感，从而忽略了商品本身的使用价值属性，使购买商品成为一种可以游离于使用价值属性的行为，这种行为将极大地促进商品价值的实现。以往的商品购买者通常会根据商品的使用价值属性进行购买，而使用价值所依赖的主体需要是有限度的，如果超过这个限度则会造成商品堆积现象的普遍发生。在数字化时代，购物的网络化使购物成为一种新的体验，甚至发展成一种新的使用价值，这个使用价值就是网上购物时点击鼠标的快乐，使购物具有强烈的游戏属性。互联网已经是工作和休闲、无价的自由和商业的混合体。从这个角度来看，它是日常生活理财的完美门户。"通过模糊劳动—休闲界限来延长劳动时间，以实现最大化的绝对剩余价值之获取。"[2] 这使得价值增值挣脱了使用价值，在物自身的体系之中，走向一种娱乐化的体验性，导致新的资本增值方式的产生。

另一方面，从使用价值层面看，数据商品具有价值属性，离不开数据商品的使用价值。数据的基本功能是描述、记录和刻画，可以对客体的功能性质和状态进行量化和数字化，从而让客体更加准确地呈现出来。这是数据原始的功能，是数据本身的功能，也是数据作为一种生产要素的基础性质。通过数据这个性质，所有事物的性质都可以进行数字表达。事物的数字表达也成为事物的基础性属性，是事物作为个体存在与其他事物区别的差异性原则。通过数字可以对个体进行全方位的判定，密码指令、人脸识别、声音判定等都是基于数据作为基本要素的差异性完成的。进一步对数据进行分类和整理，可以分析出作为客体背后的主体行为、心理和爱好等规律性特点，从而为商品销售提供目标对象。通过对商品销售地区的差

---

[1] Randy Martin, *Financialization of Daily Life*, Philadelphia: Temple University Press, 2002, p. 5.
[2] Randy Martin, *Financialization of Daily Life*, Philadelphia: Temple University Press, 2002, p. 6.

异、年龄分布、气候特征、性别等要素进行统计、分析、归纳，可以判定潜在消费群体的财务状况、兴趣爱好，从而确定潜在的消费对象。数据的使用价值属性也不断被拓展到诸多领域，如在流程优化领域，可以从快递配送、地图索引路线推荐、供应链管理等方面进行优化；还可以在医疗领域，通过大数据对DNA进行解码，从而提高疾病预测和治疗的水平，加快药物研发等；在城市管理领域，可以实时对公共服务项目功能供应进行公布，对餐馆、购物中心、图书馆及大型停车场的停车位进行有效调控等，还可以对公共交通的线路增减提供决策的基本判断和依据。数据通过放大自身而转变成流量，流量价值在于数据的传播，传播的规模越大其价值实现的可能性越大。"数据的价值并不在于采集和存储，甚至不主要来自于分析，而是来自于流动，即当数据在互联网空间中流动起来，被不断传播，获得可观的关注度，才能成为能够获益的数据，对于这样的数据，我们可以称之为'流量'。"❶

数据在价值形成过程中是实体而非主体，也就是说数据不会自在成为价值，数据在价值生成过程中并没有自为性质。数据只能作为一种生产要素，成为商品生产过程中价值生成的辅助因素，而不是价值生成的真正原因。根据劳动价值生成理论和价值的社会关系理论，数据商品的价值最终是由劳动创造的。劳动是数据商品的价值的真正源泉，同时只有社会关系属性中的主体才能对价值进行真正的创造，而在数据商品的生产过程中，其主体只能是劳动者。在数据商品生产的过程中，数据拥有者和数据占有者错综复杂的对立性、生产者和消费者界限的模糊等都给数字劳动的主体确定带来了一定的难度。数据的拥有者无非是数据描述的对象和客体，往往是既没有从事有目的的数据商品生产，也没有建立任何雇佣劳动关系。作为数据处理的公司和机构，在数据收集、整理、分析方面，在数据基础设施建设方面，在数据商品化中则发挥了更大作用。如此一来，数据载体

---

❶ 蓝江：《数字时代的平台资本主义批判——从马克思主义政治经济学出发》，《人民论坛》，2022年第9期。

的个体是否具有数据商品生产的价值分配权、数据处理公司和机构作为数据商品的直接生产者是否具有合法性仍然是值得思考的问题。数据刻画的对象或者说数据载体并没有直接参与数据商品的生产劳动,因此其并非数据商品的生产者,那么,数据载体是否就不能获得数据商品的价值分配权?答案是否定的。这里要对数据的性质进一步分析,数据在数字化时代已经成为重要的生产要素,而这种生产要素在当下具有天然的资本属性。也就是说,数据载体可以作为占有权而获得数据商品生产的价值分配。数据载体将数据占有权转让给数据处理公司和机构,从而获得了转让权的收益。数据处理公司和机构获得了数据商品交换价值中的大部分,这个基本的事实以自身的存在方式获得合理性。人们通常很难质疑数据处理公司和机构在数据商品生产中对价值的占有,人们更难确定的是数据处理公司和机构在数据商品生产中是否同时生产了剩余价值。这种资本主义生产关系下合法的数据商品生产方式中的新的价值生产方式具有神秘性的色彩。进一步细致考察,可以发现数据处理公司和机构生产了数据商品,具体体现在与数据处理公司和机构存在雇佣关系的是数据公司内部的工人,这些工人是数据生产的主体,他们对数据进行分类整理,从而提炼出具有使用价值的数据商品。数据处理公司和机构通过无偿取得数据载体,即信息的拥有权,通过对数据公司内部员工生产数据商品的剥削,从而实现自身财富的急剧增加。而数据商品生产的策划者,他们作为高工资的一部分员工,与普通工人的收入差距也在不断增大。

另外,数字劳动过程中的娱乐化模糊了劳动与生产的界限。资本主义的生命政治控制不再局限于工厂和写字楼里八小时之内,也不局限于对人们在清醒状态下的消费和娱乐时间的控制,而是变成一周七天、一天二十四小时的全面控制。"数字时代用户表面上是消费者,实际上是数字网络中的生产者。"[1] 平台的技术形态虽然由劳动进行创造,但平台能吸纳诸多

---

[1] [美]阿尔文·托夫勒:《第三次浪潮》,黄明坚译,北京:中信出版集团,2018年,第285页。

大众的无薪劳动、由分散在非工作场所的"居家工作"模式参与数据要素的生产，最终将这些数字活动的行为转换成劳动，从而创造价值。这是一种与传统劳动明显不同的劳动，是一种非雇佣关系下的劳动，甚至行为发生者本身并不自知。这些碎片化的、自由自愿的数据活动方式，最终成为数据生产中的劳动，从而为平台获取了没有依靠雇佣关系且不支付工资的免费劳动。此外，金融化资本通过数据平台还开展支付业务中的资金沉淀业务，通过获得网上支付平台，开发创新金融产品，获得海量的资金支持。这种平台的典型特征为，它只为较小一部分作为维护平台发展的技术人员，以及维护平台所需要的最基本的生产、技术和行政相关职工支付薪水，而创造了数据要素的亿万劳动者却没有与这些平台背后的金融化资本发生直接的雇佣关系。

而数据处理公司或机构，背后真正起支配作用的是股东公司或者股东个人。这些股东公司和个人是作为金融化资本的占有者身份出现的，是数据处理公司的投资人，获得了数据处理公司的剩余价值的大部分。这种分配模式是由社会化大生产的发展决定的，其自身的发展是符合现实的，只有通过大规模的投资，对技术进行垄断，对生产要素进行广泛占有，才能获得竞争优势。

二、数字平台：价值剥削过程中的中介

平台以信息技术和人工智能为基础，对数据进行有效处理，对传统的集中生产转向分布生产起到了推动作用。数字平台是数据的集合体，是数据转换为价值的关键环节。平台是数字时代主体与客体、形式与内容的重要中介环节，是"客户、广告商、服务提供商、生产商、供应商，甚至实物"[1] 聚集起来的中介，它通过建造数字化的设备设施，使多个群组和群体能够进行关联和互动。作为数据转换价值中发挥重要作用的平台，同时

---

[1] ［加］尼克·斯尔尼塞克：《平台资本主义》，程水英译，广州：广东人民出版社，2018年，第50页。

也是价值剥削过程中的中介。在数字资本形成的过程中，价值的生成过程也是劳动被剥削的过程。在实际生产生活中，数据的平台和数据处理的企业在占有数据方面具有先天优势，但这些数据处理公司，并没有支付数据载体相关的费用。

数字平台公司还是金融化资本占有者与普通劳动者价值转移的中介。数字平台的发展有赖于其规模扩大，而金融化资本只有在获得数字平台控制权之后，才可能对数字平台进行大规模资金支持。金融化资本通过控制数字平台，从而控制数字劳动过程的价值分配，普通劳动者在此过程中受到金融化资本的剥削。大数据、物联网、云技术和元宇宙的广泛运用，这些被资本操控的技术直接与个体生命相连接并发生影响。数字平台公司通过建构数字化虚拟场景，从而替代实体的工人技能提升；数字平台公司通过压缩各个环节的成本，对生产环节进行分解，获取外包服务的最佳策略，从而不断降低生产成本。数字平台公司从售卖低利润的货物向售卖高利润服务转型以实现价值转移。金融化资本通过操控数字平台公司，将无数消费者与经营者连接，从而打通商品到货币的"惊险一跃"。金融化资本一旦操控数字平台公司，实现行业垄断经营，则将无数经营者的资产变为自己所用，在作为消费者交易中介的过程中获得价值分配权。这种价值分配权的获得，在中小型自营的模式中是从其经营成本中赚取的，在大规模企业的经营中则很可能包含剩余价值的赚取。金融化资本通过数据平台实现剩余价值双重收益，而没有参与平台经营的中小经营者乃至大的公司也很难在与平台公司竞争中获得生存权利。而这个数量稀少的数字平台公司最终通过"借用"无数经营者的资产实现了自我增值爆炸式增长，在短短几年内成为所有行业中的竞争胜利者。

金融化资本对数据处理公司或者平台的投资和主导，主要是基于数据处理公司和平台无限的发展潜力进行的，因此数字平台也是未来价值与当下所有权兑换的中介。正如费舍尔所言，"关于技术的论述并不是关于现实的一种透明的小插图，而是对现实的一种特殊的展望"❶。平台"通过数据的资本主义功能实现平台自身的增殖，实现资本的功能"❷，而这个资本功能的实现基于平台的高度成长性，基于平台未来具有无限增值的可能性。这种数据平台和公司，在起初由于规模小、客户少，几乎难以产生经济收益。金融化资本是基于未来收益性质的资本，采取前期投入无回报甚至亏钱的方式进行运营。而金融化资本的这种价值取向，是基于数据和平台公司在一个国家甚至在全球都具有绝对的数据控制权，且它通常是由一个规模空前的数据集合体公司来投资的。这些数据平台和公司在金融化资本的操控下运作，以不计成本的方式取得规模优势，最终实现垄断规模的经营方式，并在未来竞争中获得了超出其投入数倍的投资效益。数字平台通过数据的无限广泛渗透，挖掘出前所未有的价值可能性。全价值指数字平台将传统单向、封闭、线性经济结构转向多方整合的环形经济结构，创造庞大的价值链。❸ 在数字劳动的实施发展中，全部数字平台和其背后的金融化资本家对原始数据的侵占，实际上是对其背后数据作为生产要素的可能性的占有。在商品的生产和流通领域，平台技术、大数据技术的应用，加快了资本流通的速度，促使资本循环速度变得更快。数字资本的生产离不开计算机技术的发展，也离不开数字作为生产要素，更离不开数字算法技术及与之对应的硬件基础设施和设备。有了这些前提，通过技术优势，数据处理实现了对数字劳动的剥削，从而无偿占有劳动者的剩余价值。

  以数字平台为基础的数字殖民是发展中国家与发达国家的价值转移的中介。数字殖民是数字帝国主义表现出的特征。数字帝国是以数字平台为载体，基于东西方之间，以及工人和所有者之间的不对称权力关系，商品

---

❶ Fisher E, *Media and New Capitalism in the Digital Age—The Spirit of Net Works*, New York：Palgrave Macmillan，2010，p. 2.
❷ 涂良川：《平台资本主义技术逻辑的政治叙事》，《南京社会科学》，2022 年第 2 期。
❸ 徐艳如：《数字拜物教的秘密及其背后的权力机制》，《马克思主义研究》，2022 年第 6 期。

化和利用用户权力的帝国主义扩张模式。[1] 西方发达资本主义国家通过数字殖民对发展中国家进行剥削和赚取剩余价值。数字殖民通过非战争的方式,利用技术手段实现非暴力的统治;利用数字技术建立起庞大的数字平台,对发展中国家的政治、军事、经济和日常生活进行全面数据分析和控制;利用技术和数据基础设施的优势,收集发展中国家的用户信息和掌控发展中国家的技术核心;通过将专利技术权力和商业价值嵌入数字平台,以获取更高的数据商品附加值和高昂的专业费用。西方发达国家以此为实现数字资本价值增值提供必要的基础和条件,从而促进了金融化时代价值形式产生,通过数字技术实现价值的增值。

数字时代的经济生产关系中,数字平台是人与对象物的认知中介,数字平台成为人们认识经济事实的必经环节。随着数字技术的发展,价值的形成越来越依赖人们的认知,而数字殖民还控制了人们认识世界的"窗口"。数字殖民通过制造数字帝国主义的生产关系、规训数字帝国的主体、影响人们的观念,从而制造出支持数字殖民合法性统治的意识形态。将西方的价值理念和建立在发达资本主义国家自身利益之上的自由、民主等虚假的意识形态输出到发展中国家。发达资本主义国家以"人权高于主权"等借口,肆意干涉发展中国家的内政。西方资本主义国家的价值观的本质是金融化资本的自由、平等和民主,谁占有金融化资本谁就享有相应的政治权力,而这种权力对民族国家概念,对区域组织,对其他一切阻碍金融化资本扩张的一切存在形式都进行了诋毁和打压,最终形成数字资本权力的空前膨胀,形成哈特和奈格里所阐释的"帝国"。"帝国"是一种新的统治方式,数字帝国无非是"帝国"重要的存在面相。数字资本权力的直接表现就是对剩余价值的占有,而其权力的实现主要依赖于数字帝国主义的意识形态所构建的经济社会秩序。而这种意识形态的极端化,随着对数字资本主义下人们的认知与价值的生成越来越趋同,强化了价值形式的虚幻

---

[1] Dal Yong Jin, The Construction of Platform Imperialism in the Globalisation Era, In Christian Fuchs, Vincent Mosco, *Marx in the Age of Digital Capitalism*, Leiden: Brill, 2016, pp. 332–343.

性与颠倒性，最终形成数字拜物教。数字拜物教不断遮蔽价值的真正来源，强化了数字资本逻辑统治，适应数字拜物教统治下价值观念的物化主体被生产出来，最终将形成数字崇拜和维护数字拜物教统治的意识与社会秩序。

三、数字货币：价值符号化过程的物神

数字货币是在区块链技术基础上发展起来的，以比特币为主要代表的数字货币的应用又促进了区块链技术的发展。基于同样技术基础的还有以太币（Ether）、狗狗币（Dogecoin）、莱特币（Litecoin）等。中本聪于2008年在"Bitcoin：A Peer－to－Peer Electronic Cash System"中提出"区块链数字货币"。当下的数字货币可以视为一种语言形式，或者更具体地说，是一种文字或代码。数字货币的支持者认为，是否成为货币的关键问题不再是价值和表现，不再像传统的黄金和纸币，而是基于安全和加密。区块链是一种算法工具，用于在缺乏社会资本、物理托管或可信任的第三方管理等情况下培养信任。数字货币及其软件的设计和开发的背后动机是利用互联网来建立一种"点对点电子现金系统"[1]。区块链的本质是多个并列地位的数据库，其特点是去中心化、点对点交易、同步更新数据、不可篡改等，这些性质和特征赋予了数字货币可以成为价值符号的假象，并且形成附着于数字货币物质性之上的自由平等公正的精神内涵。

首先，数字货币是价值符号化的假象。数字货币本身并没有价值，因此不能称数字货币为真正意义上的货币。当前对数字货币的概念的阐释，是基于对货币符号化的一种设定。数字货币的价值假象主要有三个向度：数字货币价值属性的不确定性、数字货币的信用基础存在高度的不确定性、技术发展的不确定性。

一是数字货币价值属性的不确定性。数字货币的成立，既是技术方面

---

[1] Nakamoto S（2009）Bitcoin Open Source Implementation of P2P Currency, http：//p2pfoundation. ning. com/forum/topics/bitcoin－open－source, Accessed 20 December 2022.

的数字技术和密码学的创新使用,又是对货币本身定义的重新理解。关于什么支撑了比特币在市面上的价格,是一个难以回答的问题,单独从比特币自身的属性上难以找到答案,这种数字货币的价值在很大程度上依赖于人们对其未来的增值信仰,"比特币的主要价值是预期它们在未来会更值钱,允许当前持有者以高于他们支付的价格套现"❶。基于信仰的问题,通常不需要物质基础作为支撑,也具有更大的不确定性,从劳动价值生成论角度难以解释其价格与真实价值的严重分离。虽然数字货币的制造需要投入一定的劳动和硬件设施,但价值上万美元的数字货币远远偏离所投入的一般人类劳动创造的价值,并且生产和维护单位字符串的边际成本也远远低于其代表的实物价值。这种源于劳动却在价格上波动极大的性质,给数字货币的价值属性带来了严重的不确定性。

二是数字货币的信用基础存在高度的不确定性。货币经历了三个阶段——从黄金(或金属或物质货币)到纸币(货币的符号形式),再到非物质化的数字货币和信用货币时代。数字货币与纸币的一个重要不同是,前者立足于社群的信用基础,后者是以国家信用为基础的。以比特币为代表的数字货币的广泛信用基础尚未建立,其不具备商品和一般等价物的属性,不具备法律和国家主权信用背书的条件,因此数字货币并非一种货币。数字货币的使用价值表现形式是作为货币符号职能来实现的。马克思认为,"纸币是金的符号或货币符号"❷,根据马克思的货币思想理论,货币是作为一般等价物的价值形式,这种一般等价物在市场经济体系中是具有特殊性质的商品,因此货币具有商品属性。而以比特币为代表的数字货币,其交换价值并不具有购买支付能力的功能属性,而是基于对比特币未来成为货币符号的投机。数字货币的增值属性是资本的本质属性,并非某种货币符号的本质属性,货币符号通常是基于稳定性,与长久的增值相矛

---

❶ Popper N, *Digital Gold—Bitcoin and the inside Story of the Misfits and Millionaires Trying to Reinvent Money*, New York:Harper,2015,p.256.
❷ 《马克思恩格斯文集》(第5卷),北京:人民出版社,2009年,第151页。

盾。此外，"货币形态的变化首先是从人格化货币到分布式信用的转变"[1]，随着资本对大多数节点操控的可能，能否实现真正的分布式信用体系仍有较多不确定性。数字货币如比特币2100万的固定数量，难以满足日益庞大的经济社会发展过程对于货币的需求量，因此难以成为一种普遍使用的货币。这种限制并不适用于其他加密货币，也不能保证比特币的限制是固定不变的。

三是技术发展的不确定性。未来量子计算等超级计算能力的突破对数字货币的影响巨大。以密码学为框架、算法为基础的加密货币，面对量子计算很可能遭遇灭顶之灾。当一个比特币交易平台被黑客入侵时——管理员只需要一个密码就可以登录——比特币的价值在不到一个小时内从17美元下跌到1美分。[2] 计算机病毒也对数字货币形成极大挑战，对集中式节点的威胁可能已经有所缓解，但这并不能保证安全性，相反，威胁只是改变了位置。分散的多节点和弱节点更容易受到病毒、黑客、网络恐怖主义的攻击。去中心化的"解决方案"带来了新的问题和威胁，具有多个弱节点和分组交换的去中心化网络的本质，为病毒的传播和黑客行为的发生提供了空间。

其次，数字货币超越了货币的价值符号属性，承载了自由、公平等独特的精神象征意义，从而具有物神性质。这种物神性质具体表现在对数字货币的崇拜意义上、在价值关系的颠倒性上、在"物"中内涵了自由平等精神。

一是在对数字货币的崇拜意义上。"货币成了现代社会的'宗教'。"[3] 数字货币造成的一夜暴富神话，更是导致人们对这个具有魔幻性质的新形式崇拜甚至顶礼膜拜的现象的出现。世界货币大致经历了三个过程，即以贵金属金或银为基础的商品本位制、以黄金与美元挂钩的商品—信用本位为主

---

[1] 夏莹、牛子牛：《当代新资本形态的逻辑运演及其哲学反思》，《中国社会科学评价》，2020年第1期。

[2] Popper N, *Digital Gold—Bitcoin and the inside Story of the Misfits and Millionaires Trying to Reinvent Money*, New York: Harper, 2015, p.129.

[3] 张雄：《现代性逻辑预设何以生成》，《哲学研究》，2006年第1期。

的布雷顿森林体系、以美元为主的主权信用货币充当国际本位货币的信用本位等不同阶段。布雷顿森林体系解体后，美元与黄金脱钩，主权货币美元作为超主权货币，行使世界货币职能。货币与金融和金融资本密切关联，货币职能的转变意味着金融体系的重构和金融资本生成方式的巨大变革。货币在当代资本样态金融化裂变的过程中，其形式和载体乃至属性都发生了根本性的变化。而数字货币满足了自由交易的愿望，因此被一些狂热理想的自由主义者追随。当代数字技术在金融化资本的控制下，资本主义社会出现了对数据、数字化、数字商品和数据资本的崇拜现象，这种拜物教意识将强化和加速数字商品转换为价值的行为。数字货币被盲目崇拜，被假设为去中心化和民主的，因为它们被认为没有统一中心指挥。数字货币的价格形成机制和价值来源十分复杂，甚至背后存在着金融化资本的相互博弈，其价值表现是高度抽象的。这种价值的抽象可能并不新鲜，但作为技术的和复杂性的产物，它创造了心理上的新颖性和一种令人着迷的拜物教形式。

二是在价值关系的颠倒性上。以比特币为代表的数字货币价格表现与以其内在劳动为基础的价值相差巨大，因而具有颠倒性质。数字货币的价格具有强烈的波动性，并且从劳动价值论视角来看，其价格远远高于其内在价值。在2009年一台计算机就可以生产出比特币，而当下数字货币的生产成本发生巨大变化。数字货币不具有和商品货币一样的内在价值，就像印刷纸币的劳动不能形成纸币的价值一样。当下的数字货币生产过程中主要的成本投入有两个方面，一方面用于"挖矿"的计算机及其存储等辅助设备的投入，另一方面在"挖矿"中所耗费的电量，虽然所有消耗的电量有逐年增加的趋势，但仍然难以看出比特币的价格与其成本投入的有规律的关联。数字货币的价格没有其价值基础。在数据的商品化过程中，一种虚假价值形式的一般等价物——数据被塑造出来，"货币可以从无到有，即从网络本身中创造出来"[1]。因此，比特币及其

---

[1] Dodd N, *The Social Life of Money*, Princeton, NJ: Princeton University Press, 2014, p.363.

背后的区块链技术是一种非物质化的货币形式，是一种纯粹的代币，与潜在的物质实体没有任何联系，是一种虚无创造的货币，一种与现实无关的模拟物。此外，有国外学者认为，数据价值因为没有物质实体，所以其价值属性是永恒的，"不同于物质性的东西，数据的价值不会随着它的使用而减少，而是可以不断地被处理"[1]。这种理解是对数据物理性质而言的，也就是对其使用价值而言的。真实的情况恰好相反，数据一直都存在，只有进行收集和归纳才可以利用，数据的价值更多依赖于其在社会生产关系中的属性。数据作为有价值的信息的使用，会因为其标记的内容的时效性发生改变，数据产品同样也会因为使用者爱好的改变而改变，数据程序本身也要进行不断更新才能获得其使用性能的稳定和持续。因此，数据的价值主要基于交换价值而产生的，其使用价值也是时刻发生变化的，数字货币与以其劳动消耗为基础的内在价值发生了严重偏离，呈现了颠倒的性质。

三是在"物"中内涵了自由平等精神。在拜物教的形式转变中始终包含精神向度的转换，在数字货币的物神化过程中同样蕴含了新的精神要素。网络自由主义者、技术乌托邦主义者、风险资本家和其他人都称赞比特币作为一种数字货币，可以挑战全球经济秩序，促进各种形式的自由，成为一种永久性的去中心化力量，并彻底改变从在线商务到民族国家的一切。数字货币的兴起有一个重要的背景就是2008年的金融危机。金融危机发生后，人们开始思索过于集中的金融资本和中央银行的垄断权力，国家和政府信用受到质疑。"那种以所谓国家银行为中心，并且有大的货币放贷者和高利贷者围绕在国家银行周围的信用制度，就是一个巨大的集中，并且它给予这个寄生者阶级一种神话般的权力。"[2] 这种神话般的权力是资本拜物教发展的表象和结果，因此在金融化时代，去中心化的比特币正好弥补了人们的此种忧虑，比特币承接了信任的转移工作。人们从信任政府

---

[1] [英] 维克托·迈尔－舍恩伯格、肯尼思·库克耶：《大数据时代：生活、工作与思维的大变革》，盛杨燕、周涛译，杭州：浙江人民出版社，2013年，第132页。

[2] 《马克思恩格斯文集》（第3卷），北京：人民出版社，2009年，第618页。

到信任数字，这同样是新自由主义意识形态的表达。

比特币试图建立一种自主的、去中心化的数字货币和支付系统，使在线交易完全点对点，而没有中央中介。它是一种非物质形式的货币，不需要与传统金融机构进行调解，也不需要信任传统金融机构。比特币在某些领域受到广泛支持，因为它不受政府或央行等任何第三方的控制。这种不受监管的数字货币，由其开发者发行和控制，并且在价格体系中实现自我参照，在一定程度上可以实现兑换法定货币。"货币变得越来越自我参照。"❶ 比特币的潜力有待探索，这是对现有金融权力的挑战。比特币是基于一套密码编码，通过复杂算法而产生的，任何人只要拥有工具如电脑、网络等就可以参与制造比特币，并且用电子签名方式实现流通，完全脱离了政府与银行的监管。所以在比特币的追捧者那儿，所有的政府尤其是中央政府都被认为是压迫性的，所有的中央银行都是腐朽的，金融和消费必须不受时间和空间的限制，自由是顺利参与市场和新自由主义的自由，而不是从市场和新自由主义中解放出来的自由。网络自由主义者对比特币的热情，可能源于可以逃避政府、监管和税收，也可能源于一种信仰体系，将对电子媒介生活形式的狂喜热情与激进的右翼自由主义者关于自由、社会生活、经济和政治的定义联系起来，其存在的社会风险自不待言。

然而，这种以自由精神的名义隐藏了去中心化的网络拜物教统治、剥削和异化的关系和系统，是另一种拜物教形式的演进。人们有一种用去中心化节点规避经济权力的错觉，但仔细审视后发现，运营企业在强大而深入的节点中占据了网络空间。从本质上讲，去中心化并没有消除中心权力的事实，反而网络拜物教掩盖了某些节点作为新的权力中心这一事实。去中心化不会削弱权力和垄断的集中，相反它可能构成一种新的垄断和集中。去中心化可能会削弱中央银行的权力，却强化了网络中的其他节点和网络运营企业的权力，并且这类技术公司会强化自身的权力，"在每个可

---

❶ Dodd N, *The Social Life of Money*, Princeton, NJ: Princeton University Press, 2014, p. 36.

能的交易网络中间，尽可能地提取租金"❶。比特币不仅不会削弱政府和银行，而且也不会改变商业模式，更具有讽刺意味和警示意义的是，这些企业很可能会被比特币开创的数字技术赋予权力。如果市场参与者将法定货币兑换为比特币的信任和意愿受到侵蚀并结束，那么这将导致比特币价值的永久和全面损失。从这个意义上讲，比特币可以被认为类似于庞氏骗局。数字货币的技术变革具有自我驱动性质，这种状况使社会发展按照数字货币发展的目的和逻辑进行。以这种方式，比特币和数字话语"将网络技术自然化、神化和目的化"❷。数字货币的自由和自治被认为是摆脱国家和中央银行的监管和控制，并不能摆脱市场的权力集中与垄断，数字货币忽视了金融化资本对人们的控制。数字资本等新类型的资本是假借其他要素作为中介形式的资本，是资本的原因。只有金融化资本以自身为中介，以自身为原因，真正实现"实体即主体"的运动，才是资本的本质所在。"文化资本""社会资本""知识资本""数字资本""生态资本"乃至"容貌资本"等新型"资本"的崛起，并没有如一些讨论者所认为的那样实质性地动摇金融资本的核心地位，而是从诸多新的向度反复确证了它的全面统摄与强大力量，在深层意义上受其规约。❸ 因此，数字货币所具有的拜物教性质是在金融化资本操控下所呈现的表象，金融化资本通过对数字技术的操控进一步促成金融化资本拜物教的生成。资本主义社会的法则已经被金融化和利润的规则绑架，所有的"资本"在金融化时代都只能按照这个规则谨慎地遵照执行，否则就会失去其存在的依据。

---

❶ Lanchester J, When Bitcoin Grows Up, *Lond Rev Books*, 2016, Vol. 38, No. 8, p. 12.
❷ Fisher E, *Media and New Capitalism in the Digital Age—The Spirit of Networks*, New York: Palgrave Macmillan, 2010, p. 185.
❸ 刘志洪：《从资本一般到金融资本——资本哲学的范式转换》，《马克思主义与现实》，2018 年第 6 期。

第四节　叙事价值生成与拜物教新形式确立

依据马克思的拜物教批判的价值形式理论分析路径、参考卢卡奇的物化理论和鲍德里亚的符号价值批判，可以得知，要提出金融化资本拜物教这一拜物教新形式，必须有新的价值形态作为前提条件。本部分以前文所述金融化资本拜物教形成的叙事机制、文化机制和技术机制为基础，进一步分析三种机制运作过程中从叙事到叙事价值这一过程，将叙事价值作为理解金融化资本拜物教的剥削秘密的钥匙，为金融化资本拜物教的提出提供理论依据。

一、叙事价值作为价值新形态

马克思提出"价值概念泄露了资本的秘密"❶，并用剩余价值的生产揭示了整个资本主义社会剥削的秘密。在对拜物教的分析中，唐正东进一步指出："价值虽然是泄露了资本秘密的一个重要概念，但它却是一个'幽灵般的'存在。"❷ 也就是说，马克思通过发现价值新形态提出了拜物教概念。相应地金融化资本拜物教如果成立，前提是有新的价值形态的出现，因此，可以根据叙事经济学和相关学者的论证，在叙事经济学的基础上进一步总结"叙事价值"的概念。马克思通过商品、货币、资本与生息资本演化过程中价值形态的改变提出了其拜物教理论，鲍德里亚通过符号价值阐释了符号拜物教的思想。二者都是通过对价值形态变化的批判，指出其神秘化的形态成为拜物教形成的关键原因。金融化资本拜物教作为当代拜物教新形式，是马克思提出的拜物教理论，特别是与生息资本拜物教批判

---

❶ 《马克思恩格斯全集》第31卷，北京：人民出版社，1998年，第180页。
❷ 唐正东：《马克思拜物教批判理论的辩证特性及其当代启示》，《哲学研究》，2010年第7期。

理论的当代激活一脉相承。金融资本发展的历史新阶段，金融化及其相关体系构成了拜物教新形式的逻辑时空。通过价值形式神秘化这一逻辑主线，金融化资本拜物教的可能与否，在于是否产生了新的价值形态尤其是新的价值表现形式。

自从以诺贝尔经济学奖得主罗伯特·希勒为代表的叙事经济学被提出后，希勒代表作品《叙事经济学》中的"叙事影响价值"的观点广为人知。然而在金融化背景下，叙事不仅影响价值量的大小，而且几乎"创造"了价值。希勒在探讨"叙事经济学"内容重点时认为，其最重要的是研究叙事传播如何影响经济事件。❶ 叙事从宏观上影响了经济的总体走向，在微观上甚至影响股票的涨跌。虽然希勒没有使用"叙事价值"这个概念，但从贯穿全书的论证和观点可以得出，叙事改变价值，甚至"生产"价值。英国两位学者通过研究工程项目提出分析项目价值的叙事视角："价值是一种社会建构，社会建构的过程植根于语言。价值创造是一个适用于从叙事角度进行解释的过程。"❷ 曾任罗格斯大学哲学系助理教授、现任韩国蔚山科学技术院的学者伊惠尔（Huiyuhl Yi）提出："情节价值（episodic value）描述了一种通过叙事表达和传递与特定对象或个人有关的价值形式。"❸ 他并指出叙事可以赋予物品特殊的价值，例如拍卖物品或博物馆收藏品。这里的情节是指故事的情节，已经与叙事非常接近。由此，以叙事经济学中的"叙事"概念为基础，以在文化生产和技术生产过程中广泛存在的"叙事现象"为例证，通过相关学者关于工程项目中存在编织故事来提升价值和关于"情节价值"概念的论证，引出一种价值新表现形态，这个价值新形态具备神秘性特征，这个概念可以总结和提炼为"叙事价值"。

---

❶ 罗伯特·希勒：《叙事经济学》，陆殷莉译，北京：中信出版社，2020年，前言第Ⅺ页。
❷ Stuart D Green, Natalya Sergeeva, Value Creation in Projects: Towards a Narrative Perspective, *International Journal of Project Management*, 2019, Vol. 37, No. 5, pp. 636–651.
❸ Huiyuhl Yi, Building Narrative Identity: Episodic Value and its Identity–Forming Structure within Personal and Social Contexts, *Human Affairs*, 2020, Vol. 30, No. 2, pp. 281–292.

二、金融化资本拜物教的确立

金融化背景下，叙事能力和作用大幅提升是叙事价值产生的自然历史条件。在叙事机制、文化机制和技术机制综合作用下，叙事转变为价值，主要有四种表现：话语的重要性越来越凸显；信息技术对传播能力的推进；符号价值的提出和启示；估值重点、方式和会计准则的改变。据此，叙事价值作为一种新的价值形态，改变了物的内在向度，改变了价值的生成方式并进一步发生神秘化，使金融化资本拜物教得到确证。

（一）金融化时代话语对价值生成的影响越来越大

金融化时代，话语及其叙事成为重要的价值生成方式，广告成为重要的话语叙事方式，并生成了品牌价值。商业广告总体上经历了由求大于供到供大于求，由重视生产转向重视销售。在买方市场为主的逻辑中，营销叙事变得格外重要。在日常生活中叙事影响价值的例子，最为突出的是商业广告。20世纪以来广告发展大致经历了以产品推销为核心的传统广告模式、"创意革命时代"品牌模式、品牌个性和品牌资产为核心的模式等阶段。[1] 如今商业广告已经充斥日常生活的方方面面，吃、穿、住、行、教育、旅游、环保、医美等，广告载体多样化，如报纸、电视、网络、地铁、公交、户外广告墙等。新信息技术推动的广告模式朝着智能化、个性化和针对性强的方向发展，尤其是如今个体浏览痕迹、消费信息、个人基本信息等被智能软件识别后，个体都成为潜在的消费叙事对象。广告公司会通过这些信息为个人画像，个体的存在不是作为日常生活中的个体而是作为消费叙事中的对象存在。品牌价值的作用在于品牌能带来价值，这取决于其知名度、认可度、联想度和忠诚度，其关键在于将消费者变成叙事的对象。品牌的叙事将实践证明其自身的价值，这种价值的确认已经被现

---

[1] 张金海、程明：《从产品推销到营销与传播整合——20世纪广告传播理论发展的历史回顾》，武汉大学学报（人文科学版），2006年第6期。

代财务制度性原则所接纳,品牌自身价值的资产化,溢价并购产生的费用可计入资产负债表的无形资产的商誉科目。金融化背景下的品牌价值已经从抽象的观念价值转为实际的可计量的实际价值。这是"叙事价值"转为符号价值和品牌价值,再转为可通过财务体现的实际价值,从而成为价值实体的最为典型的例子,直观地证明了叙事价值的存在。

(二)叙事与互联网叠加所获得的高额流量价值,也是叙事价值的一种表现形式

随着"互联网+"模式的推进,在现代传播尤其是在网络舆论传播的加持下,叙事能力大幅提升。网络是话语性的"便利壳"与"文化逻辑"或后福特主义时代的合法化话语,不仅是对当代技术资本主义的描述,也是构成新的生活方式、制度安排和社会权力关系的核心。[1] 信息技术使信息与话语传播的速度空前加快,全球变成了信息网络村落,网络舆论且具有速度快、范围广、真假难辨、影响大的特点。信息技术传播方式的改变,对价值的改变影响加剧,如通过运用信息媒介技术性手段,传导流量排名信息,强化突出金融叙事的传播,具体操作有将数据手段用于相关主题内容浏览量、转载量、点赞量以及分享人数的数据统计,强化数据对热点的传播支撑作用。又如通过大数据技术对潜在消费群体的识别、分析,采取定向投送营销信息的方式,推动金融叙事的精准实现,从而改变金融叙事的传播效果。又如通过推送营销软文,不断重复推广,将日常常识娱乐化、混淆视听,从而误导消费者。又如通过自媒体灵活叙事贴合用户心理的方式,使得真正的知识被遮蔽,实施金融化资本操控下的金融叙事的虚假传播。以《福布斯》《财富》和彭博资讯等主流财经媒体为例,它们通过不断编织传播财富故事,挖掘财富排行榜背后人物的神奇际遇,不断渲染一夜暴富的"金融神话",不断通过这些金融叙事影响人们的投资决

---

[1] Eran Fisher, *Media and New Capitalism in the Digital Age: the Spirit of Networks*, London: Palgrave Macmillan, 2010, p.217.

策，将金融与财务自由、个人事业相结合，点燃精英群体的"成功梦想"；将金融与家庭生活、住房需求、养老保障等人们基本的需求相结合，使得普通人获得心理的"安全保障"，最终使人们的日常生活处于金融教育、金融知识、金融观念等金融信息灌输的包围之中。这些信息技术的变革，最终实现了商品的价值增值，并且一种新的价值增值方式网络平台，通过传播商品信息、娱乐、游戏、交友互动等方式聚集流量，最终将流量转换成价值。流量本身是基于强大的叙事能力引起的人员聚集，也充分体现了叙事价值的存在。

（三）符号的产生本身是一种文化现象，符号价值的产生是以叙事为中介的，因此符号价值也是一种叙事价值

符号价值成为叙事价值，具体可以从鲍德里亚关于符号价值的阐释中进行分析。鲍德里亚的"符号"与"价值"之间缺少的一个环节，在金融化时代需要通过金融叙事将两者更好结合。鲍德里亚看到了"物"是在社会关系中，是在其体系中被构建出来的，他将"物"的理解与社会话语结合起来并形成符号批判。他将物的体系的社会话语符号化，在"物"与"符号"之间做了类比和对应，但这种对比形成的对应关系不是"自然的""先天给定"的，而是要对"物"到"符号－物"这一过程的原因加以说明，所以不应该重点研究如何将"物"的社会话语固定到符号化之中，而应该重点考察"物"如何变成"符号－物"。符号价值通过意指关系，利用符号的差异性满足人们对于身份、地位凸显的需求。但是符号自在不是价值，符号变成价值需要以叙事为中介。鲍德里亚认为象征性交换价值、竞争差异价值、地位等级价值都将作为一种符号性差异的表征而获得价值实体。然而进一步分析，我们可以确定符号产生的价值不是作为静态的、直接对应的结果呈现的，因为一方面，符号价值总是附着于某种意义，这个意义才是符号价值产生的真正原因，在这里，符号与意义之间并没有必然的、固定的联系；另一方面，鲍德里亚也承认作为叙事的重要因素是话语的重要作用。"需求与功能主要只描述了一个抽象的层面，物的一种显

明的话语,与此相关,大部分属于无意识的社会话语,则显得更为根本。"❶ 因此,在鲍德里亚符号价值的构建中,存在更为关键的必要的中介的缺失。在符号与价值之间存在关键的一环——叙事,需要将叙事作为环节进行补充。符号不会自在地成为具有某种象征意义的价值,一种单纯的符号之所以具有价值属性,是因为对这个符号与某种意义内涵不断叙事,将符号与这种意义通过叙事不断地固定关联,制造差异性象征意义。此外,鲍德里亚提出了象征性交换,对价值结构进行结构和消解。按照鲍德里亚的说法,在象征性交换这一过程中,可以看到价值的参照系消失,象征性交换成为一种需要,但是这样一来,价值体系或者崩溃,或者象征性交换重新建立起一种价值体系。显然两者都没能实现,前者以显而易见的形式得到了印证,因为价值体系并没有瓦解;后者则不能成立,因为交换无论从人的欲望需要还是从资本增值的逻辑上看都不可能成为终极目的。那么如何重建鲍德里亚提出的价值参照系消失后的价值体系呢?叙事在金融化时代价值体系的重建中发挥了最为重要的作用。叙事以资本逻辑为准绳,对陷入自我游荡无所依附的观念和意识的价值体系进行牵引,重新框定了价值结构和基本逻辑,叙事成功使符号获得了超越自身的象征性价值。叙事作为符号与价值的桥梁,冲破能指与所指的二元对立。叙事将成为符号价值体系活动中的主体性活动,决定着符号价值能否真正地生成。

(四)叙事对金融估值影响巨大,金融市场中的公司市值、市场估值都是在强大的金融叙事之下实现的

对金融化资本拜物教背后的价值形态的揭示,必须诉诸金融叙事与修辞这个方法论路径。我们可以将金融化理解为一个意识形态过程,它用来自金融世界的话语、隐喻和程序资源,解释和再生产日常生活及我们所处

---

❶ [法]让·鲍德里亚:《符号政治经济学批判》,夏莹译,南京:南京大学出版社,2015年,第2页。

的资本主义总体的过程。❶ 在这个过程中，金融叙事通过编造财富神话、虚假评估、伪装业绩，使价值本身发生有利于向金融化资本转移的方式进行。文学修辞学的叙事学思想发展成金融叙事范式，当代资本主义社会呈现出金融叙事中心化。金融叙事与修辞是金融化资本的形态的"理论"基础，只有对其深入研究才能获得对金融化资本拜物教背后价值形态本质的真正理解。金融叙事与修辞综合了现实表象、历史观念、社会心理、文化因素和金融主体的价值观，既涉及主体对客体的描述，又涉及主体对客体的建构。此外，在金融领域的叙事对价值的"再造"则更加明显，通过叙事将事件与现象赋予金融属性和价值含义。金融叙事与经济叙事原理相通，"经济叙事指的是有可能改变人们经济决策的传播性故事"❷。金融评级作为专业叙事，对公众舆论传播和大众行为都有广泛影响，"除了流行叙事外，还有学者圈共享的专业叙事，这些叙事包含复杂的观点，潜移默化地影响着更广泛的社会行为"❸。例如，美国的一些信用评级公司对各类债券进行分层评级，几乎具有"点石成金"的能力。各类投研机构对证券等级频繁的评定，无不影响着公司的市值。在金融市场中，绝大多数公司的市值都远远大于清算价值。市值中包含大量的"叙事价值"，对其说明，要从现代金融体系的宏大叙事和"上市造富"反复不断的微观叙事中寻找答案，其中，极端的例子就是以比特币为代表的加密货币的高额售卖，其本身没有任何实体资产作为支撑，其取代主权货币以及暴富传说极尽叙事之能事，其叙事价值的构成比例几乎达到了100%。

---

❶ Max Haiven, *Cultures of Financialization: Fictitious Capital in Popular Culture and Everyday Life*, London: Palgrave Macmillan, 2014, pp. 13 – 14.
❷ [美] 罗伯特·希勒：《叙事经济学》，陆殷莉译，北京：中信出版社，2020 年，第 3 页。
❸ [美] 罗伯特·希勒：《叙事经济学》，陆殷莉译，北京：中信出版社，2020 年，前言第 XIII 页。

第三章

金融化资本拜物教的后果

第三章　金融化资本拜物教的后果

在叙事机制、文化机制和技术机制的共同作用下，金融化资本拜物教巩固了资本逻辑统治，强化了金融化时代资本主义社会的经济政治秩序。这些机制与金融化资本拜物教是一种共谋的关系。揭示这种共谋关系，对于进一步理解金融化资本拜物教统治造成的价值体系神秘化和人存在状态的异化有着重要的意义。金融化资本拜物教的统治进一步强化了贫富两极分化的不平等，造成劳动收入与资本收入的不匹配性，增强了金融化资本拜物教统治的神秘性。金融化作为一种新的物化方式，造成人们对金融化资本顶礼膜拜的社会现象和人的异化存在状态。对金融化资本的崇拜不断渗透主体的内在意识，最终使人们认同金融化时代资本主义社会秩序和金融化资本拜物教的统治，金融化资本拜物教的统治形成以后，反过来又强化了以金融化体系、金融产品、金融化资本为中介的社会物化关系的合理性。

第一节　拜物教新形式统治的再强化

拜物教统治的顽固之处在于，即使拜物教剥削的秘密已经被揭示出来，但仍然难以消除，并且其统治在一定程度上得到了强化。往往给人的错觉是拜物教很好消除，而事实恰好相反，实际上当代人大多被物神所支配。[1] 在当代，拜物教演化出了自己的新形式，金融化资本拜物教的形成又反过来促进和强化了其自身的统治。叙事价值的膨胀发展，最终导致财产性收入与劳动性收入的差异性发展，以高度流动的市场与要素为遮蔽，将价值生产与价值分配相混淆颠倒。其在日常的价值生产过程中遵循着以劳动为基础的价值分配原则，在价值分配过程中则以对价值的叙事能力为主导，造成占绝大多数的价值生产者被分配了较少的社会财富，几乎不生产价值的少数金融化资本的占有者通过掌控叙事价值话语权却分配到了社

---

[1] ［日］柄谷行人：《作为精神的资本》，欧阳钰芳译，《开放时代》，2017年第1期。

会财富的绝大部分。价值体系形成以劳动价值为基础的分配体系和以叙事价值为基础的分配体系的二元对立[1]，且两个体系的界限越来越明显。金融化资本拜物教以叙事价值为支撑，将价值的生成方式神秘化，最终实现拜物教的强化统治和对金融化资本的崇拜意识。

一、两极收入不平等的加剧

金融是金融资本运动的体系，金融化以金融资本为推动力，是金融资本运动的过程和结果。在新自由主义意识形态和股东价值最大化等理念的影响下，与1970年金融化趋势伴随着贫富两极分化愈演愈烈的情况相似，财产性收入与劳动收入的差距进一步扩大。这个差距具体表现为公司所有者与其员工收入差距扩大；官员与公司高管收入增速大于普通职员；在劳动工人内部，掌握技术的精英工人的收入增速远大于一般性劳动力工人。对此，探究金融化背景下的贫富两极分化，要从金融、金融资本，实际资产与金融符号关系角度分析和考察。

（一）金融化时代，金融化资本通过掌控价值生成的决定权，实现财富的再次分配，导致财富两极分化的必然

在金融化背景下，金融化资本通过掌控商品的价格，掌控商品的价值与其实体的相互剥离，不断渲染叙事，最终掌握财富密码，实现财富积累。第一，金融化资本通过操控生产与消费，由此获得参与利润分配的基本条件。从生产端看，金融化资本以专注行业的投资基金的形式实现其增值能力的大幅提升；以其庞大的资本体量优势，实现"量变等于质变"的转换；以对优秀企业管理者的控制获得对公司的控制。从消费端看，在消费领域如果没有金融杠杆，人们无法购买超越其现有财富量的商品，如当

---

[1] Cui Z, Liao Z, Luo Y, How Should We Think about Common Prosperity and Challenges in the Context of Financialization?, TRANS/FORM/AÇÃO, *Revista De Filosofia*, 2023, Vol. 46（Special Issue: Oriental Philosophy），pp. 291 - 318.

下房地产业、大型机械制造业、日常消费和服务都可获得金融支撑，从而实现"提前消费"。这种"死劳动"支配"活劳动"的现象，拓展了金融对人支配的"时间域"，最终金融化资本实现了对整个社会的财富进行分配的目的。第二，金融化资本通过操控商品价格，使其与自身真实价值呈现弱相关性，从而实现财富转移。首先，金融化资本通过控制石油等重要战略能源价格来操控整个大宗商品价格体系，"在大宗商品市场指数投资快速增长的同时，非能源类大宗商品价格与石油价格的相关性越来越强"❶，而与其商品自身市场价格越来越远。其次，大宗商品价格不仅受供需影响，更受商品指数投资和股指期货影响。金融化的结果是，单一商品的价格不再仅仅由其供给和需求决定，相反，价格还取决于金融资产的总体风险偏好和多样化商品指数投资者的投资行为。最后，金融化资本通过掩盖资产的真实价值的贸易交换，实现了财富转移。

（二）通过推进增值逻辑优先于效用逻辑，金融化背景下贫富两极分化内在的逻辑理路清晰可见

金融化资本的逻辑表现为增值逻辑优先于效用逻辑，使事物本来的效用弱化，增值成为唯一效用。这一点集中体现在以居住权和所有权为代表的空间金融化，居住属性减弱，同时金融增值属性增强。在这种逻辑统治下，资本进一步蚕食劳动价值，根据劳动增值效用大小不同导致收入严重分化。第一，金融对效用价值理念的强化，这个效用就是增值本身，这为财产性收入提供了支持。金融化与效用价值理念相结合，更加强调目的和结果，"效用决定价值，而不是劳动成本决定价值，对于理解金融的逻辑极为重要"❷。金融的逻辑强化了供需和效应的作用机制，掩盖了劳动作为价值的真正源泉的事实。累积起来的资本的效用在于其增值功能的使用价值，金融为其赋能，赋予其支配权力。金融化下的效用机

---

❶ Ke Tang, Wei Xiong, Index Investment and the Financialization of Commodities, *Financial Analysts Journal*, 2012, Vol. 68, Number 6, pp. 54－74.

❷ 陈志武：《金融的逻辑1：金融何以富民强国》，上海：上海三联书店，2018年，第6页。

制将劳动物化、对象化，从而使人丧失主体性，人受物的支配。这种主体性的丧失具体表现为财产性收入大于劳动收入，人的劳动创造了全部财产和价值，却被自己的创造物超越和支配，财产性收入超越工资收入成为财富的主要增长动力。第二，通过空间金融化，住房所有权和居住权金融化成为财产性收入增加的重要方式。金融化与新自由主义思潮是空间金融化的主要推手，"住房政策的所有组成部分——包括住房所有权、私人财产和有约束力的财政义务，这些改革一直是维持新自由主义主导地位的政治和意识形态战略的中心"❶。通过废除住房福利制度，住房所有权私有化，为自住租房融资和构建城市新地标等举措实现了住房空间金融化，达到其意识形态目的。金融化趋势下，房产的居住属性减弱，金融属性增强，成为投资性商品。住房的商品化，加上在全球化的金融市场中越来越多人将住房作为一种投资性资产，对居民基本居住权产生了深远影响。在经济与收入增长放缓的趋势下，空间金融化成为财富增加的主要因素。

（三）金融化背景下劳动收入占比下降，不同行业和国家的劳动者之间收入差距加大

首先，以金融化程度较高的美国为例，劳动占国民收入的比重不断下降，金融化加剧了美国收入的不平等，"劳动力在国民收入中所占份额持续减少"❷。其次，劳动者内部收入差距增大，同一行业表现为"自20世纪80年代以来，高收入者的收入份额呈指数级增长"❸。管理精英、技术精英和官员薪酬份额的增长迅速，普通工人收入的增长则较为缓慢，收入差距进一步扩大。最后，不同国家劳动收入差距明显。一方面，发达国家

---

❶ Raquel Rolnik, Late Neoliberalism: The Financialization of Homeownership and Housing Rights, *International Journal of Urban and Regional Research*, 2013, Vol. 37, No. 3, pp. 1058–1066.

❷ Donald Tomaskovic, Devey Ken, Hou Lin, Financialization and U.S. Income Inequality, 1970—2008, *American Journal of Sociology*, 2013, Vol. 118, No. 5, pp. 1284–1329.

❸ Donald Tomaskovic, Devey Ken, Hou Lin, Financialization and U.S. Income Inequality, 1970—2008, *American Journal of Sociology*, 2013, Vol. 118, No. 5, pp. 1284–1329.

通过掌控设计、销售及核心技术，将项目中低端的、污染的、高耗能环节外包给发展中国家，发展中国家只能获取利润中的小部分，与发达国家工人收入差距巨大。另一方面，金融化及货币系统全球化造成的发达国家劳动外包，导致西方国家很多工人失去工作。这些发达国家失去工作的普通工人的生活境遇，甚至还不如发展中国家低收入的工人。

（四）金融化加剧了社会总体风险、通货膨胀的发生，造成价格瞬息万变，成为贫富两极分化的重要因素

金融化背景下的社会总体风险与金融体系、要素捆绑在一起。金融化的社会需要持续性的货币供给，形成局部或总体的通货膨胀，以缓解债务危机，资产面临金融市场高度不确定性的价格重置。这些趋势和样态不论已经存在或可能发生，都将增加贫富形成过程中的不确定性，成为贫富形成新机制的构成要素。第一，金融市场交易风险和融资主体的经营风险，构成社会总体的风险要素，将整个社会置于金融风险之中。社会风险的发生，一方面必然造成劳动者面临普遍失业的风险，失去唯一的劳动收入；另一方面给基本社会保障体系造成严峻挑战，使得低收入者和无收入者的基本生活更加困难。第二，通货膨胀对资本与劳动收入产生不同影响，资本拥有者变得更加富裕。金融化资本增值的逻辑有两个，一个是通过经济增长创造价值来取得增值，另一个是无法实现经济增长而通过价值转移实现增值。后者主要的手段是通过超发货币，"过去四十年，金融交易呈指数增长，只有通过过量涌入的信用货币才成为可能，这一点极为关键"[1]。货币超发是通货膨胀的直接因素，其现象为货币贬值，货币贬值使以劳动为主要收入者的购买力下降，财富缩水，而依靠财产性收入的富裕阶层，其收益数额与货币贬值成反比，从而对冲货币贬值造成的实际购买力下降。由此，依靠财产性收入与依靠劳动收入二者在货币超发引起的长期通

---

[1] ［丹］奥勒·比约格：《赚钱：金融哲学和货币本质》，梁岩等译，北京：中国友谊出版公司，2018年，第239页。

货膨胀趋势下贫富差距进一步加大。第三，资产价格面临分化与重估，不同资产所有者的收益差异更加明显。在长期的金融化趋势下，市场热点瞬息万变，资产价格时刻面临重估与分化。一方面，为了确保财产的保值增值，优质资产成了竞相追逐的对象。稀缺性资产、著名品牌、特许经营权、垄断性的技术和创新性产品，获得了持续广泛的青睐，而以传统行业、落后产能、过剩资源类为代表的资产则在新旧动能转换过程中，失去优势和大幅贬值。这就造成即使同样以财产性收入为主，因为资产标的本身的价值估值变换，造成巨大的收入差距。另一方面，资产价格评估不是单纯市场规律竞争形成的结果，而是适应大资产所有者意愿的结果，资产的价格走向多以大资产所有者的意志和利益为转移，而这种意识形态一旦在市场中得以实现，将反过来促进资产价格变化发生的强度，最终资产所有者会在大小两个群体之间，造成资产质量进一步分化，财富更加集中。

二、价值分配体系的颠倒性

金融叙事一旦具有将"物"转化为价值的能力，一旦成为金融化时代价值生成与分配的主导方式，价值表现形式新的神秘化便形成了。其神秘化表现为价值体系运行的分裂，价值体系加速形成两种价值决定论的幻象：其一为以劳动为基础分配的价值体系，其二为以金融叙事为基础分配的价值体系。大多数人生活在以劳动为基础分配的体系中，只有少部分人生活在金融叙事价值为主导的分配体系之中。价值体系运行的分裂表现为分配体系的分野，具体为依靠劳动、工资收入的群体，与依靠财产、金融资产投资收入为主的群体的差别。

对于价值体系运行的分裂的情况可以从马克思关于剥削层级的划分中进一步理解。马克思指出，工人阶级受到零售商人的欺诈，这是相对原有剥削的第二级剥削。[1]马克思将生产过程中的剩余价值剥削称为第一级剥削，将流通过程中贸易交易中的剥削称为第二级剥削。有学者进一步将日

---

[1]《马克思恩格斯文集》（第7卷），北京：人民出版社，2009年，第689页。

常生活的金融化对照为马克思第二级剥削。❶ 金融化时代可以更加细化剥削层级：可以将工业生产中剩余价值的剥削定为第一级剥削；在流通领域中的交易环节，将由于贸易中介引起的剥削称为第二级剥削；在此基础上，可以进一步拓展金融化的剥削方式为第三级剥削。第三级剥削的特征为，它不是创造一种生产方式，而是对已有的生产方式乃至流通方式进行剥削，它是从外部、从总体上对这两级剥削方式的再剥削。第一级与第二级剥削中是以劳分配为主导，可以归为价值体系分层中的一种。第三级剥削则以金融叙事方式为主导，是纯粹的剥削方式，则归为另一种价值分配体系。

劳动价值分配体系与叙事价值分配体系的区分愈发明显，这表现为商品价格体系的金融化。日常生活的消费品价格、大宗商品价格与社会劳动作为基础的衡量标准产生的价格日益疏远，与其自身供求、使用价值关系呈现弱相关。奢侈品、潮牌等日常生活消费品受资本炒作和品牌溢价影响，价格远超生产成本。大宗商品如石油、金属则受期货市场、投机资本和地缘政治主导，价格波动剧烈。两者都受金融化资本操控，价格形成机制从劳动价值为基础转向预期、流动性和金融杠杆导致价格与价值脱钩。

劳动工人与大资产所有者之间，似乎存在一个中间阶层，大致类似于中产阶层。这个阶层主要通过专业技能获得高于普通劳动工人的工资待遇，其有没有超越以劳动为基础的价值分配体系，而是其中一个群体。其之所以获得更高的工资，完全是因为他们可以帮助大资产者的价值实现增值。中产阶层往往产生一种幻象，认为依靠其专业技术、科学研究可以实现超越层级的发展，然而事实上，他们只是金融化价值分配中的一环。

金融化资本拜物教对价值体的操控不断强化。金融化资本拜物教将价值生成方式叙事化、故事化，它不直接剥削劳动者，而赋予"物"以价值，将价值生成方式建立在叙事的基础上，将劳动者价值获取方式禁锢在

---

❶ 李连波：《新自由主义、主体性重构与日常生活的金融化》，《马克思主义与现实》，2019年第3期。

实际的物资生产和再生产基础之上。金融化资本拜物教将人类的价值生产与价值分配体系割裂开来，从事劳动生产者，虽然创造了真正的物质生产类型的价值财富，但是其本身没有得到相应的回报。然而，以劳动为基础的价值生产，是叙事价值的真正物质基础。与一般的叙事对事物进行准确客观描述不同，金融叙事的目的并非将事实加以澄清，与之相反，金融叙事将金融化资本分配巨量价值的现实加以遮蔽，通过创新金融产品，对复杂和高度不确定的事项予以估值，使这种不可能被估值的事项被估值。在这个过程中，金融观念渗透到政治经济文化当中，最终内化于主体，形成真正难以琢磨的金融化意识形态，这种意识形态操控着人，使人们对金融进行膜拜，拜物教观念获得了意义上的完成。

通过叙事价值与价值分配体系二元性的论证，可以发现金融化时代拜物教价值表现形式神秘化的根源。根据马克思的拜物教理论的核心逻辑，价值形式神秘化新样态可以作为拜物教形式的标志，而金融化拜物教是建立在叙事价值与价值分配体系二元性之上的当代拜物教新形式。

三、价值分配体系的神秘化

金融化时代价值由历史性的、实体的向度转向未来的和无形的向度，价值形态则向由金融叙事主导的价值体系转变。叙事价值与劳动价值的差异性在价值分配体系中形成二元对立的局面，这种二元对立在金融化资本拜物教统治之下是看不见的[1]，剩余价值受到的遮蔽程度更深，由此也导致金融化时代的价值体系更具神秘性。金融化时代价值体系的神秘化主要表现在以下四个方面。

一是金融化时代，人们很难区分剩余价值生产与非剩余价值生产的界限。剥削从哪里发生，比如新的流量经济中的"赏金"等形式的"自愿"

---

[1] Cui Zhanmin, Liao Zhihua, Luo Yuxiao, How should We Think about Common Prosperity and Challenges in the Context of Financialization?, TRANS/FORM/AÇÃO: *Revista De Filosofia*, 46（Special Issue: Oriental Philosophy），2023，pp. 291–318.

打赏行为又是如何发生剥削的等一系列问题就很具有迷惑性。又如数字劳动过程中劳动本身的界限更加难以确定，不能确定劳动和休闲、生产与非生产最终也导致剩余价值的界限模糊。根据前文分析，我们可以得知，金融化时代价值形式神秘化的机制的形成，一方面由于价值形式从历史向度到未来向度的转换，导致价值本身的高度不确定和难以度量；另一方面金融叙事的助推作用，使金融资产的价值具有了主体性、意志性和意向性，而将社会价值体系分成两个层面，一个层面在实施金融叙事，另一个层面则成为金融叙事的对象，从而金融资产的价值由于金融化资本的操控变得更加扑朔迷离。这是从机制和原因角度对价值体系神秘化进行的分析。下面还要对金融化时代下剩余价值消失之谜和剥削难以界定的问题进行细致分析和研究。剩余价值作为利润利息的来源的事实之谜被掩盖，"利润率和剩余价值率是不同的，只谈利润率就模糊和神秘化了剩余价值的来源"[1]。金融化时代实体产业的利润率明显降低，金融化资本支撑的行业往往是利润高企。资本主义社会利润率概念同样取代了剩余价值，人们往往无从得知剥削的真实情况，这使得价值分配体系具有了神秘性质。金融衍生品下的交易不是指股票或者其他证券市场金融商品的交易，而是基于未来买卖权利的行使权的协议。"第三级市场并不是进行股票或证券之类金融商品交易的股票市场或证券市场。这里交易的不是股票或证券本身，而是买卖或在将来某个时刻买卖的权利。"[2] 这种行使权是否能够取得收益，完全取决于未来标的物的价格变化。金融衍生品是不用进行原资产（股票、国债或货币）的交易，它能以原资产的市场价格为指标交换未来的损益。问题是假如它取得收益，或者亏损，这种收益或者亏损的价值又如何与剩余价值相联系呢？这里我们既看不到雇佣劳动的双方，也看不到剩余价值的生产，甚至无法感受到剩余时间的存在。金融衍生品的交易并非实际的本金或者实际的某种证券资产，因此它是靠保证金和加大杠杆来进行

---

[1] 李慧娟：《马克思"政治经济学批判"的文明观》，《哲学研究》，2022年第5期。
[2] [日]渡边雅男、高晨曦：《经济的金融化与资本的神秘化》，《当代经济研究》，2016年第6期。

交易的,也可以说是"想象的交易"。这里能确定的是未来交易权达成协议的双方都不是真正的劳动价值的代表,而他们中一方或者多方完全可能成为受益人。这就使这种具有实际效益的收益——金融化的资本价值的真正来源问题极具神秘化。

二是资本增值无法实现将导致价值体系的神秘化。金融化资本的扩张方式导致人们的收入更加不均衡,抑制了消费需求。一旦资本在实体领域扩张受限,以实体为支撑的证券金融市场的投资行为也难以为继。即使通过空间修复扩大基础设施的投资,这种超出当前需求的巨大投入往往也难以为继,空间修复最终只能导致矛盾的转移而不会消除矛盾本身。在这种情况下,金融化资本依靠其"想象的增值"和对未来任意裁剪来满足资本无限增值的欲望。金融化资本只能作为工业资本、生息资本和金融资本的否定形式出现,资本自身发生了自我否定的运动。这种资本增值欲望的无限扩张必然导致资本的不断自我否定,而满足这种无限增值的欲望,最终只能通过伪造增值假象的金融化资本才能实现。列斐伏尔在《被神秘化的意识》等书中从价值形式的角度阐述神秘化产生的原因,并从资本诞生的社会历史环境和日常生活的总体视角讨论神秘化意识问题。列斐伏尔认为,正是资本无法满足自己增值欲望的意识是神秘化意识产生的真正根源:"我们希望表明:在一个被分割为阶级和以剥削为基础的社会里,由统治阶级创造和维护的意识形态,总是倾向于越来越远地脱离现实而以一种与实际正好相反的形式乔装打扮自己。不是使意识形态附属于现实,而是使其具有一种完全独立的和富有创造性的外观。"[1] 在资本主义社会生活中金融化资本表现为虚假的意识形态体系,这种颠倒的和虚假的体系使神秘化成为可能。金融化资本这种放大价值未来属性的金融叙事,必然导致价值体系与事实相去甚远。就其目的性而言,这种金融叙事并非为了与事实相符,而是为了当下的金融化资本增值服务;就其现实性而言,几乎没

---

[1] [法]亨利·列斐伏尔:《神秘化:关于日常生活批判的笔记》(1933),见张一兵主编:《社会批判理论纪事》(第1辑),北京:中央编译出版社,2006年,第159页。

有任何一种方法可以对价值的未来属性进行科学界定;从历史的经验来看,这种预测与随机概率的发生几乎没什么两样,但由此造成价值体系的虚假性,并使得价值体系极具神秘性色彩,导致金融化资本拜物教的发生与兴起。

三是金融化时代信用的发展导致价值体系的神秘化。金融化时代信用在经济发展中发挥了极大的作用。金融化的体系依赖于信用体系的支撑,一方面,信用体系的延伸极大地增强了金融化体系的膨胀发展。货币信用的形成与扩张,加速了金融化,从以物易物,到商品货币,再到符号货币的形成过程中,人类社会逐步发展出一种信用体系。金融化时代以来,信用体系与货币金融体系的联系越来越紧密,人们对金融体系、金融产品和金融市场高度信任,甚至到了盲目崇拜的程度。在此情况下,具有拜物教性质的信用得到发展,被创造出来的信用货币大量投入非生产活动、进入金融领域,不断催生金融市场的泡沫。信用的扩张伴随着信用货币的扩张。现代信用是以"承诺"和"虚无"为基础的,股票、债券、期货衍生品等都有可能是"虚无"并成为废纸,但它们同时又具有巨大的金融价值。金融化资本突出的虚拟性,当这种虚拟资本进入实体经济时,人们像得了失忆症一样忘记它是基于信用的"虚假幻象",金融化时代的信用使价值体系变得神秘莫测。另一方面,信用体系也因为过度担保、相互担保和层层担保的模式为整个体系的发展带来了巨大的隐患。2007—2008 年的美国次级贷款危机就是信用等级较低的人群无力偿还,导致投资银行的破产、监管体系的失控、保险公司的连带危机,最终导致信用体系到了几近崩溃的边缘,百年投行毁于一旦。"这次危机的原因就在于信用制度的畸形发展。"[1] 信用的发展大致可以分为工业资本主义时期以实体经济为主导的信用制度、生息资本和金融资本时期以金融经济为主导的信用制度,以及金融化资本时期的金融衍生品世界的信用体系。

四是金融化时代按劳动分配与按生产要素分配极易混淆,导致价值体

---

[1] [日]渡边雅男、高晨曦:《经济的金融化与资本的神秘化》,《当代经济研究》,2016 年第 6 期。

系的进一步神秘化。价值分配体系的神秘化表现出新的形式,金融化资本通过控制大数据平台,通过控制平台资本,在价值分配体系中占据了独有优势。"平台是收集、处理并传输生产、分配、交换与消费等经济活动信息的一般性数字化基础设施。"❶ 平台将数字和数据进行整合处理,将数据由生产要素转变为数据商品,赋予数据产品以价值,从而成为数据商品。平台本身没有生产数据,数据在自在状态下并没有使用价值,且根本不具有交换价值,平台通过免费占有数据,将数据变成生产要素的大数据,大数据经过加工处理后方才具有使用价值,且通过进一步为其他数据消费者提供数据产品从而获取交换价值。金融化资本通过数据要素在流通过程中的作用分割执行职能的资本家的剩余价值,增添了数据资本的神秘性,数据似乎成了可以增值的资本。❷ 此处须注意的是,在平台对数据要素进行加工处理、数据成为资本这一过程中很难看出剩余价值是从哪里被剥削的,并且很难看出数据平台和数据实际生产者之间有雇佣关系的存在,也因此剥削关系变得十分复杂。一方面数据作为一种生产要素,或者说是生产资料,其本身的存在必须以"搜集""统计""量化"或者说数据化为前提。数据或者数字并非自由存在,数据是一种人为的设定和人对客体事物性质的界定,那么数据的产生就有赖于平台的"创造"。这种被平台"创造"的数据体系,由平台提供数据技术,提供数据搜集的基础设施和相应的企业服务。在数据成为生产要素的过程中,劳动参与了哪个环节呢?显然劳动参与的是数据搜集、整体分类和技术处理的过程,而数据形成的原始载体并没有参与数据成为生产要素的劳动过程中,也就谈不上剩余价值的创造与剥削关系的问题。因此,数字资本的剩余价值生产变得十分神秘,数字劳动的主体也并不是原始数字的标的物。那么可以追问:在数据商品交易过程中与数字资本的形成过程中,数据为平台吸纳巨大的价

---

❶ 谢富胜、吴越、王生升:《平台经济全球化的政治经济学分析》,《中国社会科学》,2019年第12期。

❷ 蔡万焕、张紫竹:《作为生产要素的数据:数据资本化、收益分配与所有权》,《教学与研究》,2022年第7期。

值，其中是否包含着剩余价值呢？如果包含了剩余价值，那么剩余价值是在哪个环节中实现的呢？要找到剩余价值，就要找到剩余劳动；要找到剩余劳动，就要找劳动。平台作为价值的集聚场所，平台吸收的价值是平台利用其数据商品和数据资本而产生的。数据商品和数字资本都是在交易和流通中产生的价值增值和交换价值的实现，因此平台所实现的价值增值的主要渠道是价值的转移。考察剩余价值要在价值的生产过程中进行，无数劳动产品的生产最终在平台上交易都要给平台付费，这个付费过程就是剩余价值的转移过程。可以说，剩余价值的来源仍然是在劳动产品的生产过程之中，平台只不过利用销售和信息优势实现了价值的转移。综上，数据只是作为生产要素参与数据商品的生产过程，而不是作为数据原始载体和标的物的劳动产品存在的，作为无数数据载体的个人并没有进行劳动而生产数据，他们拥有个体数据的"特许经营权"。个体数据被使用的权利可以作为数据商品的生产要素而参与剩余价值的分配，并非作为劳动参与者分配自己劳动所得的工资。

第二节　金融化资本拜物教的确立

通过对金融化资本演化过程中的资本样态、当代资本主义社会关系和生产方式变革的考察，可以发现金融化时代和国际垄断资本主义主导的资本主义体系之下，社会的价值向度、价值形态、价值体系都出现了新的变化。这些变化导致了资本主义意识形态发展的极端形式——金融化资本拜物教的最终形成。金融化资本拜物教在强化资本主义统治的生产关系和社会意识的同时，也出现了对金融、金融体系和金融化资本的崇拜现象。出现这一现象的原因在于物的金融化导致物的未来化、物的叙事化导致物的价值依赖于其生成过程，最终导致人们对金融化资本的顶礼膜拜和金融化资本对人的价值观念的重塑。

一、"物"金融化转向与金融化资本拜物教

理解"物"的含义是研究拜物教的重要途径。起初物是指在人类学和宗教学上之无生命的物或者人造制品,在巫术或者恋物的意义上,物已经是被赋予具有特定象征含义之物,一种具有超自然力量的物;中世纪以来的物是区别于基督教崇拜之物的物神;近代物演化为宗教中的崇拜神。马克思对拜物教进行了历史性、社会性还原。拜物教的物包含两种意蕴,一是物与物的关系掩盖了人与人的关系,人的观念和行为发生物化;二是资本主义生产关系。❶ 卢卡奇将物理解为物化,进一步理解为物化的社会关系。鲍德里亚将物作为体系中的物,作为符号—物来理解。

理解金融化资本拜物教中的"物"的含义,同样是研究金融化资本拜物教的重要途径,也是把握拜物教内涵的基本方法。马克思认为:"价值是由劳动时间决定这一秘密的发现,消除了劳动产品的价值量纯粹是偶然决定的这种假象,但是绝没有消除价值量的决定所采取的物的形式。"❷ 金融化时代,金融化资本拜物教的"物"的分析大概有两种向度——未来化和叙事化。未来化和叙事化对于价值向度影响最大,物的价值由历史性生成转向基于对未来的预测,价值在金融化时代的最终生成受到金融叙事的推动。在金融化资本拜物教中,"物"不再是某种既定的观念、形式或者社会结构,而是一种以自己为原因和动力的一种生成"过程"。至此,金融化资本拜物教的极端形式在物的向度上实现了自身的完成,"金融资本把人与人之间的这种物化关系放大到了极致,从而也把'资本拜物教'放大到了极致"❸。

金融化资本拜物教中的物化结构,将人与现存物的关系反映为人与未来存在物的关系。金融化资本拜物教的物之所以具有未来属性,是因为价

---

❶ 张有奎:《拜物教之"物"的分析》,《现代哲学》,2015 年第 3 期。
❷ 马克思:《资本论》(第 1 卷),北京:人民出版社,2004 年,第 93 页。
❸ 王庆丰:《金融资本批判——马克思资本理论的当代效应及其逻辑理路》,《吉林大学社会科学学报》,2013 年第 5 期。

值的向度已经在金融化时代的生产方式和生产关系中实现了物的未来向度转变。在金融化时代，人与人的关系变成金融化资本拜物教体系中人所处位置的关系，人占有和掌控金融化资本的能力成为人存在的确证。金融化资本的未来属性，这种既具有价值属性，又超越基于现实条件的价值评估的性质成为人们竞相追逐的对象。购买金融化属性的资产就是购买未来，人与人的关系由此变成人与物的未来属性之间的关系。从物的未来属性来看，物的价值在未来无论具有怎样的价值潜力，这种潜在的价值属性和价值潜力并非物本身固有的自然属性。马克思认为："把社会生产关系和受这些关系支配的物所获得的规定性看作物的自然属性，是一种拜物教，它把社会关系作为物的内在规定归之于物，从而使物神秘化。"[1] 这种物在未来的价值潜力并非由物本身所具有的自然属性决定，相反它是被物的社会关系决定的，尽管物的这种无限潜力价值属性会给人颠倒的错觉，以为是物本身的自然属性导致的结果。物的未来属性，这种让人难以琢磨又被认为具有价值增值属性的物的表现形式，本质上仍然是当下社会关系的产物，这种物的未来属性价值量的大小在本质上是由金融化资本占有者之间及非占有者之间在金融化资本价值体系中的相互联系而形成的。作为政治经济学的一套新原则，金融化在被拿出盒子之前，可能还没有得到应有的时间来发展成熟，在这里，无数的参照物引起混乱，如使用货币、扩大信用或负债状态可以使人们购买或生产目前超出自己能力范围的东西。但金融也是组织这些活动的行业，它在产品线和服务方面引入自己的创新，从而使人和物之间的占有关系被消解和重组。[2] 物的价值属性的价值量的大小也同样基于历史性和社会性。所谓金融化资本拜物教中的历史性，是指物的价值未来属性的当下表达仍然受到当时历史条件的制约，受到当时金融化资本结构、体系状况及金融化资本体系参与者的博弈情况影响。人的思维对物未来向度的看法同样受到当时主导的意识形态的影响，受到主导

---

[1] 《马克思恩格斯全集》（第31卷），北京：人民出版社，1998年，第85页。
[2] Randy Martin, *Financialization of Daily Life*, Philadelphia: Temple University Press, 2002, p. 11.

的价值理念的影响。物的价值受到物的未来属性的影响的观念,也并非完全虚假的,而是当时金融化资本体系的客观条件决定了当时人们对物价值大小的看法。让人难以置信的是,金融化资本拜物教创造了一种永远增值的假象、一种永远增值的错觉、一种无限时空修复的幻影,只要预期的未来时间点还没到来,就无法证明承诺的对错,人们从而陷入永无止境的估值意识形态游戏之中,最终也只能以人们对这种崇拜物的信仰的消失而结束。

随着金融化资本拜物教的发展,基于物的价值故事化、叙事化,叙事价值成为金融化资本拜物教神秘化的形式。在金融叙事的反复渲染中,金融化资产与其代表的实体资产价值相去甚远,大宗商品的使用价值属性弱化,其价格受到商品价格指数的关联影响越来越大。叙事价值成为金融化拜物教神秘化的形式,叙事将金融资产与其资产的实际价值脱离,将大宗商品的使用价值作用淡化,而与商品的价格指数结合。价值与指数体系相互关联,通过金融叙事如上市 IPO 和评级机构评级,将可叙事、可预期、可故事化的物加以贴现,赋予原本还未存在的物的未来向度以价值。叙事价值是当代金融化资本主义时代的价值主导形式,这种形式将价值主观化、叙事化、故事化、所有权化、脱媒化。金融化资本具有自身价值增值的神秘属性,往往以一种分配权形式出现,而其最神秘之处在于其价值形式和价值的生成方式。金融化资本不直接剥削劳动,而是通过自己赋予物以价值,将自己的价值体系建立在叙事的基础上,从而将劳动者的价值生成体系按照实际的生产和再生产方式进行。金融化资本拜物教将整个人类的价值体系二元化,导致一部分人创造了极大的生产力,生产了极大的物质财富,然而其本身没有得到相应的价值回报。这种生产力的极大提升,是叙事价值的真正物质基础。金融化时代价值表现形式神秘化的新样态导致金融化资本拜物教的产生。在这个维度上,价值实现了观念化,最终,金融化资本彻底颠倒了资本与人的关系,在当代的表现是劳动与资本的收入出现了"倒置"的情况。资本作为积累起来的劳动的异化关系,资本作为生产要素在收入中的占比超出了劳动要素。在与劳动协作的生产关系中，资本成了主体，劳动丧失了自身在价值分配中应有的主导地位，成了客体。

金融化时代物的向度由静态的固定的历史性的事实转向了在过程中的非确定性生成。物不再是基于某种事实性而存在，而是基于具体过程中的不断演化和发展。世界并非如旧唯物主义所认为的"既成事物的集合体"，而是在事物内部关联中生成的过程的集合体。金融化资本拜物教的"物"是一个动态的叙事过程，金融化时代的拜物教现象并非完全被动，相反"价值形式之上的拜物教现象并不是'误认'，而是资本主义生产方式必需的掩盖和欺骗"❶。这里的主动表现为，金融化资本拜物教并非既定的结果，而是在其过程中被重新创造出来。金融化资本拜物教更体现了"如何拜物"这个过程，金融叙事将非价值的物转换为有价值的物，一般的物、一般的商品、一般的资本，进而转化为金融化的物。与以往拜物教研究中对物作本体论分析、将"物"理解为"形式"或"观念"不同，金融化资本拜物教强调了"物"之所以为"物"的原因。金融化资本拜物教寻找"物"的动力因，"物"是"物"的原因、动力、作用和产物，"物"具有自因性。在"物"对"物"的历史化运动过程之中，作为结果的"物"是以金融资本、金融化现象为表象存在的。作为原因的"物"则是金融叙事，这个动力因就是金融叙事过程，就是"如何拜"。与作为结果的"物"相比，作为原因的"物"更为根本。金融化资本拜物教是从商品、货币、资本、符号、一种社会意识或者社会存在转向一种动态的过程的拜物教。金融叙事极大地拓展了拜物教的研究范围和内在本质。叙事作为一个过程和动态，成为人们崇拜的对象，而这个崇拜对象具有将自身的叙事对象变成自身的能力。叙事既是崇拜的对象，又是造成崇拜对象形成的原因。与以往讲"物"是什么的路径不同，对金融化拜物教的研究突出了"拜"的研究路径。"拜"是崇拜，也是一个过程、行为和行动，金融化拜物教中

---

❶ 李乾坤：《价值形式、国家形式与资本主义社会结构——基于德国新马克思阅读的探讨》，《国外社会科学前沿》，2020年第3期。

的"拜"的原因就是金融叙事。叙事将"拜"不断演绎,不断重组,不断注入元素,最终使得"物"成为所拜之"物",成为叙事之"物"。叙事实现了"拜",也改变了"物"。

二、金融化顶礼膜拜与金融化资本拜物教

金融化资本拜物教作为当代资本主义社会独具的一种社会现象,操控着资本主义社会的运行逻辑,形成了具有拜物教总体性的社会关系网络和结构。金融化资本的加速发展和社会总体的金融化促进了金融产品的不断革新与创新,强化了金融体系向着更加广阔的领域延伸。与此同时,经济金融化、资本金融化、公司金融化也为新的拜物教形态的形成提供了现实基础。

从崇拜的对象来看,金融化资本拜物教不仅表现为人们对于虚拟货币、金融商品、金融化资本的崇拜,同时也表现为全社会对金融化尤其是以经济金融化、资本金融化、公司金融化为代表的当代社会总体金融化现象的顶礼膜拜与迷信。金融化时代,人们崇拜金融创新、崇拜金融机构,对金融资产与金钱的崇拜更加强烈和迷恋,实体资产、经营权、所有权、专利技术、土地房屋租赁权,借贷与抵押物,甚至是债务本身都可以层层转换,层层担保,最终实现金融化,变成金融资产。不论是企业谋求上市的证券化,还是个体对房地产的投资,甚至是国家对平台资本和未来技术的扶持,其本质都是积极推进资产的金融化。金融化具有一种魔力,可以迅速将资产价值提升几倍甚至几十倍。所以,金融化时代的金融化资本交易,已经是人们对未来看法的博弈与交易。近年来,人们对某种商品的崇拜确证了这种崇拜的存在。例如,对商品的盲目崇拜提升了某些价格高昂的产品的"形象",使持有这些产品成为一种"高端"人士的标配。又如人们对"发财"的崇拜几乎达到迷信的程度,在股市和证券购买中存在"发财数字",如数字 8 作为代码则价格较高的情况,虽然高昂的价格往往不能带来高收益,但人们将数字 8 赋予了发财的意义,充满崇拜感。这种几乎没有科学依据的偏执,得到了人们信仰上的支持,反而产生了很大的

影响。

金融化资本对空间的拜物教性质改造，使空间具有了拜物教性质，对空间的占有成为人们崇拜和追逐的对象。金融化资本拜物教在时间和空间上的表征，导致人类生存的世界弥漫着拜物教的气息，最终拜物教在内化于外部世界的同时也内化于人的内在。人们思想观念中嵌入了拜物教的意识，进一步导致了普遍化的金融化资本拜物教意识形态的产生。在空间金融化的过程中，人们对商业中心、名店旺铺甚至整个房地产行业趋之若鹜，正所谓"一铺养三代"。此时空间的金融化吸引了大量的资金，空间也成为国家和居民财富中的重要支柱产业和核心资产。在这个过程中，人们对核心空间产生了崇拜之意，甚至顶礼膜拜，表现了对空间占有的狂热情绪。居住权和所有权成为身份和财富的象征，成为人们追逐和奋斗的目标。

在金融化对时间深度形塑过程中，时间的拜物教特征表现为人对时间的崇拜和膜拜；表现为时间对人的控制能力的增强；表现为物化的形式、维度与方向的彻底改变。自然时间的永恒性、均质性、运动性表现了时间运行的客观性和主体性，社会时间的历史循环性、非均质性展现出时间的可塑性和被资本限制的特点。金融化过程中，时间展现了其更强的自因性、价值主导性和时间的方向性。金融化资本通过利用时间的精确性监控，塑造的时间自因性，通过改变时间方向而使得价值形式进一步神秘化。通过混淆时间的自然属性与社会属性，使人们对时间的接受成为普遍信仰，从而无条件接受社会时间的运行机制并且自觉服从。时间的拜物教性质表现出对速度的无限追求，对速度的崇拜就是对时间的崇拜，《未来主义宣言》描述了对速度的崇拜，机器时代的动力学把能量转化成最终将自我毁灭的速度。[1]

金融化资本拜物教还强化了人们对社会性结构的崇拜。这种社会结构

---

[1] ［奥］赫尔嘉·诺沃特尼：《时间：现代与后现代经验》，金梦兰、张网成译，北京：北京师范大学出版社，2011年，第17页。

表现为金融化资本拜物教统治赋予了金融某种权力结构和符号结构,这种结构强化了抽象对人的统治,也强化了人们对金融化资本的崇拜。首先,金融化资本展现出更大的权力属性,表现为人们对股权、利润分配权和生产支配权的崇拜。此点在观念意识上,表现为公司股东至上的价值理念的回归,公司的发展以股东利益最大化为原则。美国的股权崇拜已蔓延至全球,股票投资已经成为国家政治战略而非个人投资选择。❶ 金融化资本不仅是一种财富,而且变成一种社会权力,这个权力强化了金融化资本的控制能力。金融化资本还表现为突出的资金分配的权力,在资源的分配方面,企业发展由生产转向金融分配,"对金融收入的依赖意味着资源从工人和生产重新分配到金融单位和金融市场,降低了核心业务的潜在增长和稳定性"❷。金融化资本发展的过程中,出现了一些特定的权力要素,例如美元的霸权地位,这种霸权地位主要是由于美国公司组织全球供应链和获取剩余,并在参与全球竞争中获得了更大优势而形成的。此外,如鲍德里亚提出的符号拜物教理论所指出的,在消费时代和新的媒体传播引导作用下,人们崇拜的不再是物品和商品,而是对符号的崇拜,并且鲍德里亚认为这种对符号的崇拜达到了一种极端形态,必须从生产逻辑转向符号逻辑才能消解这种统治。鲍德里亚错误地将权力归属于货币本身,将社会协调和创新的贡献归属于符号。这种盲目崇拜的品质被金融部门当作政治、经济和社会权力的工具,导致了金融化的发生;反过来,这种权力集中影响了信贷的分配,涉及从云计算、机器人、人工智能和股票回购等领域。

在对金融化资本及其发展过程中的关联体系、形态和模式的盲目崇拜,人的物化程度不断加深,虽然人类的生产力水平不断进步,但生产的目的确实不是人,而是金融化资本价值的增值。人的存在不是为了人自身

---

❶ [美]威廉·戈兹曼:《千年金融史:金融如何塑造文明》,张亚光、熊金武译,北京:中信出版社,2017年,第399页。
❷ Donald Tomaskovic, Devey Ken, HouLin, Financialization and U. S. Income Inequality, 1970—2008, *American Journal of Sociology*, 2013, Vol. 118, No. 5, pp. 1284 – 1329.

的目的，而是因为其是金融资本增值的重要环节。人的活动不是自己的自由活动，而是由于金融化增值运动的需要。人不但没有实现自身个性全面发展的自由，甚至人的动物性生理需求也难以得到满足，人丧失了其自身目的性的存在，沦为金融化资本体系性的存在。

金融化的形式、债务的形式对于资本的增值形式终究是幻想的形式，最终金融化形式的增值意愿无可避免地要到宗教世界里去寻求答案，这是金融化资本拜物教产生的历史必然性。值得注意的是，拜物教教徒对崇拜对象的崇拜并不是完全无条件的，一旦发现崇拜物不能满足他们的欲望，对崇拜物的幻象随之破灭，他们便会毫不犹豫地打碎这个偶像。如历史上的荷兰郁金香狂热、英国南海公司泡沫事件、美国千禧年互联网泡沫经济，在这些狂热的投机之后，拜物教教徒对这些曾经炙手可热的崇拜物异常坚决地丢弃。正如马克思指出欲望引起的幻想诱惑了偶像崇拜者，当偶像不再是偶像崇拜者最忠顺的奴仆时，偶像崇拜者的粗野欲望就会砸碎偶像。❶

三、金融化资本崇拜对人价值观念的塑造

马克思认为，意识形态本质上是"为了达到自己的目的不得不把自己的利益说成是社会全体成员的共同利益"。❷ 拜物教自身包含着意识形态的成分，在早期马克思用对物的"崇拜"及"顶礼膜拜"的含义来看待拜物教和有关的概念，这是从社会意识和观念的角度来理解拜物教的。❸ 这种意识形态性质的拜物教将对人的观念产生实质的影响。金融化资本占有者的意识形态强加给非占有者，本质上是金融化资本占有者的意识形态取得了统治的地位。这种统治以意识形态为统筹，通过金融化资本进行贯彻，金融体系成为这种意识形态的执行体系。

---

❶ 《马克思恩格斯全集》（第1卷），北京：人民出版社，1995年，第212页。
❷ 《马克思恩格斯文集》（第1卷），北京：人民出版社，2009年，第552页。
❸ 刘召峰：《拜物教批判理论与整体马克思》，杭州：浙江大学出版社，2013年，第11页。

从前文可以得知，在当代人生活的世界之中，金融化资本拜物教直接表现为人们对时间金融化和空间金融化的崇拜。时间与空间是人类社会存在和发展的基本维度，因此总体上可以将金融化时空视域下对金融的崇拜称为"金融化资本崇拜"。金融化资本崇拜又内化于主体的意识之中，将主体意识塑造成认可国际金融垄断资本主义社会秩序的金融化拜物教意识。金融化资本拜物教意识形态的形成，确证了以金融资产和各种要素金融化为基础的物化社会关系存在的合理性。金融化资本拜物教的意识形态反过来又促进了资本主义社会对未来资产价值幻象和投机思想的蔓延，从而维护着资本主义的统治。

金融化资本通过对时间与空间的形塑，将自身打造成为人们崇拜的对象。通过在全时空范围的蔓延，金融化资本幽灵般地塑造了国际金融垄断资本主义一系列统治的景象。金融资产和商品的金融化，造就了强悍的增值能力脱离其实体的物质资产基础，似乎只要依靠金融产品属性和按照某种惯例，就可以完全实现增值的过程。金融化时间与空间维度的巨大增值现象，仿佛是金融化自身的属性，而与劳动创造完全无关。这导致现实生活中，人们普遍认为劳动致富可能性有限，而对金融属性的商品顶礼膜拜，产生了崇拜的观念意识。加上金融化资本在表象和实际中都比工业资本占据了价值增值更强的优势，其进而获得了价值分配的支配权。由于其强大的总体性统治能力，人们更加盲目地崇拜金融资本，金融化资本成为资本的"一般形式"和"最完善的物神"。[1]

第一，金融化资本拜物教意识形态，在价值增值的表现上并非完全虚假，而是颠倒的生产关系的真实反映。当代的金融化资本确实在价值增值上比其他增值方式和价值创造方式更容易实现其目的。金融化资本造成社会关系的颠倒，一方面金融化资本在迅速扩张资本、财富积累的同时，也生产出与之对应的社会关系和秩序。这个关系和秩序被金融化进程所裹

---

[1] 刘志洪：《从资本一般到金融资本——资本哲学的范式转换》，《马克思主义与现实》，2018年第6期。

挟，使整个社会出现一种对金融化盲目崇拜的现象，这个现象具有强烈的拜物教属性。这种颠倒的关系表现为现实要素的价值与其表现形式的分离和颠倒，毫无价值的纸币等表现形式取得了支配地位，"一切都以颠倒的形式表现出来，因为在这个纸券的世界里，在任何地方显现出来的都不是现实价格和它的现实要素，而只是金银条块、硬币、银行券、汇票、有价证券"。❶ 这种颠倒性是与金融化程度直接相关的。虽然是颠倒的价值形式，但确实是世界价值体系的真实状态，所以这种颠倒关系形成的颠倒的意识形态是人们对现实世界的"正确认识"和真实反映。福斯特指出，世界的经济体系是颠倒的，表现为实体经济的发展和金融经济的发展的颠倒，这种颠倒是把握当前世界经济发展新趋势最为重要的抓手。当前金融资本的体量已经大大高于实体资本，"金融经济与实体经济的关系已到了转折点……如今，金融总资产大约是全球所有商品和服务总量的 10 倍"❷。在经济领域中，现实基础与价值意识形态的颠倒还体现在金融化资本价值的虚幻性上，金融资产价值没有现实基础，只存在像对面而立的两面镜子一样的自我参照系统，它创造了貌似现实的幻觉，"真实"成了如影随形的威胁，向真实的回归只能通过危机来实现。❸

第二，这种颠倒了的关系使金融化资本还会由于投机行为与投机范围的扩大，导致人们的经济安全感降低，从而使人出现焦躁、焦虑的情绪，难以真正认识到金融化资本的价值。这一点与个人的财富的本身关系不大，在多数财富拥有者主体中体现的这种精神状态，是与金融化社会本身财富巨大的波动有明显的关系。金融化资本拜物教从总体上改变了人们关于金钱的观念，由一种存储积累财富，转向投资理财："理财与储蓄这一濒临灭绝的物种相比，是一种不同的蠕虫，储蓄建立在一种延迟满足的大

---

❶ 《马克思恩格斯文集》（第 7 卷），北京：人民出版社，2009 年，第 555 页。
❷ [美] 哈里斯：《资本主义转型与民主的局限》，陈珊、欧阳英译，《国外理论动态》，2016 年第 1 期。
❸ 普拉纳·坎迪·巴苏：《金融化与金融危机：商品拜物教的视角》，王珍译，《国外理论动态》，2019 年第 12 期。

众心理之上，为了明天的回报而推迟今天花费的快乐。"❶ 而金融化时期的金钱，基于一种不能闲置的状态，必须被不断地经营、不断地流动，才能保持增值的生命力。同时，时间维度的改变同样会影响对价值的判断，基于对未来价值的估值方式，会导致价值的表象（价格）剧烈波动、高度博弈，不确定性和风险随之提升，以致于短期交易盛行。人们的焦虑和不确定情绪并非没有来源，而是切切实实地来自市场的巨大投机性和波动性。经济社会学家乔斯林·皮克利教授认为："一个公司对未来的看法，无论是过去的、未来的，还是面向现在的，都会塑造情绪规则（例如，不信任）来管理这些危险，真实的情绪会导致意想不到的后果。"❷ 自20世纪70年代以来，投资公司每天评估股票价值，大资本家把大量中等收入群体变成食利者，更多的人变成债务人，在此情况下，直觉、情绪等心理因素在价值衡量中发挥着巨大的作用。在今天这种快速的、客观的、复杂的交易中，需要更多的情感规则。激烈的竞争改变了对未来预期的形成模式，并带来金融公司内部人员性格的变化，这就是情感规则导向被引入新焦点的地方。对于许多不知情者来说，决策可能是决定命运的，但它们不可能是纯粹理性的，因为理性的计算只涉及过去而无法预知未来。这就为拜物教颠倒了现实和认知的关系，从而为产生错误的认识提供了逻辑空间。为了应对不确定的未来，加强情绪认知和管理是明智的。

第三，这种拜物教意识反过来强化了拜物教的普遍化，促进了拜物教的统治。拜物教的观念形式建立在拜物教物质形式基础之上，同时，它也反过来促进了拜物教的物质形式的强化。❸ 价值本身由劳动创造，但是劳动者越来越不能得到自己的创造物，相反他们创造的价值越多，他们得到价值的能力越弱。金融化时代资本主义的生产关系生产出了负债者、借贷经营者，以及剩余价值的所有者。有关研究显示，近几十年以来，普通工

---

❶ Randy Martin, *Financialization of Daily Life*, Philadelphia: Temple University Press, 2002, p. 5.
❷ Pixley Jocelyn. Time Orientations and Emotion – Rules in Finance, *Theory and Society*, Special Issue: Emotion and Rationality in Economic Life, 2009, Vol. 38, No. 4, pp. 383–400.
❸ 唐正东：《马克思拜物教批判理论的辩证特性及其当代启示》，《哲学研究》，2010年第7期。

人与管理者之间、资产占有者与以劳动为主的收入者之间的收入差距逐步扩大。这种巨大的差异在经济社会发展缓慢时期尤为明显。当金融化资本拜物教塑造出自己的体系时，会强化其自身存在的拜物教意识，同时强化这种存在的合法性。"它是同时代交换价值的普遍化并且在这种普遍化中拜物教普及开来。体系更加被体系化，对拜物教的着迷就更加被强化。"❶ 人们生活的体系、制度、司法、行政机构和日常生活，都处于金融化资本拜物教的笼罩之下。在此种情况下，金融化资本拜物教的意识形态会强化人们这种认识，人们会认为这种状态就是事物的本来样子，长久下来会变得麻木而自动接受现存的状态。现存的就是合理的观念因此被接受，人们很少去反思这种不合理的金融化资本拜物教统治的现实基础和前提是什么、这种前提是否会永恒存在及其合理性是什么，从而自觉地接受这种统治，失去反抗意识和阶级意识。与个体阶级意识丧失形成鲜明对比的是，20 世纪六七十年代以来，资本形态逐渐金融化、虚拟化，资本呈现出"自主主体"的哲学特征。❷ 当金融化资本占据主体地位，甚至形成具有主体性特征的资本形态时，其拜物教统治将作为一种权力载体和关系中的支配者存在，这种权力和关系网络将使其统治不断被强化。

---

❶ Jean Baudrillard, *For a Critique of the Political Economy of the Sign*, St Louis：Telos, 1981, p. 92.

❷ 熊小果、李建强：《"返回政治经济学批判"的意识形态魅影》，《天府新论》，2016 年第 4 期。

第四章

金融化资本拜物教的消解与人类解放

当代资本主义社会最为典型的特征是金融化，金融化资本的支配能力越来越强，拜物教新形式深刻地改变了人的存在状态。对这种充满神秘色彩的外在表现形式的本质揭示引起了哲学和社会科学界的关注，这也是其应有的任务。然而通过考察发现，资本与劳动的对立、剩余价值作为生产目的、资本的增值本质，这些资本主义社会生产关系的剥削性质并没有发生本质改变，只是更加隐秘与迷幻。马克思政治经济学批判揭示了资本的内在矛盾，发现了资本的逻辑，通过对资本主义生产方式和生产关系的前提性批判揭示了资本主义剥削的本质问题。因此，马克思的政治经济学批判仍然是分析和批判当代国际金融垄断资本主义的理论武器。马克思认为，要消除商品拜物教性质（消除对商品、价值的崇拜，消除商品对人类世界的控制），只能先消除颠倒的世界（抽象统治人类，人类围绕物为中心进行活动，为异化劳动所奴役，为每日基本的生产生活占用大量的时间和精力）。一旦采用其他生产形式，商品世界神秘性，即在商品生产基础上笼罩着劳动产品的一切魔法妖术，就立刻消失了。[1] 因此，消解金融化资本拜物教，不能仅从意识形态、文化、人类学和宗教学等意义上进行，而必须回到马克思政治经济学批判的方法论中，回到对金融化资本拜物教的现实历史条件中进行。

第一节　马克思对资本逻辑的批判：
消解金融化资本拜物教的理论基础

资本逻辑包括增值逻辑、效用逻辑、总体性逻辑，其中增值逻辑居于核心。在《资本论》中，马克思通过政治经济学批判揭示了资本主义生产方式和生产关系的剥削本质，进而否定了资本主义私有制及其意识形态的合法性。资本逻辑作为资本与理性形而上学的"共谋"，是形而上学的资

---

[1] 《马克思恩格斯文集》（第5卷），北京：人民出版社，2009年，第93页。

本本质与资本的形而上学本质的统一,二者相互支撑。❶ 资本逻辑是一种人格化了的资本发展的理性设计。"资本逻辑是作为物化的生产关系的资本自身运动的矛盾规律。"❷ 在《资本论》中,马克思通过辩证法对资本逻辑进行了批判,揭示了资本主义社会化大生产与资本主义私有制不可调和的矛盾。资本的效用逻辑是指一切都要接受以资本为核心的效用体系才能存在,在有用性的意义上看待和理解一切存在物,使自然界的一切领域都服从于生产。❸ 资本的总体性逻辑是指资本具有将一切都连接起来的能力,"资产阶级以资本增殖为目的的社会生产和交换体系,将一切时空领域中的东西都连为一体,形成了总体化的社会进程,这实质上就是资本逻辑的总体性建构"❹。金融化资本拜物教带来了一系列新变化,金融化本质上被认为具有一些特定倾向:作为金融利益对政治日益增长的权力,作为金融逻辑或"股东价值"日益占主导地位的力量,作为全球经济空间组织的变化,作为社会和阶级体系的重构,或作为文化和我们如何生活的突变。❺ 对这些倾向的消解,更多是"批判"性质的,也就是对倾向的揭露揭示和呈现,具体来说,即须从这些倾向的前提条件、现实根据、实体形态三个方面进行消解。

一、资本逻辑的内在矛盾的揭示:消解金融化资本拜物教的前提条件

我们要研究和分析马克思从哪些角度、运用哪些方法对资本逻辑内在矛盾进行揭示,并将之作为消解金融化资本拜物教的参考借鉴。在这里我

---

❶ 白刚:《回到〈资本论〉:21 世纪的"政治经济学批判"》,北京:人民出版社,2018 年,第 26 - 27 页。
❷ 鲁品越、王珊:《论资本逻辑的基本内涵》,《上海财经大学学报》,2013 年第 5 期。
❸ 陈学明:《资本逻辑与生态危机》,《中国社会科学》,2012 年第 11 期。
❹ 贺来、白刚:《"抽象对人统治"的破除与马克思的现代性批判》,《马克思主义哲学研究》,2009 年第 1 期。
❺ Philip Mader, Daniel Mertens, Natascha van der Zwan, *The Routledge International Handbook of Financialization*, Oxon: Routledge, 2020, p. 1.

们主要从资本逻辑的核心部分——增值逻辑的内在矛盾进行研究和批判。马克思通过研究发现了价值和剩余价值的来源问题，从而证明资本自动增值的假象。关于资本增值的本质，马克思进一步从价值生产的真正来源进行分析，揭示了价值的真正来源："劳动是酵母，它被投入资本，使资本发酵。"❶ 通过对价值生产本质的澄清，马克思揭示了生息资本这个"自动的物神"增值的表象与劳动创造价值的实质之间的矛盾。马克思指出，资本逻辑矛盾的本质是："以广大生产者群众的被剥夺和贫穷化为基础的资本价值的保存和增殖，只能在一定的限制以内运动，这些限制不断与资本为它自身的目的而必须使用的并旨在无限制地增加生产，为生产而生产，无条件地发展劳动社会生产力的生产方法相矛盾。"❷马克思通过对资本自动增值秘密的揭示发现了资本逻辑的内在矛盾及价值增值的局限性。资本通过作为生产要素的存在形式，去吮吸、剥夺和占有剩余劳动，作为死劳动的资本，其本身并不能使生产资料增值，只有通过不断剥削活劳动，它才能有生命，才能生长更旺盛，这是资本的增值之谜。资本的增值通过资本主义生产关系和交换方式掩盖了剩余价值的积累，掩盖了资本对劳动的剥削。对于资本自因自体、自我增值的秘密，马克思认为不是由于商品的"流通"，而是"生产"，也即广大工人的劳动。❸ 马克思用辩证法，揭露了资本逻辑"自反性"本质，完成资本逻辑与理性形而上学的瓦解和超越。马克思的辩证法是批判的和革命的，马克思不是要为现实的合理性作辩护，而是要在批判旧世界中发现新世界。马克思通过劳动辩证法超越了黑格尔概念和体系的辩证法。马克思认为资本主义社会不是从来就有的，也不是永恒存在的。资本范畴同样是历史性概念，在历史中生成，同样也将在历史中消亡。马克思利用辩证法，从资本主义社会具有独特的"双重事实"来论证、来揭露和批判其"秘密"和"本质"。马克

---

❶ 《马克思恩格斯全集》（第46卷·上），北京：人民出版社，1979年，第255、256页。
❷ 《马克思恩格斯文集》（第7卷），北京：人民出版社，2009年，第278－279页。
❸ 白刚：《回到〈资本论〉：21世纪的"政治经济学批判"》，北京：人民出版社，2018年，第30页。

思的辩证法是批判的和革命的，并且具有深层的洞察力，以《资本论》为例，马克思对资产阶级社会"着了魔的、颠倒的、倒立着的世界"中包含的物神化、神秘性、异化、物化等生活中的意识进行了揭露。

金融化时代资本增值形式发生了变化。马克思揭示了工业资本主义时期资本家通过雇佣劳动，通过延长劳动时间和提升生产效率来实现生产的增值，从而延长剩余劳动时间，实现了更大程度地占有剩余价值。金融化时代的生息资本积累形式有显著的不同，国外学者本·法因（Ben Fine）认为"在不产生剩余价值的同时，它最多促进了积累（尽管容易受到金融危机的影响），但它与简单的信贷不同，后者是一种促进价值循环的贷款（而不是直接积累）。"❶ 此外，在金融化时代金融资本已经扩展到各个领域，并在经济和社会再生产的每一个方面或多或少地得到了加强。例如，与其说抵押贷款或消费信贷，不如说是基于各类可证券化收益流的交易，包括由此衍生出的种类与规模不断扩张的资产交易，以及任何涉及此类收益流的其他交换行为。通过这些交易和任何其他涉及（可证券化）收入流的交换交易形成的种类和数量激增的资产交易。而马克思所处时代的工业资本主义主要是为了工业发展而推进的，剥削形式采取了资本家与劳动者、资本与劳动的直接对立的表现形式。然而当前许多传统的实体企业、制造业企业，能源类，矿业等工业及农业、林业、牧渔业的从业组织者本身的利润已经很少，甚至出现了亏损的状况。这样的情况引发了深层次的思考，作为一种商品生产形式，其生产的过程已经全部完成，然而按照传统对工业资本主义的分析方式，没有利润的盈余也就不存在明显超出一定范围内的剥削问题。这些行业中利润的消失，引发了相关行业人员与工人劳动者共同的疑问：既然没有产生利润，那么这种生产方式中的剥削关系是否消失了呢？然而，通过回顾马克思关于资本主义剥削关系的分析，尤其是关于生息资本的分析，我们可以得知当代生息资本的形式表现为经济

---

❶ Brett Christophers, Ben Fine, The Value of Financialization and the Financialization of Value, Edited by Philip Mader, Daniel Mertens and Natascha van der Zwan, *The Routledge International Handbook of Financialization*, Oxon: Routledge, 2020, p. 20.

的金融化，在具体的生产中表现为金融化作为工业制造业和农业的前提性条件。生息资本参与利润的分配，加上利润受到竞争、供需及利润率下降的影响，导致传统行业的利润并不是由工人和负责实施者获得，而是由生息资本的中介及其所有者占有。另外，这里容易被忽略的一个重要方面是，金融化作为资本在当代的总体性逻辑，其剥削是通过通货膨胀进行的，是通过货币超发、债务高筑实现的。通货膨胀长期和反复发生，最终导致所有金融业以外的行业利润受损，在以货币为利润表现形式的价值体系之中，非金融企业生产永远受到金融行业的剥削。这成为当代资本金融化的剥削方式，这是一种极其隐蔽的剥削方式，剩余价值不是在直接的生产者和组织者之间转移，而是在金融化资本与其他生产者之间进行。国外学者法因在马克思主义关于价值来源的传统框架内，对于金融化如何占有价值仍存在分歧，它主要来自工人生产的剩余价值或者来自于通过剥削性信贷关系对工资（价值）进行占有的分歧。他认为："两者的共同点是，金融即使作为盈余获得价值，也不会产生价值。利润和租金也是如此，只是形式和机制不同。"[1] 这也导致资本主义社会出现的社会矛盾复杂状况，普遍性的、无直接因果的社会矛盾背后有着金融化剥削隐秘方式导致的劳动者普遍贫困的社会现实。这是拜物教一种新的表现形式，其遮蔽性比以往工业资本主义时代资本家和工人直接对立的形式更强，这就容许了资本家剥削的隐身。这种拜物教形式导致了社会矛盾的普遍化和劳动者的普遍无力感及内卷化，却没有使金融资本家这个真正的剥削者的剥削方式和价值增值形式得到揭示和揭露。

金融化时代资本的增值表现为生产方式、生产目的、生产动力及各类生产主体、生产要素金融化，金融化越来越成为资本增值的主要途径和渠道。在此基础上，非金融类企业开展金融业务、金融企业通过控股和增持股权等方式逐渐控制非金融企业，金融化表现为独立的主体运动，表现为资本增值最有效的方式。

---

[1] Brett Christophers and Ben Fine, The Value of Financialization and the Financialization of Value, Edited by Philip Mader, Daniel Mertens and Natascha van der Zwan, *The Routledge International Handbook of Financialization*, Oxon: Routledge, 2020, p. 20.

二、资本的自我否定性及其限度：消解金融化资本拜物教的现实根据

资本的否定性及其限度是瓦解资本逻辑的理论基础和依据，其中资本的否定性是说资本具有"自反性"和内在否定性。一方面，资本具有自反性。马克思指出，资产阶级的生产关系、交换关系、所有制关系，这个现代资产阶级社会，现在像魔法师一样不能再用法术呼唤出来魔鬼了。❶"魔鬼"就是"资本"，这正是马克思辩证法所揭示的作为资产阶级社会的支点的资本逻辑的自反性，资产阶级曾经用来瓦解封建社会的武器，如今却要对准自己了。"资本自体的背后，实际上深深蕴含着资本自反——自己反对自己、自己否定自己的'种子'，资本主义必将自掘坟墓。"❷ 可以看出，资本的自反性指随着资本主义社会自身的发展，在其内部会成长出使其自身灭亡的力量。夏莹、牛子牛在谈到当代资本新形态（金融化为主要特征）时指出，对它的批判要以政治经济学批判为方法，将拜物教表象还原为人与人之间斗争着的关系，分析资本内在矛盾在新资本形态中的表现形式。❸ 另一方面，资本具有内在的否定性。资本逻辑的内在矛盾根本上表现为资本主义社会化大生产与资本主义私有制之间的矛盾。马克思指出了作为生产力不断发展的历史逻辑与资本单纯增值的目的之间的矛盾，因为资本增值在促进"资本文明面"性质的同时，也表现了资本增值的"消极片面性"。这一内在的逻辑矛盾，始终伴随着资本主义的发展，表现为资本主义的周期性经济和金融危机。

资本的发展存在界限和限度。资本的扩张和增值并不是没有界限的，"资本一方面确立它所特有的界限，另一方面又驱使生产超出任何界限，

---

❶ 《马克思恩格斯文集》（第 2 卷），北京：人民出版社，2009 年，第 37 页。
❷ 白刚：《回到〈资本论〉：21 世纪的"政治经济学批判"》，北京：人民出版社，2018 年，第 31 页。
❸ 夏莹、牛子牛：《当代新资本形态的逻辑运演及其哲学反思》，《中国社会科学评价》，2020 年第 1 期。

所以资本是一个活生生的矛盾"❶。一方面资本要实现增值，必然需要劳动进行价值创造，另一方面资本增值又以剩余价值为界限，一旦没有剩余价值，资本便无法组织劳动和价值创造，劳动和价值本身作为资本的前提将导致资本无法再实现。正如梅扎罗斯称马克思是"估计到资本自我扩张的无限制驱动的毁灭性意义的第一人"❷。关于资本的界限问题，马克思概括为四个维度：必要劳动是活劳动能力的交换价值的界限；剩余价值是剩余劳动和生产力发展的界限；货币是生产的界限；使用价值的生产受交换价值的限制。❸ 这些限制在本质上是资本对生产的限制。这四个方面内含了这样的矛盾，必要劳动作为工人维持自身的劳动力属性的存在所消耗的限度就是工资的基础，这个基础与剩余劳动相对立，与剩余价值相对立，因而与资本增值相对立，这里反映的是资本与工资的矛盾。剩余价值是资本作为动力促进生产力发展的条件，一旦资本不能获取剩余价值，那么资本不但不会促进生产力发展，相反它会毁掉生产过剩的劳动产品，这里反映了资本和生产力发展并非始终同向的矛盾。同理，交换价值只有转化为货币才能真正地实现，一旦交换价值无法转化为货币，那么资本主义状态下生产力发展的动力也就停止了。同理，使用价值只有可以转化为交换价值才能作为对象性的存在，也就是说使用价值必须获得与其自身需要不同的、能够满足其他消费者需求也就是转换为交换价值才能实现。

　　金融化时代的到来，不但资本主义社会的根本矛盾没有解决，还促使矛盾更加复杂化，这也将加速资本主义灭亡的历史过程。金融化将资本主义社会的矛盾遮蔽和时空推移，金融化加剧了资本主义社会的脆弱性，"绑架"了整个社会。金融化总是试图掩盖所有矛盾，但它是通过制造新的矛盾甚至更大的矛盾来实现掩盖本质。金融化加速资本的积累并加剧了资本主义社会内在矛盾。"金融化学者背离了这样一种理解，即金融不服

---

❶《马克思恩格斯全集》（第30卷），北京：人民出版社，1995年，第405页。
❷ [英]梅扎罗斯：《超越资本》（上），郑一明等译，北京：中国人民大学出版社，2003年，第24页。
❸《马克思恩格斯全集》（第30卷），北京：人民出版社，1995年，第397页。

从于生产性经济，而是作为一个日益影响甚至主导社会其他领域的自治领域。"❶ 西方金融化学者认识并试图解释这种金融的发展趋势，他们中间很多人持负面观点，将这些发展与其他社会经济和政治的发展联系起来，如日益加剧的不平等、宏观经济不稳定、社会不稳定和民主责制的丧失。关于当代对金融化的研究，其内在矛盾的揭示与批判仍然是重要的，"从后凯恩斯主义的角度来看，金融产生的根本不确定性和不稳定性需要成为任何金融化经济故事的起点"❷。

金融化时代分配领域、货币领域、金融体系领域存在更大的债权崩溃可能性，从而引发周期性的金融危机。马克思认为利润率下降会导致危机的产生。在金融化时代，一方面，危机的发生并非直接以生产领域发生危机为导火线，往往在分配领域和债权方面无法兑现而引发危机。这种危机虽然不起源于生产，但是其由生产所决定。在生产过程中资本与劳动、劳动者之间，不同属性的资本之间的历史机遇和作用不同，从而导致其对分配支配的权力不同。金融化时代的金融危机更多表现为价值时空转移无法兑现而引发期望的危机、信念的危机、对金融属性资本未来价值预期的危机。其影响和危害是巨大的，因为这种状况使资本增值难以持续。金融化时代时常发生的金融扩张与生产力发展方向不一致的矛盾仍然没有解决，因此国际金融垄断资本主义的发展伴随着重重危机。另一方面，金融化时代的金融危机呈现范围更大、影响更为深远的普遍化倾向。金融化的网络已经在美英等国高度发达的金融网络中获得垄断性的地位，构成其利润来源最重要的组成部分。并且随着金融化在全世界蔓延开来，一旦发生金融危机，各经济体将难以独善其身。如果认为危机的根源在于具体地点或区域中资本内在的价值丧失，那么危机的广泛性就在于传播的过程和载体，金融化的全时空网络，无疑会将危机迅速传播到全球经济体

---

❶ Philip Mader, Daniel Mertens, Natascha van der Zwan, *The Routledge International Handbook of Financialization*, Oxon：Routledge., 2020, p. 5.

❷ Philip Mader, Daniel Mertens, Natascha van der Zwan, *The Routledge International Handbook of Financialization*, Oxon：Routledge, 2020, p. 9.

系之中。

矛盾的时空推移是金融化危机化解的一个重要方法，同时也为更大危机的发生埋下了隐患。面对危机时，许多国家通过"时空修复"来缓解矛盾，通过空间的地理扩张和地理重组，如加大道路、通信网络等基础设施的投资力度，通过将现有生产能力投放到基础设施建设，从而拉动经济增长，缓解当下危机，挽救很可能会丧失价值的资本的剩余价值。空间生产的新方式、新的工会等组织模式、成本更低的商业综合体的发展，资本积累不断开拓着新的发展的空间，新的资本主义生产关系和政策的制定都对当下社会组织进行渗透，为吸纳剩余劳动和资本提供便利条件。然而，这种通过修复空间而实现的矛盾转移不能解决根本问题。因为这类投资期限较长，一般要凭借债务融资才能实现，固定资本投资的固定性和不变的性质与流动的、在空间中十分机动的资本是矛盾的，后者要为不断的增值积累寻找空间的补偿。所以，资产阶级的危机无法通过"空间修复"得到根本的解决。

大而不能倒往往会导致体系性的危机。大而不能倒的矛盾是作为金融化资本的内在矛盾展现的。金融垄断资本集团通过"绑架"国民经济社会基础性行业，将其金融触角广泛和深刻地伸向各个领域，通过这种方式使垄断金融资本获得了超越经济意义的"政治绑架"，金融垄断资本集团大到破产将威胁整个资本主义国家经济体系和社会稳定的程度。一旦危机爆发，迫于无奈，资本主义国家被迫运用国家信用进行"救市"，其结果就是金融垄断资本集团的规模空前壮大。这种以更大的信用透支来修复矛盾的方式，最终有可能将全世界所有经济体拖入深重的信用危机之中。因此金融化时代的金融垄断资本几乎在拿着全社会的财富与信用进行赌博，且赌注不断扩大，给全世界带来了深重的政治经济安全问题，甚至引发战争与冲突。金融化被从根本上理解为资本主义经济收入和利润向以金融作为渠道的方式转变，无论这些是否由金融部门本身实现。正如马克思所说，"虚拟资本"对于资本主义是某种不可或缺的东西，但它太容易失控了，

虚构终将瓦解。❶

三、批判与瓦解资本主义私有制：消解金融化资本拜物教的实体形态

如何瓦解资本逻辑，打破资本逻辑的统治，马克思并没有给出明确的回答，但是他对私有制的论证已经说明如何揭示资本主义私有制体制下的剥削关系，也就是要打破资本逻辑的统治首先要消除资本主义私有制。"马克思关于私人占有与生产力发展的社会化的矛盾、关于平均利润率下降的规律的论述，实际上都是想回答这一问题。"❷ 因此，回到马克思关于私有制的批判，可以获得打破资本逻辑的有益启示。私有制是资本逻辑的外在表现形式，是异化劳动的结果。私有制作为资本主义社会存在的制度基础，同时又是增强资本存在的实体性力量。私有制可分为两种，其中"靠自己劳动挣得的私有制，即以各个独立劳动者与其劳动条件相结合为基础的私有制，被资本主义私有制，即以剥削他人的但形式上是自由的劳动为基础的私有制所排挤。"❸ 马克思认为资本主义私有制是以剥削他人为基础的，这样资本主义私有制就失去了合法性。那么如何消除资本主义私有制呢？据马克思相关理论，这需要在政治经济学批判的一般方法的基础上将拜物教现象还原为人与人的关系；并且基于资本内在矛盾的外在表现形式来探讨这种方案的可能性；进而重建个人所有制。

马克思指出了资本主义私有制灭亡的历史必然性，在资本主义私有制的推动下，资本逻辑取得统治性和支配性的力量，生产资料的集中和劳动的社会化，达到同它们的资产阶级外壳不能相容的地步，资产阶级私有制的丧钟就要敲响了。❹ 资本逻辑通过私有制的形式转化为实体性的力量从而不断强化自己，不断复制自己，不断支配世界的运行体系。生产力的发

---

❶ 《马克思、恩格斯文集》（第7卷），北京：人民出版社，2009年，第1031页。
❷ 仰海峰：《马克思资本逻辑场域中的主体问题》，《中国社会科学》，2016年第3期。
❸ 《马克思恩格斯文集》（第5卷），北京：人民出版社，2009年，第873页。
❹ 《马克思恩格斯文集》（第5卷），北京：人民出版社，2009年，第874页。

展和之相对应的生产方式、劳动关系的社会化，与生产资料资本主义私有制之间产生了不可调和的矛盾，这种不可调和性必然导致一方的消亡，生产力向前发展的历史趋势不会消亡，那么消亡的一定是与之不相符合的生产资料私有制的形式。"资本主义以私有制为核心的私人化生产方式，必然会被工人联合生产的更高级的合作化生产方式所代替。"[1]

近年来，当代资本主义借助金融化趋势完成从传统的生产方式和消费方式向金融化资本主义生产和消费方式的转变，从而引起资本主义生产关系的变革。其中，产业的金融化、消费的金融化成为资本主义延缓固有的生产社会化与生产资料私有制之间矛盾的重要方法。在金融化日益深刻的资本主义体系当中，产业的发展受到金融化资本的制约，金融化资本决定了产业发展的规模、时间、方式、时机和动力。消费同样受到金融化的影响，主要表现为以房地产和基础设施为代表的空间的金融化，拥有金融支持的消费领域获得了极大的发展，不断推高资产的价格。金融化资本内在的矛盾不断显现，对资本主义基础造成一定的冲击，但这种冲击还不足以瓦解资本主义私有制，但使资本主义私有制的形式发生了一定的变化，如股份制、员工持股、社会福利和养老保险的广泛建立。

生产社会化与生产资料私有制仍然是引发危机的根本矛盾。金融化时代的危机，与工业资本主义时期的危机表现有所不同，金融化时代的金融危机更多表现为金融体系性的金融风险，其危机往往是由于信用违约、债务违约及欺诈等金融问题引发的。金融化时代的金融危机将直接导致大金融财团的破产，国家和国民的信心与金融调控将发挥重要作用。像资本主义国家的中央银行如美联储，各主要投资银行中的超级银行和百年金融家族如摩根、花旗、高盛，是全球金融界不可忽视的力量。这些庞大的资本集团，控制着重要的产业部门和企业，在金融化资本成为生产要素和生产资料之时，许多处于其中的工作人员则可能成为"金融民工"。一方面，

---

[1] 白刚：《〈资本论〉与人类文明新形态》，《四川大学学报》（哲学社会科学版），2017年第5期，pp. 13–19.

金融化时代，金融化资本取得了庞大的资本积累，并不断发展壮大，而其中的主要工作者多数仍为金融民工。金融民工几乎从事了所有的金融行业工作，产品创新、制度设计、金融合约的制定，然而其与这些直接的价值增值似乎没有必然的联系。另一方面，金融化资本体系下控制的实体产业的生产工人，他们似乎没有被金融化资本所剥削，这恰恰是金融化资本拜物教的体现，因为金融化资本对整个产业体系进行整体性剥削，掌握着资产的价值评估权，掌握了凭空制造巨额财富的权力，搜刮全世界劳动人民的民脂民膏。这些金融化资本作为生产资料被私人资本家所有和支配，劳动者与金融化资本实际上是分离开来的。

重新建立个人所有制是一条瓦解资本主义私有制的路径。资本主义私有制消亡，要建立一种什么样的所有制形式呢？马克思给出了理论回应，也就是重建"个人所有制"。资本主义的私有制形式，是对个体的、以个人劳动为基础的私有制的第一个否定。资本主义对自己的否定是自然的历史过程，是对否定的否定。这个否定并不是再次回归私有制，而是在资本主义社会发展的基础上，在协作和对土地及靠劳动本身生产的生产资料的共同占有的基础上，重新建立个人所有制。重建个人所有制，并不是要彻底否定一切资本主义要素，扔掉资本主义创造的一切工厂、企业、城市等，而是在其生产力发展的基础上，发展出更为高级的社会制度形式，也就是要在"扬弃"的基础上，发展出更高级的"个人所有制"。马克思在《资本论》中谈到了这种初步的建设构想，通过"合作工厂""股份公司"等形式，实现个人对社会财富的共同占有，逐步消除资本主义私有制，建立"个人所有制"。重建个人所有制和重建自由人联合体，每个人的自由发展是一切人自由发展的基础，在此基础上才能彻底消除资本主义私有制，重新建立"个人所有制"。马克思指出商品社会中产品是作为商品形式存在的，也就是作为价值存在的，从而引发了私人劳动与等同的人类劳动发生关系。只有扬弃资本主义私有制，建立"个人所有制"，实现生产资料全体占有、生产关系的自由平等，才能为每个人自由发展是一切人自由发展的前提性质的社会奠定坚实的基础。资本新形态中蕴含了超越资本自身界限的可能性，从而为重建个人私有制提供了可能性。这些可能性从发展模式来看，"共享"经济模式在全社会各个领域推广，以产品的使用权代替所有权，从而逐步瓦解私有制建立公有制，甚至扬弃"所有权"的概念。但从技术突破来看，去中心化的区块链技术能否消解金融化资本操控下的社会资源向部分少数顶层集中的社会生产关系，从而建立真正的"个人所有制"，仍是一个未知数。❶

第二节 立足"现实的个人"：消解金融化资本拜物教的主体力量

本节主要讨论如何唤醒革命主体摆脱拜物教的统治的问题。从马克思的"现实的个人"概念出发，"现实的个人"要经历一个从实践主体性到革命主体性的转变过程。这个过程从强调主体的实践性到强调主体的革命性，大概可以进一步理解为三个方面，革命主体形成的条件、革命主体的形成机制和革命主体的形成。"现实的个人"通过自我革命和辩证发展，成为瓦解金融化资本的主体力量。在金融化资本的抽象统治中，革命主体重新认识自己，重新确证自己，重新实现自己，从而实现对金融化资本的掌控，瓦解金融化资本拜物教的统治。

"现实的个人"是马克思唯物史观的前提，也是无产阶级革命推翻资本拜物教统治的落脚点。马克思主义哲学始终立足人本身、人的存在状况、人作为能动的主体，从而实现社会生产力的不断发展和社会生产关系的调整，最终实现"人的全面自由发展"。金融化资本拜物教通过金融叙事，通过对价值形式转化的方式，实现了比马克思工业时代更为抽象的统治目的。然而金融化资本拜物教的统治没有改变资本主义社会私有制的所

---

❶ 夏莹、牛子牛：《当代新资本形态的逻辑运演及其哲学反思》，《中国社会科学评价》，2020年第1期。

有制形式，没有改变资本对劳动剥削的本质，因此，回到马克思关于"现实的个人"理论指向，在具体的、现实的历史条件下考察金融化资本物化统治的现实、考察金融化时代消解拜物教的方法论，仍然可以给我们重要的启示。

一、从实践主体到革命主体的"现实的个人"的自我革命

马克思认为作为实践主体的"现实的个人"，是推动历史进步的人民群众。作为"现实的个人"，既是历史的前提，又是历史的结果。"现实的个人"具有历史性，"现实的个人"总是在历史发展中，实现其主体性。"现实的个人"的现实性，是其本质和目的的统一。"现实的个人"具有不断超越自我的超越性，在不断自我变革中实现自己。因此"现实的个人"并非一成不变的单个的原子样式的个人，"现实的个人"是在扬弃自身过程中实现自己的主体地位的，"现实的个人"的发展是辩证的。作为永恒的实践主体在不断向着革命主体转化的过程中实现自我。马克思认为实践意义上的主体始终是"现实的个人"。因而，作为自身保存、自身增值的无意识过程，资本本身并不具有自我意识，也不具有能动实践，而只是支配着大量劳动主体自我意识与能动实践的"结合体"（总体工人）。[1]

从实践主体到革命主体的转化中最大的障碍在于资本逻辑关系中的资本抽象的统治。这里涉及当代金融化资本的主体地位问题。在资本逻辑中，资本操控着劳动，劳动屈服于资本，这个资本与理性形而上学的结合，似乎是始终难以破解的难题。马克思也多次强调资本对人的统治，抽象统治人的问题。即使马克思对"现实的个人"进行了定位，但他没有将其直接作为革命的主体，作为打破拜物教的主体，而是将无产阶级、阶级共同体作为取得革命胜利和作为依靠、领导的力量。那么在资本与劳动的关系中，如何理解主体性问题呢？资本如果作为主体，劳动主体就无法作

---

[1] 郗戈：《资本逻辑与主体生成：〈资本论〉哲学主题再研究》，《北京大学学报》（哲学社会科学版），2019 年第 4 期。

为主体。对此，需要对资本和劳动的主体性质进行更加细致的分析。资本具有主体的形式特征和外在表现形式，资本作为主体的特征鲜明地体现为自我关系、自我生成与自我实现三个方面。资本在资本逻辑关系中，在概念规定中表现出"自动的物神"，自我增值，自我设定，自我实现，并操控着雇佣劳动，操控着工人的生产实践。资本表现出其自身运行的规律，这种规律游离于人的主观意志之外。所以，这种与劳动相异的资本不可以作为主体存在，最多只能作为主体的外在形式而存在。资本逻辑只有"主体"形式外观，实质上只是一种"去主体"的结构化过程。《资本论》中只提出一种真实的主体，那就是从资本逻辑中不断生成革命主体。❶ 关于资本的主体概念，只是形式上与近代自我意识作为主体概念具有一定类似性，但实质上却不同的。因此，在资本与劳动的关系中，资本处于优势的地位，呈现了其自身运行的客观规律性，但不能认为资本居于主体地位，尤其不能将资本主体这种外在形式的主体性扩展为整个社会的运行逻辑。

马克思强调了"现实的个人"作为实践的主体，作为改造世界的主体力量。马克思是在改造实际的物质承担者的意义上，在劳动作为改造历史实际变革者的历史地位来理解实践主体的。然而，并不能将"现实的个人"直接作为革命的主体来看待，而是要在具体的历史条件中，"现实的个人"由生产实践的主体发展成具有领导和主导地位的革命主体。金融化资本对人的抽象统治，在金融化时代，主要表现为新自由主义的意识形态对人的统治，并且这种意识形态具有鲜明的阶级特征。从统治阶级的角度来看，新自由主义意识形态是成功的，它或者强化了统治阶级的统治权力（如美国和英国），或者为资产阶级自身的地位巩固创造了条件（如墨西哥、南非和印度），或者为资产阶级统治实现新的方式（如俄罗斯）。新自由主义意识形态始终维护的是金融化资本占有者的利益，维护的是统治阶级的利益，从而实现金融化资本的剥削与扩张的自由。因此，新自由主义

---

❶ 郗戈：《资本逻辑与主体生成：〈资本论〉哲学主题再研究》，《北京大学学报》（哲学社会科学版），2019 年第 4 期。

意识形态也是打破金融化拜物教统治的观念障碍，由于新自由主义的意识形态叙事也是其统治的重要手段，对资本主义社会被统治的人造成极大的困扰。新自由主义强调自由理念，放松对市场的管制，倡导个人主义，主张私有化，无非为资本所有者剥削更便利提供辩护和理论支持。这种个人中心主义所鼓吹的绝对自由、平等、博爱等思想极具迷惑性。因此，要打破金融化资本拜物教的统治，必须要瓦解其意识形态基础。

革命主体的形成必将经历资本和劳动的激烈斗争的过程。资本中关于"他者"的设定，"他者"包含两层意思：一是认识论中的客体，二是被主体所排斥和压抑的异质。资本自身就包含着与自身的区别，包含着对立物。资本与劳动之间的社会关系从根本上是矛盾的，甚至是对抗的，它决定了资本有着自身的内在否定性。资本的社会运动产生了资本与"他者"的关系，资本的"他者"是相对的概念：就劳资关系而言，他者指作为人格化的资本——资本家所雇佣的劳动者；就资本的个别性而言，他者指构成与某一特定资本相竞争的他人资本。本书所涉及的"他者"主要指"劳动者"。❶ 资本的确证是通过它的对象也就是"他者"来实现的，只有他者的存在才能证明其具有现实的对象性的关系。资本的"他者"设定，反映了资本内在逻辑中的主宰与被主宰、剥削与被剥削、占有与被占有的劳资关系。❷ 在后结构主义的理论中，劳动被作为"他者"，被资本所打击和拒斥，然而被拒斥的"他者"一直是生产的主体和实施者，虽然其主体性被压制，但始终包含着积极的革命因素。在金融化时代，作为"他者"的革命潜能和可能性会更大。

"现实的个人"孕育了瓦解金融化资本拜物教的革命主体。当代资本主义社会中，具有垄断性质的金融化资本成为社会的实际支配者，其斗争形态逐渐表现为两极分化的社会阶层之间。金融化资本统治下，债务已经成为整个社会的属性，作为个体的人往往可以归为两个相互对立的社会层

---

❶ 张雄：《现代性后果：从主体性哲学到主体性资本》，《哲学研究》，2006 年第 10 期。
❷ 张雄：《现代性后果：从主体性哲学到主体性资本》，《哲学研究》，2006 年第 10 期。

级，产生了"债权阶层"与"债务阶层"的对立和斗争。近年来发生的"占领华尔街"运动，在欧洲国家如英国也出现了大规模反对金融化资本操控的抗议和运动，这些抗议和运动同样是债务阶层的反抗运动。这些抗议和运动是发生在金融化资本的占有者与劳动者之间的，具备一定的革命要素。马克思指出：资本逻辑中两个对立方面的相互作用不断生成革命主体。❶ 金融化时代债务的普遍化和规模化，造成社会中的金融化资本占有者与劳动者在财产占有方面的裂痕比工业资本主义时期更深，因为作为金融化时代的劳动者在财产意义上是以负资产的形式存在的，甚至比无产阶级的财务状况还要差。金融化时代的统治采取了"负债"的形式，将劳动者的自由时间、劳动者的劳动权利几乎变成了义务，至于这个义务的合同有与无，与哪个资本家签订，则无关紧要。这种形式上松散的统治、实质上的强烈的全时空控制，往往会引发大规模的债务危机与信用危机。一旦人们看清这种关系，则斗争和反抗的形式将更加强烈，或将整个社会拖入动荡之中。债务同样超越了经济意义，具有了社会意义，在金融化时代的资本主义社会中，债务使得人与人之间的关系变成依赖关系，债务是通往金融化资本价值转向未来的必经之路。虽然债务在资本主义社会是剥削的工具，但债务关系包含了积极解放的潜能。❷ 在金融化的过程中，新自由主义的意识形态和行动加速了贫富两极的分化，新自由主义是一个新的发展阶段，这个阶段资本家阶级的金融集团与管理者阶级上层之间形成新的联合体。❸ 新自由主义得到了金融化资本的支持，反过来促进了资本主义社会的变革，强化了金融化资本的发展，"阶级结构和力量的变化成为金融资本主义产生的根源"❹。

---

❶ 郗戈：《资本逻辑与主体生成：〈资本论〉哲学主题再研究》，《北京大学学报》（哲学社会科学版）2019 年第 4 期。

❷ 汪行福：《当代资本主义批判——国外马克思主义的新思考》，《国外理论动态》，2014 年第 1 期。

❸ 热拉尔·杜梅尼尔：《关于新自由主义的危机——热拉尔·杜梅尼尔访谈》，周思成译，《国外理论动态》，2010 年第 7 期。

❹ 汪行福：《当代资本主义批判——国外马克思主义的新思考》，《国外理论动态》，2014 年第 1 期。

二、自由时间的积累为革命主体的生成创造了条件

拜物教在本质上是人对自我欲望的追求的外在性投射后的反射，是某物与主体自身欲望相契合的一种确认。拜物教本身是一种缺失性引起的主体自我欲望无法实现的补偿。

时间既先验地构成人的基本存在形式，又经验地成为人类解放的基本条件。革命主体的形成是生产力发展的结果，但生产力的发展并不会必然导致革命。革命主体的形成需要自由时间作为条件，因为自由时间本身包含着革命的因素，同时自由时间又是革命主体的目的及其行为的结果。剩余劳动和剩余时间是自由时间的物质基础，但前者不会必然导致后者，剩余时间转换为自由时间同样是革命主体诉求。"剩余劳动时间有可能转化为自由时间即人全面发展自己的自然本性与社会潜能的场域"。❶ 因此，自由时间是革命主体形成的潜在可能和必要条件，自由时间也是人全面自由发展的基本构成要素。

从马克思关于时间结构关系的阐释中，可以得出自由时间在人类解放和人全面自由发展中的重要地位。马克思在《1861—1863 年经济学手稿》中指出，时间是人的积极存在，是人发展的空间。❷ 在这里马克思从时间的积极属性的反面说明了剩余时间和剥削的非法性。时间可以作为人生命的尺度，暗示了时间由剩余时间向自由时间的转变。时间是人的发展空间，其内含了时间是革命主体生成的条件。"剩余劳动时间是剩余价值的源泉，消灭剥削意味着消灭剩余劳动时间。"❸ 此外，马克思根据时间与资本、劳动和价值的关系对时间结构进行了揭示，"马克思的时间结构是指

---

❶ 郗戈：《资本逻辑与主体生成：〈资本论〉哲学主题再研究》，《北京大学学报》（哲学社会科学版），2019 年第 4 期。
❷ 《马克思恩格斯全集》（第 37 卷），北京：人民出版社，2019 年，第 161 页。
❸ 张文涛：《时间是人的积极存在——对于马克思主义一句论断的理解》，《甘肃社会科学》，2019 年第 4 期。

必要劳动时间、剩余劳动时间、自由时间的比例关系"❶。自由时间占比的高低决定了社会发展水平的高低，在前资本主义时期，劳动时间占据了实践主体的大部分时间，人对时间表现出依赖性的关系。在资本主义时期，剩余劳动时间得以显现，一部分时间可以超脱于劳动之外，表现为以物的依赖性为基础的人的独立性阶段。而共产主义社会则是全社会的人共同占有自由时间，进行自由自觉的活动，表现为人的自由全面发展的社会状态。

自由时间是可自主支配，用于从事自由自觉活动的劳动时间。这里的劳动并非指谋生手段，而是指为了发展丰富人的个性而从事的活动，并且这种活动也将极大地促进人类社会生产力的发展。自由时间是一个哲学范畴，始终表现出人的积极生存状态。在共产主义条件下，自由时间与劳动时间将相互融合，互为前提，相互促成。自由时间与资本家依靠剥削占有劳动时间而获得的闲暇时间，从进行挥霍消费的个人物质享受所花费的时间是不同的。金融化时代下，金融化资本的发展为资本家创造了极大的剩余时间。在金融体系运行下，金融资本成为新的自动增值的物神，资本家只需要将这些资本投放到金融市场中，就可以获得极大的价值增值的回报。金融化时代资本家采取了债务方式，同样将未来价值现实化，从而获得更广泛意义上的时间的价值向度转换。虽然剩余价值获取有极大提升，但是自由时间没有相应地提高，这种巨大的反差也加大了资本主义社会危机和革命的潜在可能性。自由时间的积累为革命主体的生成创造了条件，具体表现为以下三个方面。

（一）自由时间是一种积极的存在，革命主体的形成以重新占有自由时间为前提

在前资本主义的社会形态中，人们必须以全部时间从事劳动，才能勉强维持生存。"谋生"是劳动的唯一目的，人的劳动没有自由可言。马克

---

❶ 张雄、速继明：《时间维度与资本逻辑的勾连》，《学术月刊》，2006年第10期。

思揭示了劳动与自由相悖的状况：对劳动者来说，劳动不属于他的本质；劳动者在自己的劳动中并不肯定自己，因此劳动者只是在劳动之外才感到自由自在。❶

自由时间是由劳动实践主体创造出来的，然而在资本主义生产关系和生产方式中，自由时间往往以"闲暇时间"的方式被资本家所占有。随着社会生产力的发展和竞争格局的改变，作为劳动时间的主体在获得竞争优势后，往往可以从自身兴趣、爱好和为全社会的进步而进行职业选择。由于其已经依靠竞争优势获得一定的社会财富，其工作和生活具备一定的自由自觉性质。在金融化时代，这些"贵族工人"或者中产阶级，必然以其实际劳动与获得报酬不相匹配而在政治上有所诉求，这些诉求最终可能转换为具有革命因素的意识形态。于是罢工和哈特与奈格里所定义的"出走"成为革命主体的潜在群体性行为。

自由时间是实践主体的积极存在状态，自由时间并非是闲暇时间。闲暇时间有消极因素和积极因素，整体上消极因素占据大部分，容易导致人的松散、懈怠和贪图享乐，而自由时间本身内含着积极的因素。自由时间绝不是以随意消闲、无所事事为主要特征的，而是指"用来个人受教育的时间，发展智力的时间，履行社会职能的时间，进行社交活动的时间，自由运用体力和智力的时间"❷。

（二）自由时间是革命主体的目的因和动力因

人们要从资本逻辑统治状态下的异化劳动中解放出来，从而实现对自由时间的充分占有，并且享受劳动时间与自由时间统一的自由发展状态。马克思认为，在以人的自由全面发展为标志的社会发展的第三大形态中，在社会生产力得到高度发展、社会财富积累水平大幅提高的情况下，劳动时间将表现为自由时间。自由时间可以使人获得丰富充分的个性发展，是

---

❶ 《马克思恩格斯文集》（第1卷），北京：人民出版社，2009年，第159页。
❷ 《马克思恩格斯文集》（第5卷），北京：人民出版社，2009年，第306页。

共产主义社会"现实的个人"的普遍状态，因而成为革命主体追求的终极普遍目的。自由时间是指人可以不被固定在某个特定的职业之上，而是可以自由支配自己的世界用于个人个性的充分发展之上。在自由时间的状况下，人们将摆脱物质需求的束缚，转而从事科学、艺术、文化和社会交往等多方面个性化的个体性创作，从而实现个体的自由全面发展。只要在社会生产力极大提高的共产主义社会，"在自由时间里，劳动作为目的与作为手段实现了直接同一。"❶

资本主义的异化劳动虽不是人的目的，却是消除异化的手段和必经之路。金融化时代资本主义劳动异化呈现极端的状态，劳动与其直接的劳动成果价值相分离，甚至表现出毫无关联的状态。异化劳动创造了自己的统治者——国际垄断金融资本主义不仅控制了资本主义国家，甚至还企图控制全球的经济发展，从而进行剩余价值剥削。劳动表现为对人的强迫的、单向度的活动，这种活动是作为金融体系下的一个环节而存在。金融化时代劳动的目的是使金融化资本日益强大，却也使得劳动者日益贫困，因此，必须消除异化劳动，将劳动的目的定位于自由自觉的活动中。而自由时间正是走向这一目的的重要途径，劳动时间向着自由时间转换，必须超越其自身创造物质财富的属性。劳动只有变成自由自觉的和创造性的活动，并且扬弃其异化的性质，变成人的基本需求和目的，自由时间才可能真正实现。积极性质的和富有创造性的活动将满足人的本质需求，这都是在自由时间的状态下进行的，自由时间也将使人类的本质力量得到极大提升。

在共产主义社会，财富衡量不再以交换价值为尺度，而是取决于自由时间的占有程度。"财富的尺度决不再是劳动时间，而是可以自由支配的时间。"❷ 自由时间成为财富的尺度，瓦解了资本占统治地位以来的以价值为核心的各类理念、原则及其经济金融体系。在共产主义社会中，自由时

---

❶ 余静：《马克思的自由时间范畴及其当代意义》，《马克思主义研究》，2008 年第 3 期。
❷ 《马克思恩格斯全集》（第 46 卷·下），北京：人民出版社，1980 年，第 222 页。

间既是人的普遍生存状态，又是人类社会发展的目的与手段的统一。

（三）自由时间为革命主体丰富的个性发展提供了空间，而丰富的个性发展也是革命主体阶级意识觉醒的重要组成

在资本主义社会中，人们被束缚于异化劳动之中，个性被机械性的劳动压制。资本家几乎占据了工人的全部劳动时间为其自身价值增值服务。马克思指出："工人及其家属的全部生活时间转化为受资本支配的增值资本价值的劳动时间。"❶ 马克思还指出了产业资本时期资本碾压工人及其家人的情况。资本借助机器大工业提升了生产效率，却造成工人的生存条件和状况的下降，工人全部的时间都变成异化劳动的时间。产业资本对工人不断实施压榨，这种压榨牺牲了工人的健康、娱乐乃至生命，加速了工人的异化。资本主义条件下，发展生产的一切手段都变成资产阶级统治和剥削工人的方式和手段，工人在这种条件下成为机器的附属品。

剩余劳动和剩余时间是自由时间的基础和前提，剩余劳动随着人类社会生产力发展到一定的程度，特别是机器大工业时代的到来，人类社会进入了"以物的依赖性为基础的人的独立性"阶段，出现了大量的剩余劳动和剩余产品，进一步表现为剩余时间。在金融化时代，物质生产力得到更大的发展，以至于剩余劳动可以在金融系统中，成为一个独立获取价值的庞大的"借贷"产业。劳动表现出独立自为性质，工人生产出大量的剩余劳动，成为自由时间的物质前提，剩余劳动在资本的统治下超出了工人自身的需要的界限，从而为个性的丰富发展提供了空间。因为，剩余劳动的增多，将帮更多的社会成员解放于作为谋生手段的职业性质的劳动。然而剩余时间并不等于自由时间，二者有着显著区别，前者主要指资本主义状态下的分配结果，后者则是共产主义下的时间分配状态。人们要做的就是消解金融化资本拜物教的统治，从而为全体社会成员的自由全面发展奠定坚实的物质基础，保障每个社会成员都获得自由时间。

---

❶《马克思恩格斯文集》（第5卷），北京：人民出版社，2009年，第469页。

三、劳动主体的科学化成为革命主体的生成机制

20世纪70年代以来，出现了"认知资本主义""技术资本主义""传播资本主义""数字资本主义"等称谓，这些称谓有一个共同的特征，就是资本与科学技术及人力资源的结合。金融化加速和放大了这种资本与技术结合的步伐和优势。作为掌握技术的劳动者，他们拥有更高的学历、更高的创新能力、更高的工资议价能力，从而他们对自身的处境和劳动者的处境有着更为清醒的认知。在这种趋势下，劳动力作为技术和人力资源的载体，掌握着生产力发展的技术优势，在与资本对抗过程中自身的主体性得到进一步确证，也在一定程度上获得解放意识。认知资本主义作为一种具有一定张力的资本形态，具有革命的反抗和斗争要素，是资本主义发展到新阶段的特征。通过对资本主义社会基本矛盾的进一步分析，可以得知"劳动过程与价值增值、社会化生产力与资本主义生产关系之间的矛盾构成了革命主体生成的条件和机制"[1]。

劳动的科学化同样得益于金融化资本对非物质生产劳动的促进和放大作用。资本主义下的劳动有两种类型：一是生产性劳动，它产生价值，从而产生财富；二是非生产性的劳动，它不生产价值。按照这种模式，金融部门和其中包含的劳动力从根本上来说是没有生产力的。拉帕维查斯（Lapavitsas）主张，金融和金融化需要在不生产（价值）的情况下获利，换句话说，通过提取经济中其他地方专门生产的价值来获利。[2] 与工业资本主义时期物质生产劳动占据生产的主体地位、固定资产在生产中占据重要地位不同，金融化时代以来，非物质生产地位日益凸显，成为价值增值的主要方式，并且在发展中从事非物质生产的劳动者地位得到明显提升。非物质的智力劳动产生了新兴的工薪资产阶级，这个阶级虽然也出卖自己的劳动

---

[1] 郗戈：《资本逻辑与主体生成：〈资本论〉哲学主题再研究》，《北京大学学报》（哲学社会科学版），2019年第4期。

[2] Lapavitsas C, *Profiting without Producing: How Finance Exploits Us all.* London: Verso, 2013.

力，但分享着新技术带来的工资和特权。❶ 奈格里进一步阐释了劳动的科学化对劳动者地位的提升和对资本构成带来的冲击。作为"死劳动"的固定资本的主体性形式得到弱化，作为"活劳动"的劳动者主体性内容得到彰显，奈格里认为："资本主义发展的某个时刻，活劳动发挥出了颠倒这种关系的力量。尽管未必能从这个过程中被单独拎出来，但活劳动开始对资本和社会生产的资本主义管理展现出自己的优先权。"❷

劳动的科学化在当代既表现为劳动的数字化、智能化，也表现为资本的认知化、人力资源成为重要的资本。马克思指出"固定资本就是人本身"，一方面是说固定资本是历史化了的人类劳动，另一方面说明人也是在固定资本形成的过程中塑造了自身，固定资本塑造了人的性格、情感、意志和认知。固定资本现在看起来像是存在于身体内部，这些工作不是被具体化在与工人相分离的一个物质产品中，它们一直都存在于大脑中，不能脱离人而存在。固定资本作为人本身，人的存在是物化与社会化两种状态的中间体。一方面人可能在创造固定资本之时走向物化，另一方面生产者也可能在创造固定资本之时走向社会化，获得智力和自身能力的不断增长，从而控制固定资本，或者变成具有自我认知能力的固定资本。固定资本和劳动的关系，工人可以在生产过程中占有生产资料，"固定资本的占有不再是隐喻，而是成为阶级斗争可以接纳并当作政治纲领的装置"❸。奈格里讨论了固定资本就是人本身，这在某种状况下已经不是一个哲学隐喻的问题，而是一个政治隐喻的问题，也就是说固定资本的技术化、人格化蕴含着新的革命因素。这说明固定资本在生产过程中占有生产资料，将使生产者获得自身更多的权力。"工人掌握的生产过程与资本主义增值和控制的手段已经越来越分离。工作本身的尊严和权力已经达到如此高的程

---

❶ 汪行福：《当代资本主义批判——国外马克思主义的新思考》，《国外理论动态》，2014年第1期。

❷ ［意］安东尼奥·奈格里：《固定资本的占有：一个隐喻?》，黄璐译，《当代中国价值观研究》，2020年第4期。

❸ ［意］安东尼奥·奈格里：《固定资本的占有：一个隐喻?》，黄璐译，《当代中国价值观研究》，2020年第4期。

度，以至于它可能会拒绝强加给它的价值增值的形式，所以即便处于控制之下，它也可以发展自己的自治权。"❶

　　劳动科学化和技术占据优势的资本主义发展，同样促进了金融化体系的全球化，在这个过程中也塑造了新的资本主义意识形态，这些形态包含着潜在的革命因素。"新自由主义的全球经济范式及其金融化体系实际上是由技术资本主义的全球化所推动的，它代表着新的积累模式和资本主义精神。"❷ 新的积累模式下只要是依靠金融化资本的模式，或者实体产业公司成立金融部门，就能获得更多的收益，与之相对应的新自由主义意识形态总是包含着不稳定性，罢工与示威游行等破坏性运动在资本主义国家十分活跃。此外，劳动科学化也会加剧劳动主体内部的分化，从而引发两极分化和矛盾的滋生。加博尔（Gabor）讨论了金融化和日益加剧的不平等之间的联系，他认为："金融专业人士的收入激增和公司内部不平等的加剧是不平等加剧的主要驱动因素，而不平等反过来也加强了金融化。"❸ 大卫·哈维提出，以拥有金融实力的国家为后盾的金融寡头会在"核心"国家鼓励"工人贵族"的形成，收买劳工使他们保持和平。❹ 但这也只是金融化时代资本家的一厢情愿罢了，因为"工人贵族"一般是作为中产阶级出现的。在面临危机或者生存压力状况时，中产阶级往往受到的影响最大，一方面他们占据技术的高位，在收入上与普通工人相比，他们占据更大的优势，然而他们作为工人的本质并没有改变，他们收入的主要来源依然是靠劳动取得的。另一方面他们往往持有一定的金融资产股份，在危机来临之时，几乎所有金融资产都将大幅缩水。需要说明的是，与金融化资本收益的方式不同，作为技术持有者的中产阶级，其技术能否适应金融化

---

❶ [意] 安东尼奥·奈格里：《固定资本的占有：一个隐喻?》，黄璐译，《当代中国价值观研究》，2020 年第 4 期。

❷ 汪行福：《当代资本主义批判——国外马克思主义的新思考》，《国外理论动态》，2014 年第 1 期。

❸ Gabor D, *Central Banking and Financialization: A Romanian Account of How Eastern Europe Became Subprime*, Houndmills: Palgrave Macmillan, 2010, p. 18.

❹ [英] 大卫·哈维：《资本的限度》，张寅译，北京：中信出版社，2017 年，第 454 页。

资本的增值逻辑是技术工人能否成为"工人贵族"的关键，而一些理论上的思想类的劳动者则很难保持中产阶级这个地位。

资本拜物教遮蔽了人与人之间的雇佣关系，将这种关系表现为商品之间的交换的物与物的关系，在这个过程中，劳动被物化为商品货币和资本。拜物教也是抽象的对人统治，抽象的对人的劳动的支配，因此，打破拜物教也需要从劳动异化的解放出发，只有破除资本主义统治的三大拜物教，才能将人从异化劳动解放出来，进而实现人的解放。马克思主义哲学认为实践创造了人，人的主体性形成归根结底是由劳动实践决定的。因此在金融化资本拜物教的统治过程中，劳动科学化是对人的劳动的主体性的确证。劳动科学化在促进劳动解放的过程中，提升了人的主体性地位。虽然劳动科学化可能造成劳动者内部的分化，但这种分化在资本主义社会中是以异化的形式出现的，异化的扬弃和异化走的是同一条道路，因此，金融化时代不断加剧的劳动科学化必将加速金融化资本拜物教统治的消亡。

第三节 规范和引导资本的当代发展：消解金融化资本拜物教的中国方略

面对金融化资本拜物教的统治，总体上看西方学者从文化角度、从精神分析角度，以激进的思想为特征反对当代资本主义社会，大多致力于理论上的研究和争论，提出的解决方法偏于理论化、理想化、抽象化，而不是从政治经济学角度寻求批判和变革，更没有付诸社会实践。中国一直是马克思主义理论坚定的拥护者、实践者和创新者。改革开放以来，中国对于规范和引导资本发展积累了一系列经验，对资本逻辑统治导致的危机和困境有了更为深刻的认识，在充分利用资本作为促进生产力发展要素方面取得了伟大的成绩，同时也为资本发展设置了"红绿灯"，为世界各国资本发展树立了榜样。中国从制度上保证了中国共产党领导下的人民主体地位，积极践行社会主义核心价值观，推动金融共享，为瓦解金融化资本拜物教统治提供了中国方案。

一、必须坚持党的领导和社会主义制度

（一）充分发挥党的领导优势，全面推动共同富裕

党对金融工作的领导，是坚持以人民为中心的根本保障，是我国应对金融社会到来的最大优势。要坚持党对金融工作集中统一领导的优势，确保金融改革发展方向正确。要坚持正确的发展理念，直面发展不均衡不充分的矛盾。只有在党的领导下，共同富裕的目标、功能和制度才有灵魂。

一是明确金融促进共同富裕的价值目标。必须坚持金融绿色、共享、可持续发展的理念。坚持绿色发展，当前重点积极推进"碳达峰"与"碳中和"目标的实现，确保我国经济发展与自然生态和谐平衡。坚持共享的理念，金融资本要为全体人民服务。坚决反对私有化和市场原教旨主义，发挥政府调控作用完善再分配机制。坚持注重可持续发展，发挥金融的长效机制，特别是在农村和欠发达地区，应推动扶贫工作由"输血"转为"造血"。

二是明确金融促进共同富裕的功能指向。金融与财政扶贫不同，金融扶贫可兼具营利性，因而更具科学性并能真正惠及低收入者。与单纯追求增值不同，金融支持共同富裕的重点对象在于金融知识匮乏的人群和贫困落后地区，因此本金安全、收益稳定更为重要。金融的防范风险功能是促进共同富裕的重要指向，从实际来看，因病致贫和重大突发事件是中产阶级和贫困家庭致贫返贫的重要原因，因此通过扩大保险等金融产品的覆盖面，确保中低收入者基本的保障，是金融支持共同富裕的重要工作。金融起到管理风险的作用，对风险的有效管理应该带来降低社会不平等程度的效果。

三是明确金融促进共同富裕的制度支撑。要将党的领导与国有金融机构公司法人治理相结合，促进形成良好的现代公司治理机制。改革分配制度，提升劳动在收入分配中的比重，调节和降低财产性收入比重，重回劳

动对价值创造的主导性作用。发挥我国金融国企的引导作用，发挥国有资产的基础性和主体性作用，坚持公有制经济在民生事业建设中的导向作用。坚持实施中国特色社会主义金融扶贫制度，完善信用体系构建，建立政府、银行、企业和社会合作信用服务平台，形成金融支持扶贫工作有效长效机制。建立财政资金引导扶持，金融资金为主体的工作模式，放大财政资金扶贫杠杆效应，建立商业、市场化的金融扶贫模式。

（二）充分发挥社会主义制度优势，积极发挥国有资本的重要作用

我国是社会主义国家，必须坚定坚持和充分发挥我国的根本制度——社会主义制度的优势，必须坚持正确的政治方向。要注重兼顾效率与公平，在金融化资本促进经济发展的过程中，注重区域发展平衡，注重高低收入平衡，注重人们对美好生活的需要与充分发展、均衡发展的协调一致。从问题出发，深刻认识到当前我国仍然处于社会主义初级阶段，发展社会生产力仍然是解决一切问题的关键。在社会主义基本制度前提下，利用好金融化资本为国家发展带来经济活力和支撑。激发各类资本的发展积极性，"发挥其促进科技进步、繁荣市场经济、便利人民生活、参与国际竞争的积极作用"❶，使金融化资本积极服务于人们和国家。

我国社会主义制度突出的制度优势是集中力量办大事。当前国际金融垄断资本肆意横行，对亚非拉等国家进行金融侵略，制造多起金融危机，导致这些国家的经济严重衰退。在和平时期，金融侵略可以达到甚至超越战争的掠夺的目的。我国在几次国际金融资本的"袭击"之中表现良好，有效化解了危机，充分体现了我国的体制机制和制度优势。我国可以集中各种力量，统筹协调各个方面积极应对，具有非凡的组织和协调能力，从而实现了集中力量办大事的制度优势。

面对国际金融垄断资本的恶性竞争时，中国可以发挥体制机制和制度

---

❶ 习近平：《依法规范和引导我国资本健康发展 发挥资本作为重要生产要素的积极作用》，《光明日报》，2022 年 05 月 01 日，第 01 版。

优势。在物质力量层面，国家主导和控制的国有资本是重要的力量，国有资本体现了国家的意志，体现了人民的意志，为资本的发展注入了以人民为中心的主体性意志。"国家政权利用社会代表的身份，必然从外部对资本进行有效的控制，把工人与资本之间的矛盾控制在社会可承受的范围之内。"❶ 这种制度设计是符合中国国情的，也与我国所处的经济社会发展阶段相吻合。在这种状况下，资本只是在经济上支配工人的具体劳动，而国家则在政治上牢牢把控着主动权，防止资本过度和非法膨胀从而侵害人民的利益。中国人民银行和国有控股银行起着稳定金融资本市场的积极作用，以央企、国企为代表的企业集团在国家基础服务领域占据优势地位，是国家防止私人资本通过金融商业手段支配国家政权的重要物质保障。在与国际金融垄断资本竞争过程中，这些国有资本代表国家意志，体现人民利益，维护世界和平共同发展。在这些竞争中，代表国家和人民利益的国有资本必然会与金融化资本发生激烈的冲突和矛盾。中国国有资本对于金融化资本投机性、逐利性和价值增值性具有明显的抑制性作用，是瓦解资本主义国家金融化拜物教统治的重要力量。

二、将资本的历史方位定性于生产要素

当前，国际金融垄断资本主义处于历史上升时期，成为当代资本主义发展的新的历史节点。面对金融化资本对全球利润收割的霸权行径及金融化资本拜物教的统治时，我们也须看到金融化资本在促进生产力发展中的历史作用。

中华人民共和国成立以来，中国对资本的认识经历了一个复杂的阶段，出现过对资本进行彻底否定和打压的时期，随着改革开放的推进，我国对资本的认识有了更全面的深化，经过改革开放四十多年的伟大实践，我国积累了较为丰富的驾驭资本的经验。关于对资本的认识，是随着我国

---

❶ 彭宏伟：《资本总体性：关于马克思资本哲学的新探索》，北京：人民出版社，2013年，第234页。

的国情、历史阶段的主要任务和实践中出现的问题而不断深化的。在此基础上，我国不断制定新的方针政策，将资本的发展置于为人民服务的基础之上，经过艰难的理论和实践探索，不断解放思想，解决了社会主义发展过程中姓"资"还是姓"社"的问题，破除了所有制问题中的重大理论难题。资本被视为生产要素，是一种方式和手段，是支持市场经济发展和资源配置的重要工具。随着市场经济体系的建立，价值规律发挥了作用，资本对全社会的生产资料和劳动要素进行有规律的分配和调节，实现了市场竞争机制，对于生产效率高的部分给予更多的物质回报。资本通过自动调节，不断提升生产资料和劳动资源的使用效率，从而激发了社会发展的动力和活力。我国作为社会主义国家同样可以利用资本来发展市场经济，我国逐步确立了以公有制为主体，多种所有制经济共同发展的经济制度；在分配制度上，也建立了按劳分配为主体、多种分配方式并存的适应经济社会发展实际的分配方式。党的十八大以来，特别是在十八届三中全会上，我们党明确了将政府和市场的关系问题作为当前改革的核心问题，在市场定位上，明确提出要让市场在资源配置中起决定性作用。这是对市场在经济发展中重要的理论定位，是一次重大的理论突破，将为我国进一步改革实践提供强有力的支持，为如何面对资本的总体性和资本的金融化等新问题提供宏观的理论指引。2022 年，习近平总书记在中共中央政治局第三十八次集体学习时，强调"资本是社会主义市场经济的重要生产要素"。[1] 可见，资本的范畴即使发生了巨大的变化，但其作为服务经济社会发展的总体作用得到了肯定。我们必须对金融化资本有正确的认识和态度，作为资本发展的新形式，在看到其破坏性时，也要看到其"文明面"；必须加大对新时代各类资本的作用的认识，不断丰富和深化资本的范畴研究；要从理论上认清金融化资本的本质没有脱离资本的本质，必须发挥其正面的促进经济社会发展的作用，将其作用定位在生产要素上，从而服务国家经济

---

[1] 习近平：《依法规范和引导我国资本健康发展 发挥资本作为重要生产要素的积极作用》，《光明日报》，2022 年 05 月 01 日，第 01 版。

社会的发展。

将资本看成一种生产要素，就要重视资本在金融化过程中是工具和手段的作用，而不是目的本身。正确认识金融化资本，认识到我们处于以物的依赖性为基础的人的独立性的社会历史时期。一切旧的生产力在没有完全发挥出其作用、新的生产力还没释放出更强大的生产力之时，旧的社会制度是不会消亡的，新的社会形态也不会完全到来。因此在面对人类文明新形态时，必须立足现实世界实际状况，立足于现实世界的发展需求，阶级构成及其政治、经济、哲学等历史传统。马克思指出："一切划时代的体系的真正的内容都是由于产生这些体系的那个时期的需要而形成起来的。"❶ 这些体系是以各自国家自身的历史条件为基础的，并且反映了当时的阶级关系及政治、伦理、文化、哲学发展的总体状况。从马克思的政治经济学批判的理论视角来看，将资本定位于生产要素，要更进一步提出具体的实施步骤和方略，这个方略就是当今由中国推动的人类命运共同体。人类命运共同体首先要确定以金融化资本作为工具手段而非目的的定位。当今金融化趋势不断加剧，国际垄断金融资本主义是金融化资本发展的阶段形式，这种极端的垄断资本主义是将价值增值形式发挥到极致，将目的消解于无形，它为人类社会的持续稳定、为全球和平发展带来了隐患。国际垄断金融资本主义将价值增值逻辑放到最高位置，因此，在全球性的能源危机、气候生态问题、地缘冲突中都能看到金融化资本逻辑的影子。

将资本看成一种生产要素，就要回归商品的使用价值维度，防止资本过度金融化出现脱实向虚的问题，要高度重视实体经济发展。金融化资本强化了资本增值属性，不仅去掉各种中介环节，去掉一切不得不做的"倒霉事"，更是通过金融叙事，将资产价值操控于股掌之中。金融化资本的价值增值逻辑，几乎将使用价值完全忽略，而使用价值虽然不符合资本的增值逻辑，但使用价值是价值的载体。即使金融化资本将增值本身作为了使用价值，然而作为增值效用的使用价值本身并没有与之相对应的社会必

---

❶ 《马克思恩格斯全集》（第3卷），北京：人民出版社，1960年，第544页。

要劳动,这种增值效用的使用价值本身也不能在商品交易中得到传递,也就是说没有人因为这种能够增值的使用价值而购买,因而其不能独立存在,其还必须寄托在实际的物质生产之中。对此,我国提出了重视实体经济和对实体制造业进行支持的策略,这是回归使用价值的重要举措。实体产业和实体经济是建立在劳动基础上的,其本身是价值与使用价值的统一体,并且其能够得以兑换是由于卖者获得交换价值而买者获得了其使用价值。在整个社会的发展中,实体产业和实体经济可以看作整个社会价值交换体系运行的基础,金融化资本及其拜物教形式之所以能够运行,是因为其本身也是建立在实体产业高度发展基础之上的。

三、规范且有序引导金融化资本的发展

金融化资本在西方资本主义国家表现出更强的逐利本性、剥削本质和权力统治。我国作为社会主义国家,一切发展以人民为中心,必须防止资本的无序发展和垄断竞争的出现,从而保障全体人民的切身利益。对金融化资本的破解不是彻底摧毁,也不是任由其发展成为垄断状态,而是在扬弃资本将逐利和价值增值逻辑作为唯一目的的基础上实现对资本的规范性发展。

首先,必须强化资本的规范发展。资本的规范发展,是一个事关经济、政治、实践和理论的大问题,关系到我国的社会主义基本制度,关系到改革开放发展和稳定,关系到整个民族的利益和国家的稳定问题。因此面对资本发展过程中所造成的贫富差距、虚拟经济无序膨胀、发展与环境矛盾突出、人的精神生活被形式化的资本所操控的现象,必须为资本的发展设置"红绿灯",健全相关法律法规,确保产权明晰、市场有序、公平竞争的经济发展环境。设置资本市场的入场关口,制定合理的市场准入制度,设置科学合理的市场准入清单。要对资本进入的行业和范围进行具体划分和限定,涉及国家战略安全的领域必须禁止资本的侵蚀;涉及基础设施的民生领域,资本进入的比例、形式和性质必须更加明确并能进行有效管制;对教育、医疗和养老住房等切实关系到人民群众日常生活的领域,

在利用资本发展这些行业的同时，也要对其进行限制，坚持这些行业的公益和民生性质，加大国家在这些领域的投入力度。国有资本自身内部要进行相关改革，在国有资本控制的行业内部，实现政务公开、政资分开，政府要加强特许经营行业的监管力度，对供水、能源、通信、铁路等行业的竞争性环节进行改革，引入竞争机制，提升这些行业的运行效率。对特殊领域的准入给定负面清单。资本只能作为发展社会主义初级阶段生产力的工具，其工具属性不能改变，资本是为人服务，而不是人为资本服务。必须牢牢把握党的领导和社会主义制度的政治方向，坚持以人民为中心；加大反腐力度，破除资本和权力的勾结，防止国有资本的流失和市场的不正当竞争；有效规范资本市场的投融资行为，防止过度使用杠杆，打击恶意投机行为，做好系统性风险的防范和化解。

其次，提升对资本的监管水平。不断加强监管，提升资本治理能力和成效，对于创新发展的资本监管，坚持包容审慎和"两个毫不动摇"，不断适应资本发展过程中的新情况，提出有针对性、前瞻性的措施。要权责明晰，在法律法规没有明确的情况下，须依据"谁审批、谁监管，谁主管、谁监管"的原则进行责任划分。要做好事前引导、事中防范、事后监管的闭环监督管理模式，提升资本监管的能力和监管技术的水平。在金融化资本发展过程中，同样可以看出本末倒置的金融化资本拜物教现象，因此必须对金融化资本进行扬弃。要坚持资本发展的合法合规的底线，"只有从制度的合理性与合法性、人民性和政党的先进性相一致的政治理性框架中，才有可能辩证地引导资本发展的积极效用"❶，从而抑制金融化资本的拜物教性质，促进金融化资本的"文明面"的发展和完善。此外，要创新监管模式，适应资本新形态的发展需求。对于资本不断发展的新形态，既不能按照传统模式进行管理，又不能放任不管，过于强调监管的传统标准，则容易扼杀创新发展；而对于新兴资本发展模式放任不管，则容易使新业态游离于法律之外，疯狂扩张和野蛮生长，因此既要坚持审慎原则，

---

❶ 张雄：《金融化世界与精神世界的二律背反》，《中国社会科学》，2016年第1期。

又要在市场监管失灵时果断介入合理纠偏。对于没有相关监管法律法规的，则加快立法；对于现有法律没做细致规定的，则做好司法解释和适用；同时赋予司法和执法机构一定的裁量权，灵活又有限制地监管新兴事物的发展。

再次，坚决杜绝垄断行为。不断完善反垄断的法律法规，做到规制垄断有法可依。加大监督检查力度，严格执行反垄断和不正当竞争相关法律法规。关于资本主义社会的垄断，可以从马克思的批判论述中得到启示，马克思指出："资本的垄断成了与这种垄断一起并在这种垄断之下繁盛起来的生产方式的桎梏。"❶ 垄断在资本主义社会中的消亡往往是以其自身造成的巨大破坏而实现，我国是社会主义制度的国家，则要主动介入、防止和限制资本垄断行为的发生。对于在市场中形成的垄断行为、利用平台优势从事垄断业务的行为必须坚决依法查处，确保公平公正的市场环境。加强对金融科技、房地产、平台经济等与金融化资本密切相关领域的重点监测。要在原则及其基础上的制度设计方面，防止金融化资本无序发展和垄断的形成，建成既富有竞争活力又不违背人民群众利益的资本发展规范的制度体系。

最后，引导个体理性参与金融活动。在国家和相关机构规范和监管当代金融化资本发展的过程中，也要提高个体对金融化资本理性参与的意识。金融化资本创新繁多，形式多样，隐藏着一些非法而隐秘的诈骗行为，加强个体参与金融市场的引导，要提升个体的反金融欺诈与金融陷阱的能力。其一，加强金融教育和引领，开展征信、反假币等金融知识宣传，提升公众对金融常识的掌握水平。其二，树立法治意识，高度警惕互联网金融、电信电话营销、民间借贷市场等领域的金融陷阱。其三，学以致用，在金融实践中提升个体的金融风险防范能力，积极参与金融机构组织金融业务办理培训活动。其四，提升金融信息的获取能力，关注中国人民银行和商业银行、保险、证券等国家相关机构推出的反诈信息，积极主

---

❶《马克思恩格斯文集》（第 5 卷），北京：人民出版社，第 874 页。

动与他人交流，提升金融陷阱的辨别力。

四、深入推进普惠金融和实施金融共享

构建以资源共享、要素共享、利益共享为特征的金融模式，共享金融服务。普惠金融是金融共享的原则和实现方式，"普惠金融不是一种具体的金融形式，而是一种较为抽象的金融发展'理念'或'愿景'，是一种能够造福全体人民的高级化博爱金融"[1]。2015年国务院发布的《推进普惠金融发展规划（2016—2020年）》，对普惠金融的定义为："立足机会平等要求和商业可持续原则，以可负担的成本为有金融服务需求的社会各阶层和群体提供适当、有效的金融服务。"普惠金融对实现共同富裕具有推动作用，"普惠金融与共同富裕之间具有内在一致性"[2]，表现为促进经济增长、就业和创业等。

一是均衡资源配置。与传统金融不同，普惠金融注入了共同富裕理念，努力实现"均衡"。提升金融服务可得性，实现金融资源在不同群体、产业与区域间优化配置。推动群体均衡，农商行要坚定支农支小，大型国有银行要把弱势、边缘化群体包容进来，以互联网金融为代表的新型机构要积极探索为小微经营者提供金融服务。推动行业均衡，引导金融从专注发达地区房地产、互联网平台产业转向兼顾欠发达地区的农业、资源类行业。推动银行、保险、证券和信托总体平衡发展，做好银行和保险的基础服务和发挥其保障性作用。推动地区均衡发展，政策要向欠发达地区倾斜，创新金融支持模式，开辟"绿色信贷通道"，引导金融资源向欠发达地区集聚。

二是注重机会的均等性。与传统金融过多为精英群体服务不同，普惠金融更关注机会的均等性。首先从技术上消除金融机会不均等现象。加快

---

[1] 蔡则祥、杨雯：《普惠金融与金融扶贫关系的理论研究》，《经济问题》，2019年第10期。
[2] 邹克、倪青山：《普惠金融促进共同富裕：理论、测度与实证》，《金融经济学研究》，2021年第5期。

金融与互联网融合，积极发展大数据、云计算和5G等线上技术，不断推进移动支付系统使用范围，打破不同空间阻隔带来的机会不均等壁垒。其次从基础设施建设上消除机会不均等。增加边远地区的金融基础设施建设，增加金融机构服务网点，探索银行与社会便利店相互结合的模式，提升边远地区群体的金融服务机会。最后从政策上消除机会不均等现象。国家以及金融机构可以制定面向低收入者的无息贷款和贴息贷款，确保低收入者和无收入者可以享受平等的贷款机会，积极推动以大数据技术为支撑的信用体系建设，支持开展面向"无抵押物"和"信用额度低"的低收入者开展"小额信贷"，保障其基本金融服务机会均等。

三是注重权力的平等性。推动基本的金融权，保障人民基本的储蓄和信贷权，努力确保利润分配的均等。首先确保贷款权力的均等，政府通过不断改革创新金融发展，人民银行利用宏观审慎政策，实施"定向降准"，引导金融机构加大有效信贷向贫困人口的投入力度。其次确保利润分配权力的平等性，要抓住分配的源头问题，打破企业管理层和所有者利润分配上的绝对话语权，提升员工话语权，保障员工合法合规地享有工资福利的权力。要充分运用税收和财政转移主要调控分配方式作用，二次分配要发挥实现共同富裕的导向性作用；积极推动先富带动后富，鼓励企业家履行社会责任，切实提升三次分配在共同富裕中的重要作用。

四是提升个体金融能力。金融能力指个人通过金融教育获得金融知识和技能，且有机会参与金融市场，从而产生金融行为，以提高自身金融福利的能力。个体通过提升金融知识、金融意识、金融行为、金融技能等实现金融赋能财富积累，可以明显抑制贫困的发生，是实现共同富裕的内生动力和长效机制。其一，要树立金融意识，加强个体财富规划。我国面临社会养老保险收入与支出失衡，下一代无力供养等问题，要加强青少年金融知识教育，树立基本的理财意识，纠正不合理的消费意识，树立正确的金融观。中年人要加强提升金融行为能力，具备独立的金融判断能力，确保个体的财富保值增值。要对老年人的金融需求给予特殊的关心关爱，为老年人营造良好的金融环境，确保其享受安全稳定优质的金融服务。其二，加强家庭资产规划与安排。首先，要根据家庭收入情况合理规范金融行为。高收入家庭可以进行多元化投资，包括部分风险型投资，以收益增值为主。中低收入家庭要确保家庭的基本费用支出，要进行相对稳健保守型金融资产和购买保险服务，以保障提升家庭生活质量为主。其次，要完善法律体系、信用体系，确保家庭资产配置拥有稳定的金融市场，使居民可对金融资产进行有效的分散化配置。要推进家庭资产配置合理化，引导投资倾向于养老金投资等社会保障，既分散金融资产投资又为养老提供保障。最后，家庭资产安排要考虑金融危机等特殊情况的资产配置。要配置一定比例的安全性好、稳定性强的国债、信托基金，还可以配置一定量的贵金属，外汇等资产来对冲金融领域系统性风险。

五、积极培育诚信文化，践行社会主义核心价值观

诚信文化对于当代资本的发展尤其是金融化资本的运行规范十分重要，信任、信心和信用在现代金融资本市场的价值堪比"黄金"，是稳定金融体系的底层逻辑。要推动社会主义核心价值观成为全社会共同的信仰，推动资本主体遵守共同的社会准则，肩负起社会责任，从而实现金融化资本的健康良性发展。

现代的金融体系、货币体系都是基于信用基础发展而来的。"信任是金融的根本，但金融伦理远不止于信任"，"没有伦理的金融活动是不可能存在的"[1]。资本主义历史上的金融危机的发生，也往往是人们的信任发生的危机。金融危机在表面上看是监管的缺失或者金融制度本身存在的缺陷，而根本上是一部分资本主体为了追逐利益而进行的逃避责任、一味追逐价值增值的结果。当这种信用级别低的贷款被层层转包，最终被人们发现之时，人们疯狂地抛售这种债券凭证，最终导致金融危机的发生。对此，必须在全社会推广诚信经营的文化，保持资本运行的良好秩序，推动

---

[1] [美]博特赖特：《金融伦理学》（第3版），王国林译，北京：北京大学出版社，2018年，第1页。

资本主体走人间正道。社会主义核心价值观是诚信文化的基石，也是确保资本主体良性健康发展的道德支撑。

从国家层面看，要坚持"以人民为中心"的群众路线，将人民作为一切工作的出发点和落脚点。开展资本市场的目的是促进经济社会快速发展，但发展的目的在于提升人民的美好生活。同时，对于出现的资本乱象和违法违规现象，要坚决予以规制、处罚，甚至动用法律手段维护为人民服务的社会主义本质。因此，我国对金融化资本的发展和金融体系建设，将公平正义的伦理作为出发点，从国家法律和制度层面保障了资本市场的平稳秩序。其中包括发展绿色金融，允许金融化资本参与国家战略项目，金融支持中小微企业发展，无息为贫困地区贷款，等等，这些举措与资本主义国家金融化资本的逐利性形成鲜明对比。此外，国家通过财税政策，对金融化资本的发展进行宏观调控，确保国民享有基本的金融平等权利和区域发展的相对平衡。

在社会层面上，社会内在的稳定的伦理取向，思维方式和风俗约定对资本主体行为具有较为隐性的逻辑规定。"自由、平等、公正、法治"内涵于社会共识之中，是社会共识的表象存在。社会层面的价值要求虽然没有国家层面的动员能力和执行能力，但社会层面有其内在的持续性、稳定性和内在的约定性。相比国家层面，社会层面对资本主体的规制显得更加平和且具有潜移默化的影响。金融化资本的投资主体运行在社会环境之中，其行为方式必然与其他行业和社会各层面发生关联，在这种关联作用下形成的资本主体的价值伦理取向，往往标志着资本市场的成熟程度。相比法律，社会主义核心价值观的社会层面是对资本行为的软约束，对资本主体行为具有较为广泛的约束性。此外，资本主体自身在社会伦理的规范下，也会对其行为方式产生影响。从而使当代资本主体能够更好地遵守社会公德，履行社会责任和义务，使资本主体为社会主义建设贡献自身的力量。

在个体层面上，个体须接受和认可社会主义核心价值观，从而使资本投资机构和相关企业从业人员都遵守公共伦理道德，将"诚信、友善、爱国、敬业"牢记于心,并在行动上以此为标准进行自我约束。这里的个体是指参与资本投资行为的主体,个体必须结合自身的实际情况,掌握金融化资本运行的基本规律,掌握现代金融的基本知识和必要的相关法律知识。要积极正确地利用金融化资本为个体的健康、养老和安全提供基本的保障,有效规避个体面对各类风险。个体还需要对金融化资本拜物教性质有清醒的认知,自觉抵制过度消费,抵制不劳而获与一夜暴富的思想。正确认识金融化资本投资的巨大风险,金融资产的价值过度依赖人们金融化了的意志的支配,以及投资者投资行为的支配,会给金融资产估值带来巨大的风险和幻象。从来没有任何一种资产像金融化资本一样具有如此之强的颠倒资产价值的能力,个体在遭遇金融化资本拜物教强大的金融叙事和面对极具迷惑性的价值评估时,须以个人的社会化存在抵制片面性的金融内化存在,从而避免灾难的降临。对金融化资本拜物教的破解,最终会落在具体的历史中人的实践中去,人的实践具有历史超越性,从而推动人类社会进入新的文明形态之中。"自由王国的实现,根本上就是工人阶级联合起来共同占有生产资料的'合作化'生产,取代资本家阶级个人占有生产资料的'私人化'生产的生产方式的变革。"[1]

---

[1] 白刚:《〈资本论〉与人类文明新形态》,《四川大学学报》(哲学社会科学版),2017年第5期。

结 语

金融化资本拜物教批判是马克思拜物教批判理论的当代激活

本书是围绕金融化时代拜物教新形式——金融化资本拜物教的专门研究。通过对金融化资本拜物教形成的历史条件、现实表现、生成机制、后果影响和应对策略的分析，可以得出如下结论。

一、金融化资本拜物教批判理论是解读当代资本主义的重要方法

按照黑格尔的说法，哲学是在思想中把握时代。马克思用资本这个概念揭示了工业资本主义时期生产关系，以及物与物遮蔽下的人与人之间的关系。总体上，当代资本主义社会的性质没有发生根本改变，但资本的形态发生了变化。20世纪70年代以来当代资本主义最为典型的特征是金融化，资本形态可以概括为金融化资本。金融化的影响已经超越经济领域，迈入了政治、文化乃至人们的日常生活，进而走向一种极端的意识形态，这就是金融化资本拜物教。自从工业资本主义和商品市场体系建立以来，马克思提出的资本拜物教系列的形式（商品、货币、资本、生息资本）是解读资本主义社会及其拜物教统治的最典型和最彻底的方式。近代以来，拜物教的分析路径可以概括为精神分析路径、生产关系路径和物化路径，到了现当代，以拜物教为命名的现象纷繁复杂，如有汽车拜物教、流量拜物教、空间拜物教、数字拜物教、技术拜物教等诸多新名称。当下关于拜物教更多地讨论的是拜物教的崇拜性质，或者是金融化资本拜物教的表象及其形成机制过程中的一个环节。与之相比，面对当代资本主义社会各种纷繁复杂的思想和意识形态状况，马克思政治经济学批判基础上的拜物教批判理论更具有理论的彻底性，因此回到马克思关于资本主义社会的政治经济学批判的方法，也就是回到资本拜物教批判理论。

二、价值形式分析作为拜物教研究的基本方法揭示了金融化资本拜物教统治下人的存在状态

建立在马克思政治经济学批判方法之上拜物教批判理论的路径，只能

是价值形式的分析方法。价值形式分析法同样是立足于马克思政治经济学批判对拜物教本质展开了最深刻的揭示。价值形式是总的方法，是整个社会发展状态下价值的总体样式。价值形式是价值实现的前提和基本条件，而不是价值实体的外在表现形式。因此，对拜物教的考察只要立足于价值形式这个价值形成的原因、条件和前提，就抓住了拜物教的本质。价值形式可以具体分为三个维度：价值向度、价值形态、价值体系。关于金融化资本拜物教对人的抽象统治，可以从以上三个维度得出以下结论：

其一，从价值向度来看，金融化资本拜物教中价值的向度由历史性转向未来性，也就是金融化时代下"物"的价值由基于现实的、历史条件决定的状况，转换为由对"物"的未来价值进行评估的维度决定。一句话，"物"的价值取决于人们对物在未来增减值的预期。金融化时代下，人与人的关系被反映为物与物的关系，这个物是人们预期之物，遮蔽的是人们不同预期之间的关系。这种颠倒了价值向度的历史与未来的属性，是金融化资本拜物教的本质所在。

其二，从价值形态来看，金融化资本拜物教催生了叙事价值这一新的价值形态。叙事价值作为源于罗伯特·希勒《叙事经济学》总结和推导出的概念，叙事本身涉及文学、心理学、传播学等多学科，并在文化、技术尤其是在金融领域产生重大影响。叙事几乎成为时代的分析框架，整个人类社会活动都围绕着价值主体进行叙事。叙事的强大赋予"物"以价值的能力，也几乎具有"凭空"创造价值的能力，创造出一个颠倒了的、着了魔的、倒立着的世界，而金融化资本就在其中"兴妖作怪"。

其三，从价值体系来看，金融化资本拜物教将价值分配体系隔离为二元对立：一个是以叙事价值为基础的价值分配体系，另一个是以劳动价值为基础的价值分配体系。两种价值体系的阻隔是严密的，以至于不定期的金融危机对金融化资本造成几乎毁灭性的打击，而对普通以劳动为收入的劳动者的影响十分有限，资本自身内在矛盾以自身消亡的方式摧毁了金融化资本。两个价值体系只有劳动价值体系是价值的生产体系，价值的全部来源在于劳动，然而在价值的分配体系中，金融化资本却占据了支配和主导地位，劳动只处于雇佣和从属地位。金融化资本操控了整个社会的价值分配体系的结构，框定了底层逻辑，炮制了"无剥削的主体"的假象，实现了最为抽象的、隐秘的拜物教统治。

  金融化是当代资本主义社会最为典型的特征之一，金融化资本是当代资本主义社会资本的存在样态，金融化资本拜物教是当代资本主义社会的极端意识形态。金融化资本在推动当代资本主义社会物质财富生产的同时，还生产了与之相对应的社会关系和社会秩序。本书通过对金融化资本拜物教批判的研究，揭示了当代资本主义社会新的物化关系、崇拜意识和人与人之间的关系及其背后的人的存在状态，因此，金融化资本拜物教批判是马克思拜物教理论的当代激活，也是批判当代资本主义的根本方法。

参考文献

一、马列著作

[1] 马克思恩格斯全集 [M]. 第 30 卷. 北京：人民出版社，1995.

[2] 马克思恩格斯全集 [M]. 第 31 卷. 北京：人民出版社，1998.

[3] 马克思恩格斯全集 [M]. 第 46 卷（下）. 北京：人民出版社，1979.

[4] 马克思恩格斯文集 [M]. 第 1 卷. 北京：人民出版社，2009.

[5] 马克思恩格斯文集 [M]. 第 5 卷. 北京：人民出版社，2009.

[6] 马克思恩格斯文集 [M]. 第 6 卷. 北京：人民出版社，2009.

[7] 马克思恩格斯文集 [M]. 第 7 卷. 北京：人民出版社，2009.

[8] 马克思恩格斯文集 [M]. 第 8 卷. 北京：人民出版社，2009.

[9] 列宁专题文集 [M]. 论资本主义. 北京：人民出版社，2009.

[10] 马克思. 剩余价值理论 [M]. 第 3 册. 北京：人民出版社，1975.

[11] 卡尔·马克思. 法兰西内战 [M]. 北京：人民出版社，2018.

二、国内著作

[1] 蔡万焕. 金融资本与当前资本主义发展阶段 [M]. 北京：经济科学出版社，2017.

[2] 陈享光. 储蓄投资金融政治经济学 [M]. 北京：中国人民大学出版社，2015.

[3] 胡刘. 马克思主义基础理论专题研究 [M]. 北京：人民出版社，2018.

[4] 姜凌. 当代资本主义经济论 [M]. 北京：人民出版社，2006.

[5] 刘纪鹏. 资本金融学 [M]. 第 2 版. 北京：中信出版社，2016.

[6] 刘召峰. 拜物教批判理论与整体马克思 [M]. 杭州：浙江大学出版社，2013.

[7] 鲁品越. 走向深层的思想：从生成论哲学到资本逻辑与精神现象 [M]. 北京：人民出版社，2014.

[8] 彭宏伟. 资本总体性：关于马克思资本哲学的新探索 [M]. 北京：人民出版社，2013.

[9] 钱箭星. 当代发达国家劳资关系研究 [M]. 上海：上海人民出版社，2017.

[10] 汪天文. 时间理解论 [M]. 北京：人民出版社，2008.

[11] 王荣. 马克思拜物教批判的哲学革命品格 [M]. 北京：人民出版社，2018.

[12] 吴大琨. 金融资本论 [M]. 北京：人民出版社，1993.

[13] 夏莹. 拜物教的幽灵：当代西方马克思主义社会批判的隐性逻辑［M］. 南京：江苏人民出版社，2013.

[14] 徐崇温. 国际金融危机与当代资本主义［M］. 重庆：重庆出版社，2015.

[15] 许纪霖. 帝国、都市与现代性［M］. 南京：江苏人民出版社，2005.

[16] 姚建华. 传播政治经济学经典文献选读［M］. 北京：商务印书馆，2019.

[17] 叶泽雄. 社会理想论［M］. 武汉：武汉大学出版社，1998.

[18] 俞可平，王伟光，李慎明. 全球金融危机与马克思主义［M］. 重庆：重庆出版社，2011.

[19] 张一兵. 社会批判理论纪事［M］. 第1辑. 北京：中央编译出版社，2006.

三、国外译著

[1] 保罗·巴兰，保罗·斯威齐. 垄断资本——论美国的经济和社会秩序［M］. 南开大学政治经济学系，译. 北京：商务印书馆，1977.

[2] 让·鲍德里亚. 符号政治经济学批判［M］. 夏莹，译. 南京：南京大学出版社，2009.

[3] 让·鲍德里亚. 象征交换与死亡［M］. 车槿山，译. 南京：译林出版社，2006.

[4] 让·鲍德里亚. 消费社会［M］. 刘成富、全志钢，译. 南京：南京大学出版社，2014.

[5] 瓦尔特·本雅明. 巴黎，19世纪的首都［M］. 刘北成，译. 上海：上海人民出版社，2006.

[6] 奥勒·比约格. 赚钱：金融哲学和货币本质［M］. 梁岩，刘璇，译. 北京：中国友谊出版公司，2018.

[7] 约翰·R.博特赖特. 金融伦理学［M］. 3版. 王国林，译. 北京：北京大学出版社，2018.

[8] 罗伯特·布伦纳. 全球动荡的经济学［M］. 郑吉伟，译. 北京：中国人民大学出版社，2012.

[9] 威廉·戈兹曼. 千年金融史：金融如何塑造文明［M］. 张亚光，熊金武，译. 北京：中信出版社，2017.

[10] 麦克尔·哈特，安东尼奥·奈格里. 大同世界［M］. 王行坤，译. 北京：中国人民大学出版社，2016.

参考文献

[11] 麦克尔·哈特,安东尼奥·奈格里. 帝国——全球化的政治秩序 [M]. 杨建国, 范一亭,译. 南京:江苏人民出版社,2008.

[12] 大卫·哈维. 马克思与《资本论》[M]. 周大昕,译. 北京:中信出版社,2018.

[13] 戴维·哈维. 新帝国主义 [M]. 付克新,译. 北京:中国人民大学出版社,2019.

[14] 大卫·哈维. 新自由主义简史 [M]. 王钦,译. 上海:上海译文出版社,2016.

[15] 大卫·哈维. 资本的限度 [M]. 张寅,译. 北京:中信出版社,2017.

[16] 大卫·哈维. 资本社会的17个矛盾 [M]. 许瑞宋,译. 北京:中信出版社, 2016.

[17] 韩炳哲. 精神政治学 [M]. 关玉红,译. 北京:中信出版社,2019.

[18] 弗朗洛斯·雅尼-卡特里斯. 总体绩效:资本主义新精神 [M]. 周晓飞,译. 北京:中国经济出版社,2018.

[19] 卢卡奇. 历史与阶级意识 [M]. 杜章智,任立,燕宏远,译. 北京:商务印书馆,1992.

[20] 黛尔德拉·迈克洛斯基. 经济学的花言巧语 [M]. 石磊,译. 北京:经济科学出版社,2000.

[21] I. 梅扎罗斯. 超越资本:关于一种过渡理论 [M]. 上. 郑一明,等译. 北京:中国人民大学出版社,2003.

[22] 赫尔嘉·诺沃特尼. 时间:现代与后现代经验 [M]. 金梦兰,张网成,译. 北京:北京师范大学出版社,2011.

[23] 卡比尔·塞加尔. 货币简史:从花粉到美元,货币的下一站 [M]. 栾力夫,译. 北京:中信出版社,2016.

[24] 维克托·迈尔-舍恩伯格,肯尼思·库克耶. 大数据时代:生活、工作与思维的大变革 [M]. 盛杨燕,周涛,译. 杭州:浙江人民出版社,2013.

[25] 尼克·斯尔尼塞克. 平台资本主义:触碰新兴技术的化身 [M]. 程水英,译. 广州:广东人民出版社,2018.

[26] 索绪尔. 普通语言学教程 [M]. 高名凯,译. 北京:商务印书馆,1980.

[27] 阿尔文·托夫勒. 第三次浪潮 [M]. 黄明坚,译. 北京:中信出版集团,2018.

[28] 西美尔. 货币哲学 [M]. 陈戎女,耿开君,文聘元,译. 北京:华夏出版社, 2018.

[29] 鲁道夫·希法亭. 金融资本 [M]. 福民,等译. 北京:商务印书馆,1999.

[30] 罗伯特·希勒. 叙事经济学 [M]. 陆殷莉, 译. 北京: 中信出版社, 2020.

[31] 穆罕默德·尤努斯. 穷人的银行家 [M]. 3 版. 吴士宏, 译. 北京: 生活·读书·新知三联书店, 2015.

四、国外著作

[1] Benjamin Walter. Selected Writings (1913 – 1926) [M]. Edited by Marcus Bullock and Michael W. Jennings, Cambridge: The Belknap Press Of Harvard University Press, 2002.

[2] Breu Christopher. Of Markets and Materiality: Financialization and the Limits of the Subject. Cultural Critique, What Comes After the Subject? [M]. vol. 96. South Minneapolis University of Minnesota Press, 2017.

[3] Dal Yong Jin. The Construction of Platform Imperialism in the Globalisation Era, In Christian Fuchs, Vincent Mosco, Marx in the Age of Digital Capitalism [M]. Leiden: Brill, 2016.

[4] Dodd N. The social life of money [M]. Princeton: Princeton University Press, NJ, 2014.

[5] Epstein G. Introduction: Financialization and the World Economy [M] // Financialization and the World Economy. Cheltenham: Edward Elgar, 2005.

[6] Eran Fisher. Media and New Capitalism in the Digital Age: The Spirit of Networks, [M]. London: Palgrave Macmillan, 2010.

[7] Gérard Duménil, Dominique Lévy. The Crisis of Neoliberalism [M]. Cambridge: Harvard University Press, 2011.

[8] Havien M. Cultures of Financialization: Fictitious Capital in Popular Culture and Everyday Life [M]. New York: Palgrave Macmillan, 2014.

[9] HO KAREN. Liquidated: An Ethnography of Wall Street. Durham [M]. Durham and London: Duke University Press, 2009.

[10] Jameson F. Notes on Globalization as a Philosophical Issue [M] //F Jameson, M Miyoshi (eds.). The Cultures of Globalization Durham, NC: Duke University Press, 1998.

[11] Martin R. Knowledge LTD: Towards a Social Logic of the Derivative [M]. Philadelphia: Temple University Press, 2015.

[12] Martin Randy. Financialization of Daily Life [M]. Philadelphia, PA: Temple University Press, 2002.

[13] Max Haiven. Cultures of Financialization: Fictitious Capital in Popular Culture and Everyday Life [M]. London: Palgrave Macmillan, 2014.

[14] McLean Bethany, Peter Elkind, The Smartest Guys in the Room: The Amazing Rise and Scandalous Fall of Enron [M]. New York: Portfolio, 2003.

[15] McRobbie, A. The Uses of Cultural Studies [M]. London: Sage, 2005.

[16] Philip Mader, Daniel Mertens, Natascha van der Zwan. The Routledge International Handbook of Financialization [M]. Edited by Philip Mader, Daniel Mertens, Natascha van der Zwan. Oxon: Routledge, 2020.

[17] Pietz William. Problem of fetish (I) [M]. RES: Anthropology and Aesthetics, 1985.

[18] Popper N. Digital gold – bitcoin and the inside story of the misfits and millionaires trying to reinvent money [M]. New York: Harper, 2015.

五、国外期刊

[1] Aalbers M. The Financialization of Home and Mortgage Markets [J]. Competition and Change, 2008, 12 (2).

[2] Bonizzi B. Financialization in Developing and Emerging Countries: A Survey. International [J]. Journal of Political Economy, 2013, 42 (4).

[3] Cui Z, Liao Z, Luo Y. How should we think about common prosperity and challenges in the context of financialization? [J]. TRANS/FORM/AÇÃO. Revista De Filosofia (Special Issue: Oriental Philosophy), 2023, 46.

[4] Davis Ann E. Fetishism and Financialization [J]. Review of Radical Political Economics, 2017, 49 (4).

[5] Fine, B. Financialization from a Marxist Perspective [J]. International Journal of Political Economy, 2013, 42 (4).

[6] Hiss S. The Politics of the Financialization of Sustainability [J]. Competition and Change, 2013, 17 (3).

[7] Karwowski E, Stockhammer E. Financialisation in Emerging Economies: A Systematic Overview and Comparison with Anglo – Saxon Economies [J]. Economic and Political

Studies, 2017, 5 (1).

[8] Ke Tang, Wei Xiong. Index Investment and the Financialization of Commodities [J]. Financial Analysts Journal, 2012, 68 (6).

[9] Krippner G. The Financialization of the American Economy [J]. Socio – Economic Review, 2005, 3 (2).

[10] Langley P. Equipping Entrepreneurs: Consuming Credit and Credit Scores [J]. Consumption Markets and Culture, 2014, 17 (4).

[11] Léna Pellandini – Simányi, Ferenc Hammer, Zsuzsanna Vargha. The Financialization of Everyday Life or the Domestication of Fi – nance? [J]. Cultural Studies, 2015, 29 (5 – 6).

[12] Natascha van der Zwan. Making Sense of Financialization [J]. Socio Economic Review, 2014, 12 (1).

[13] Paul Langley. Financialization and the Consumer Credit Boom [J]. Competition & Change, 2008, 12 (2).

[14] Pixley, Jocelyn. Time orientations and emotion – rules in finance [J]. Theory and Society, Special Issue: Emotion and Rationality in Economic Life, 2009, 38 (4).

[15] Stockhammer, E. Financialisation and the Slowdown of Accumulation [J]. Cambridge Journal of Economics, 2004, 28 (5).

[16] Stuart D. Green, Natalya Sergeeva. Value creation in projects: Towards a narrative perspective [J]. International Journal of Project Management, 2019, 37 (5).

[17] William Lazonick, Mary O'Sullivan. Maximizing Shareholder Val – ue: A New Ideology for Corporate Governance [J]. Economy and So – ciety, 2000, 29 (1).

[18] Yi, Huiyuhl. Building narrative identity: Episodic value and its identity – forming structure within personal and social contexts [J]. Human Affairs, 2020, 30 (2).

六、国内期刊论文

[1] 巴苏. 金融化与金融危机：商品拜物教的视角 [J]. 王珍, 译. 国外理论动态, 2019 (12).

[2] 白刚.《资本论》与人类文明新形态 [J]. 四川大学学报（哲学社会科学版）, 2017 (5).

[3] 白刚. 回到《资本论》：21 世纪的"政治经济学批判"[J]. 天津社会科学, 2020（3）.

[4] 柄谷行人. 作为精神的资本[J]. 欧阳钰芳, 译. 开放时代, 2017（1）.

[5] 卜祥记, 易美宇. 叙事经济学的理论贡献及其限度[J]. 苏州大学学报（哲学社会科学）, 2021（4）.

[6] 蔡万焕, 张紫竹. 作为生产要素的数据：数据资本化、收益分配与所有权[J]. 教学与研究, 2022（7）.

[7] 蔡则祥, 杨雯. 普惠金融与金融扶贫关系的理论研究[J]. 经济问题, 2019（10）.

[8] 陈享光. 马克思政治经济学观点下的金融化现象解读[J]. 人民论坛, 2017（2）.

[9] 陈学明. 资本逻辑与生态危机[J]. 中国社会科学, 2012（11）.

[10] 程锡麟. 叙事理论概述[J]. 外语研究, 2002（3）.

[11] 渡边雅男, 高晨曦. 经济的金融化与资本的神秘化[J]. 当代经济研究, 2016（1）.

[12] 弗利, 车艳秋. 对金融帝国主义和"信息"经济的再思考[J]. 国外理论动态, 2015（2）.

[13] 付文军. 资本、资本逻辑与资本拜物教——兼论《资本论》研究的逻辑主线[J]. 当代经济研究, 2016（2）.

[14] 哈里斯. 资本主义转型与民主的局限[J]. 国外理论动态, 2016（1）.

[15] 哈曼. 次贷危机与世界资本主义危机[J]. 国外理论动态, 2008（7）.

[16] 韩立新. 异化、物象化、拜物教和物化[J]. 马克思主义与现实, 2014（2）.

[17] 何德旭, 张斌彬. 全球四次债务浪潮的演进、特征及启示[J]. 数量经济技术经济研究, 2021（3）.

[18] 贺来, 白刚. "抽象对人统治"的破除与马克思的现代性批判[J]. 马克思主义哲学研究, 2009（1）.

[19] 姜春磊. 互联网金融的表象与本质——基于马克思资本理论的视角[J]. 技术经济与管理研究, 2016（9）.

[20] 蓝江. 数字时代的平台资本主义批判——从马克思主义政治经济学出发[J]. 人民论坛, 2022（9）.

[21] 李怀涛. 马克思拜物教批判理论逻辑及启示 [J]. 哲学动态, 2010 (12).

[22] 李慧娟. 马克思"政治经济学批判"的文明观 [J]. 哲学研究, 2022 (5).

[23] 李建平. 新自由主义市场拜物教批判——马克思《资本论》的当代启示 [J]. 当代经济研究, 2012 (9).

[24] 李连波, 陈享光. 从金融资本到金融化资本——日常生活金融化的政治经济学分析 [J]. 马克思主义与现实, 2020 (1).

[25] 李连波. 新自由主义、主体性重构与日常生活的金融化 [J]. 马克思主义与现实, 2019 (3).

[26] 李连波. 虚拟经济背离与回归实体经济的政治经济学分析 [J]. 马克思主义研究, 2020 (3).

[27] 李乾坤. 价值形式、国家形式与资本主义社会结构——基于德国新马克思阅读的探讨 [J]. 国外社会科学前沿, 2020 (3).

[28] 李亚琪. 拜物教批判视域下数字帝国主义的霸权性意识形态解蔽 [J]. 天府新论, 2022 (3).

[29] 刘长喜, 桂勇, 于沁. 金融化与国家能力——一个社会学的分析框架 [J]. 社会学研究, 2020 (5).

[30] 刘召峰. 马克思的拜物教概念考辨 [J]. 南京大学学报（哲学·人文科学·社会科学版）, 2012 (1).

[31] 刘志洪. 从资本一般到金融资本——资本哲学的范式转换 [J]. 马克思主义与现实, 2018 (1).

[32] 鲁品越. 虚拟经济的诞生与当代精神现象 [J]. 哲学动态, 2015 (8).

[33] 马慎萧. 资本主义"金融化转型"是如何发生的？——解释金融化转型机制的四种研究视角 [J]. 教学与研究, 2016 (3).

[34] 安东尼奥·奈格里. 固定资本的占有: 一个隐喻？[J]. 黄璐, 译. 当代中国价值观研究, 2020 (4).

[35] 欧阳彬. 当代资本主义日常生活金融化批判 [J]. 马克思主义研究, 2018 (5).

[36] 欧阳谦. 消费社会与符号拜物教 [J]. 中国人民大学学报, 2015 (6).

[37] 齐泽克. 视差之见 [J]. 薛羽, 译. 国外理论动态, 2005 (9).

[38] 杜梅尼尔. 关于新自由主义的危机——热拉尔·杜梅尼尔访谈 [J]. 周思成, 译. 国外理论动态, 2010 (7).

[39] 任瑞敏，胡林海. 资本金融化的精神向度［J］. 北方论丛，2016（4）.

[40] 申唯正. 21世纪：金融叙事中心化与整体主义精神边缘化［J］. 江海学刊，2019（1）.

[41] 宋朝龙.《资本论》逻辑视域中的金融资本批判——兼评第二届"北马论坛"中的若干经济学观点［J］. 当代经济研究，2019（11）.

[42] 宋朝龙. 列宁金融资本批判理论的科学逻辑及其当代价值［J］. 马克思主义研究，2020（11）.

[43] 孙承叔. 财富、资本与金融危机——马克思危机理论的哲学思考［J］. 上海财经大学学报，2010（5）.

[44] 孙乐强. 物象化、物化与拜物教——论《资本论》对《大纲》的超越与发展［J］. 学术月刊，2013（7）.

[45] 孙亮. 马克思主义政治经济学批判语境中的"精神政治学"［J］. 求索，2020（4）.

[46] 唐正东. 马克思拜物教批判理论的辩证特性及其当代启示［J］. 哲学研究，2010（7）.

[47] 涂良川. 平台资本主义技术逻辑的政治叙事［J］. 南京社会科学，2022（2）.

[48] 托普洛夫斯基. 从马克思到凯恩斯革命：金融在经济中的关键作用［J］. 田磊，译. 政治经济学季刊，2020（4）.

[49] 汪行福. 当代资本主义批判——国外马克思主义的新思考［J］. 国外理论动态，2014（1）.

[50] 王庆丰. 金融资本批判——马克思资本理论的当代效应及其逻辑理路［J］. 吉林大学社会科学学报，2013（5）.

[51] 王庆丰. 资本统治权的诞生［J］. 国外理论动态，2018（8）.

[52] 王校楠.《资本论》价值形式理论语境中的拜物教与物化［J］. 马克思主义理论学科研究，2022（2）.

[53] 王校楠. 异化、拜物教、物化与异价值形式——基于20世纪20年代两种《资本论》解读路径的概念考察［J］. 中国高校社会科学，2022（2）.

[54] 吴茜. 西方拜物教批判理论的源流、谱系与潜能［J］. 国外社会科学前沿，2019（3）.

[55] 吴琼. 拜物教恋物癖：一个概念的谱系学考察［J］. 马克思主义与现实，2014（3）.

［56］郗戈. 资本逻辑与主体生成：《资本论》哲学主题再研究［J］. 北京大学学报（哲学社会科学版），2019（4）.

［57］夏莹，牛子牛. 当代新资本形态的逻辑运演及其哲学反思［J］. 中国社会科学评价，2020（1）.

［58］夏莹. 马克思拜物教理论的双重内涵及其在西方马克思主义中的演化路径［J］. 马克思主义与现实，2014（2）.

［59］夏莹. 无"物"的拜物，无"主体"的迷恋——齐泽克对马克思商品拜物教理论的拉康化解读［J］. 学术月刊，2007（11）.

［60］谢富胜，吴越，王生升. 平台经济全球化的政治经济学分析［J］. 中国社会科学，2019（12）.

［61］熊小果，李建强. "返回政治经济学批判"的意识形态魅影［J］. 天府新论，2016（4）.

［62］徐春华，胡钧. "动物精神"还是拜物教？——论资本主义经济危机中人的因素［J］. 政治经济学评论，2016（2）.

［63］徐艳如. 数字拜物教的秘密及其背后的权力机制［J］. 马克思主义研究，2022（1）.

［64］仰海峰. 拜物教批判：马克思与鲍德里亚［J］. 学术研究，2003（5）.

［65］仰海峰. 马克思资本逻辑场域中的主体问题［J］. 中国社会科学，2016（3）.

［66］余静. 马克思的自由时间范畴及其当代意义［J］. 马克思主义研究，2008（3）.

［67］余源培. 评鲍德里亚的"消费社会理论"［J］. 复旦学报（社会科学版），2008（1）.

［68］俞吾金. 资本诠释学——马克思考察、批判现代社会的独特路径［J］. 哲学研究，2007（1）.

［69］袁恩桢. 从异化到商品拜物教——重读马克思的商品拜物教理论［J］. 毛泽东邓小平理论研究，2007（1）.

［70］张成思. 金融化的逻辑与反思［J］. 经济研究，2019（11）.

［71］张金海，程明. 从产品推销到营销与传播整合——20世纪广告传播理论发展的历史回顾［J］. 武汉大学学报（人文科学版），2006（1）.

［72］张双利. 资本主义宗教与历史唯物主义——论马克思主义拜物教批判思想在20世纪的复兴［J］. 世界哲学，2012（1）.

[73] 张文涛. 时间是人的积极存在——对于马克思主义一句论断的理解 [J]. 甘肃社会科学, 2019 (4).

[74] 张雄, 速继明. 时间维度与资本逻辑的勾连 [J]. 学术月刊, 2006 (10).

[75] 张雄. 金融化世界与精神世界的二律背反 [J]. 中国社会科学, 2016 (1).

[76] 张雄. 现代性逻辑预设何以生成 [J]. 哲学研究, 2006 (1).

[77] 张一兵. 景观拜物教：商品完全成功的殖民化——德波《景观社会》的文本学解读 [J]. 江海学刊, 2005 (1).

[78] 张一兵. 消费意识形态：符码操控中的真实之死——鲍德里亚的《消费社会》解读 [J]. 江汉论坛, 2008 (9).

[79] 张有奎. 拜物教之"物"的分析 [J]. 现代哲学, 2015 (3).

[80] 张宇, 蔡万焕. 金融垄断资本及其在新阶段的特点 [J]. 中国人民大学学报, 2009 (4).

[81] 朱炳元. 列宁金融资本论：理论来源、基本内涵与当代视野 [J]. 毛泽东邓小平理论研究, 2016 (8).

[82] 邹克, 倪青山. 普惠金融促进共同富裕：理论、测度与实证 [J]. 金融经济学研究, 2021 (5).

七、报纸文章

[1] 习近平. 依法规范和引导我国资本健康发展 发挥资本作为重要生产要素的积极作用 [N]. 光明日报, 2022 - 05 - 01 (1).

[2] 张雄. 无形经济崛起后的当代资本主义 [N]. 光明日报, 2022 - 07 - 18 (15).

[3] 蓝江. 从数字不平等到重新回到马克思 [N]. 中国社会科学报, 2022 - 12 - 29 (5).

八、博士学位论文

[1] 李亚琪. 破解数字拜物教：数字时代拜物教新形式批判 [D]. 长春：吉林大学, 2021.

[2] 李瑞德. 马克思拜物教批判理论的当代审视 [D]. 福州：福建师范大学, 2016.

[3] 王荣. 从拜物教批判看《资本论》的存在论 [D]. 长春：吉林大学, 2017.